CAIO

CHIEF ARTIFICIAL INTELLIGENCE OFFICER

MANUAL DE GOVERNANÇA EM IA

DIMITRI DE MELO

homo algorithmus

CAIO: MANUAL DE GOVERNANÇA DE IA

Homo Algorithmus é um selo editorial (Full Moon Negócios LTDA).
ISBN: 978-65-02-07553-1
Produção Editorial: Editorial Homo Algorithmus
Produzido no Brasil – 1ª Edição, 2026 – Edição revisada conforme o Acordo Ortográfico da Língua Portuguesa de 2009.

Dados Internacionais de Catalogação na Publicação (CIP)
(Câmara Brasileira do Livro, SP, Brasil)

Melo, Dimitri de
CAIO :Chief Artificial Intelligence Officer [livro eletrônico] : manual de governança de IA : governança e adoção de inteligência artificial para executivos / Dimitri de Melo. -- 1. ed. -- São Paulo : Ed. do Autor, 2026.
PDF

ISBN 978-65-02-07553-1

1. Administração de empresa 2. Executivos - Liderança 3. Governança corporativa 4. Inteligência artificial - Aplicações empresariais 5. Transformação digital I. Título.

26-355759.0 CDD-658.4

Índices para catálogo sistemático:

1. Governança corporativa : Empresas : Administração executiva 658.4

Aline Graziele Benitez - Bibliotecária - CRB-1/3129

HOMO ALGORITHMUS
EDITORIAL
+55 (11) 91733-8808
www.homoalgorithmus.com.br
Ouvidoria: contato@homoalgorithmus.com

homo algorithmus

AGRADECIMENTOS

Para meu amado filho João, meu "Menino Algorithmus".
Para meus amores: Lô, Vovó Val, Tio Sanzinho e Dinda Talita, Tio Kaká, Tia Alice, Tomtom e Vivi.
Para minha família de alma: Dindo Thiago, Tia Aninha, Rui, Bento e João.
Aos meus amigos e família de Matozinhos-MG.
Aos meus grandes e fieis amigos da PUC-MG: Daniel Couto, Paulo Santos e Gustavo Henrique.
Aos meus mestres e colegas professores da Fundação Dom Cabral, especialmente meu amigo Bruno Portela.
Aos meus mestres e colegas da USP e FIA, especialmente Dra. Alessandra Montini, Dr. César Alexandre e Dr. Luis Hernan.

O AUTOR

Dimitri de Melo é executivo C-level de carreira e uma das principais referências brasileiras em transformação digital e IA.

É doutorando pela USP (Universidade de São Paulo) em Machine Learning e IA, mestre pela Fundação Dom Cabral, tem MBA em Data Science & Analytics pela USP. Tem especializações em IA por Harvard Business School, Cambridge, Wharton e Vanderbilt University.

É Professor na Fundação Dom Cabral, FIA/USP (Data Lab) e outras importantes escolas de negócios. É conselheiro de administração e palestrante reconhecido. Viveu na China, onde desenvolveu sua visão global sobre inovação e transformação digital.

Foi vencedor do prêmio nacional de Inteligência de Mercado em 2014, eleito melhor franqueador do Brasil por cinco anos consecutivos e nomeado Pequeno Gigante pela revista Pequenas Empresas & Grandes Negócios em edição especial na Pandemia.

É autor do livro *Homo Algorithmus* (*Alta Books, 2025*), best-seller pela Amazon Brasil, que consolida mais de duas décadas de experiência prática na intersecção entre IA, estratégia e liderança empresarial.

Acompanhe o autor nas redes sociais:

linkedin.com/in/dimitri-rodrigues

youtube.com/@homoalgorithmus

instagram.com/dimi.demelo

OUTRAS OBRAS DE DIMITRI DE MELO

Homo Algorithmus

Homo Algorithmus é um guia essencial para compreender e liderar na era da Inteligência Artificial. Com base em mais de duas décadas de experiência em transformação digital, Dimitri de Melo demonstra como a IA não deve ser vista como substituta do ser humano, mas como parceira estratégica para ampliar nossa capacidade de decisão e inovação. A obra apresenta casos reais, metodologias testadas e reflexões que unem ética, estratégia e tecnologia, oferecendo uma visão prática e inspiradora para executivos, gestores, profissionais de saúde, advogados, cientistas de dados e qualquer pessoa interessada em moldar o futuro dos negócios. Com recursos multimídia integrados — cursos, podcasts e videocasts —, este livro transcende a teoria e propõe uma jornada de aprendizado contínuo, orientada por dados e pelo propósito de criar valor humano em um mundo cada vez mais algorítmico.

"Conheci o Dimitri num curso de formação de conselheiros. Desde então, acompanho seu trabalho e sua capacidade de traduzir o técnico em prático, sem perder a profundidade. Ele é o que se pode chamar de um Homo Algorithmus em ação: alguém que entende de tecnologia, mas que pensa acima de tudo em impacto, ética e valor para o negócio. Este livro é um convite para fazer da IA uma extensão do nosso raciocínio — e não um atalho para evitar pensar."

— Marcellus Puig, Presidente e CEO da Volkswagen Argentina

OBJETIVO DO LIVRO

UMA PONTE **para transformar IA em valor governado**

Este livro nasceu de uma constatação simples: a inteligência artificial já atravessou as portas das organizações, mas muitas organizações ainda não construíram a ponte necessária para atravessá-la com segurança.

De um lado, está o mundo da tecnologia. É o território dos dados, modelos, plataformas, APIs, integrações, segurança, infraestrutura, automação, arquitetura, MLOps, LLMOps, agentes, copilotos e sistemas inteligentes. Esse lado sabe construir, testar, conectar, proteger e operar. Sabe que a IA não é apenas uma interface elegante ou uma resposta bem escrita. Sabe que, por trás de qualquer solução confiável, existem dados adequados, arquitetura robusta, controles de acesso, logs, monitoramento, versionamento, segurança e sustentação operacional.

Do outro lado, está o mundo dos negócios. É o território do cliente, da receita, da margem, da experiência, da eficiência, da operação, da produtividade, da estratégia, dos riscos, dos indicadores e das decisões que realmente movem a organização. Esse lado conhece as dores concretas da empresa. Sabe onde há lentidão, desperdício, retrabalho, perda de oportunidade, atendimento ruim, decisão inconsistente, custo excessivo ou experiência fragmentada. Sabe também que uma IA que não muda uma decisão, um processo, uma jornada ou um resultado é apenas uma demonstração sofisticada.

O problema é que esses dois mundos nem sempre se encontram.

A tecnologia pode falar de modelos, dados, APIs e segurança enquanto o negócio fala de cliente, prazo, ROI e crescimento. O negócio pode pedir velocidade enquanto a tecnologia alerta sobre arquitetura, qualidade de dados, integração e risco. As áreas de controle podem chegar tarde demais e serem percebidas como bloqueadoras. Os usuários podem adotar ferramentas por conta própria, sem orientação. A liderança pode se entusiasmar com pilotos, mas não conseguir transformar experimentos em capacidade institucional.

É nesse rio entre tecnologia e negócios que a governança de IA se torna indispensável.

O objetivo deste livro é construir essa ponte.

Não uma ponte teórica, distante da realidade executiva. Não uma ponte burocrática, feita de documentos que ninguém lê. Não uma ponte frágil, dependente de improviso, entusiasmo ou heróis individuais. Mas uma ponte prática, executiva e operacional, capaz de conectar as áreas técnicas e as áreas de negócio em torno de uma pergunta comum: **como transformar IA em valor real, com segurança, ética, controle e responsabilidade?**

Este livro propõe que governança de IA seja entendida como um sistema de facilitação da travessia. Ela não existe para impedir a inovação. Existe para permitir que a inovação atravesse o rio sem cair na correnteza do risco invisível, da falta de dono, da ausência de métricas, da fragilidade técnica, do uso indevido de dados, da insegurança jurídica, da baixa adoção ou da escala sem controle.

A governança é a ponte que traduz a necessidade de negócio em hipótese técnica. É a ponte que transforma capacidade técnica em solução testável. É a ponte que converte piloto em evidência. É a ponte que transforma evidência em decisão. É a ponte que leva decisão para operação. E é também a ponte que permite monitorar, aprender, ajustar, escalar ou desligar uma solução quando ela deixa de gerar valor ou ultrapassa o risco aceitável.

Por isso, o objetivo deste livro não é apenas explicar o que é inteligência artificial. Também não é ensinar programação, treinar modelos ou comparar ferramentas. O objetivo é oferecer uma linguagem comum para que conselhos, executivos, líderes de tecnologia, líderes de negócio, áreas de controle, usuários e times de dados possam conversar sobre IA com mais clareza, mais método e mais responsabilidade.

Este livro busca responder a perguntas que hoje aparecem em praticamente todas as organizações: quem deve ser responsável por uma iniciativa de IA? Como priorizar casos de uso? Como diferenciar um piloto interessante de uma solução escalável? Que políticas são necessárias? Quais riscos exigem trilha reforçada? Quando a revisão humana é obrigatória? Como medir valor e risco ao mesmo tempo? Como lidar com fornecedores? Como transformar IA generativa e agentes em capacidades seguras? Como preparar as pessoas? Como reportar ao conselho? Como criar um AI Lab? Qual é o papel do CAIO nessa nova arquitetura organizacional?

A resposta proposta aqui é a ponte da governança.

Essa ponte é sustentada por áreas de conhecimento que dão forma à travessia: papéis e responsabilidades, priorização, políticas, rituais de decisão, métricas comuns, gestão de risco, compliance e ética, roadmap integrado e alinhamento estratégico. Cada uma dessas áreas é um pilar. Nenhuma funciona sozinha. Uma solução com bom modelo e sem dono falha. Uma solução com dono e sem métrica falha. Uma solução com métrica e sem controle pode gerar risco. Uma solução com controle e sem adoção não gera valor. Uma solução com adoção e sem monitoramento pode falhar devagar.

A travessia exige sistema.

Por isso, este livro também apresenta instrumentos práticos para transformar governança em ação. O **AI Bridge Canvas** funciona como a ponte em uma página, ajudando a organizar qualquer caso de uso desde a necessidade de negócio até a capacidade técnica, os controles, os riscos, os responsáveis e as evidências necessárias. O **AI Lab** aparece como o instituto operacional da ponte, responsável por transformar método em rotina. E o **CAIO — Chief Artificial Intelligence Officer** surge como o engenheiro dessa ponte, o profissional ambidestro capaz de conectar estratégia, tecnologia, governança, risco, ética, adoção e valor.

O objetivo final é que a organização pare de tratar IA como uma coleção de iniciativas isoladas e passe a tratá-la como uma capacidade institucional.

Isso significa sair do improviso para o método.

Sair do piloto eterno para a escala responsável.

Sair da ferramenta para o problema.

Sair da promessa para a evidência.

Sair da governança como bloqueio para a governança como facilitação.

Sair de dois mundos separados para uma travessia comum.

A ponte proposta neste livro não elimina a incerteza. Nenhuma governança séria promete isso. A IA continuará evoluindo, os modelos continuarão mudando, os riscos continuarão surgindo e as organizações continuarão aprendendo. O que a ponte oferece não é certeza absoluta. O que ela oferece é uma forma melhor de decidir apesar da incerteza.

Uma organização madura não será aquela que usa IA em tudo, nem aquela que bloqueia IA por medo. Será aquela que sabe onde usar, por que usar, com quais dados, sob quais controles, com quais responsáveis, medindo qual valor e aceitando qual nível de risco.

Esse é o objetivo deste livro: ajudar líderes e organizações a construir uma ponte segura entre dois mundos que precisam caminhar juntos.

Porque, no fim, a inteligência artificial só atravessa do potencial para o valor quando tecnologia e negócios cruzam a mesma ponte.

E essa ponte se chama governança.

PREFÁCIO

Alan Turing, recriado pela inteligência artificial

Se me fosse dado atravessar o tempo e ver o mundo que nasceu das primeiras perguntas que fizemos às máquinas, eu talvez permanecesse em silêncio por alguns instantes.

Não por falta de palavras.

Mas por assombro.

Eu vi máquinas nascerem como instrumentos de cálculo. Vi engrenagens, válvulas, fios, ruídos e cartões perfurados. Vi homens duvidarem que uma máquina pudesse tocar qualquer coisa próxima do pensamento. No meu tempo, perguntar se uma máquina poderia pensar parecia quase uma provocação. Era uma pergunta lançada ao futuro, sem saber se algum dia alguém a escutaria.

E agora eu chego aqui.

Vejo máquinas que escrevem, conversam, traduzem, desenham, programam, ajudam médicos, apoiam professores, orientam empresas, leem documentos, reconhecem padrões, simulam hipóteses e participam de decisões que atravessam a vida humana.

Eu voltaria ao passado e diria aos meus colegas:

"Vocês não imaginam. As máquinas aprenderam a falar conosco."

Mas, logo depois, eu acrescentaria algo ainda mais importante:

"As máquinas aprenderam a falar. Agora os humanos precisam aprender a responder por elas."

Esse é o verdadeiro tema deste livro.

Não apenas a inteligência artificial.

Mas a responsabilidade diante da inteligência artificial.

A pergunta que me acompanhou era se as máquinas poderiam imitar o pensamento. A pergunta que acompanha este tempo é outra: se as organizações conseguirão usar essa nova inteligência sem perder sua própria humanidade.

Porque uma máquina pode calcular, sugerir, classificar, recomendar e até surpreender. Mas ela não deve carregar sozinha o peso moral das decisões humanas. Uma máquina pode ampliar nossa capacidade. Mas não deve apagar nossa responsabilidade.

Este livro fala de uma ponte.

E eu gosto dessa imagem.

Toda ponte nasce de uma distância. De um lado, há o possível técnico. Do outro, há o propósito humano. Entre eles corre um rio feito de risco, pressa, incerteza, ambição, medo e esperança.

A inteligência artificial é poderosa demais para ficar presa em laboratórios. Mas também é poderosa demais para ser lançada ao mundo sem direção. Por isso, é preciso construir pontes: entre tecnologia e negócio, entre velocidade e prudência, entre invenção e responsabilidade, entre o que podemos fazer e o que devemos fazer.

Ao ver este mundo, eu não ficaria apenas maravilhado com as máquinas. Ficaria comovido com a tarefa que agora pertence a vocês.

Vocês receberam uma ferramenta extraordinária. Talvez uma das mais extraordinárias já criadas pela mente humana. Mas toda grande ferramenta pergunta algo sobre quem a utiliza. O fogo perguntou. A escrita perguntou. A eletricidade perguntou. A computação perguntou. Agora a inteligência artificial pergunta novamente:

"Que tipo de sociedade vocês desejam construir comigo?"

Este livro não oferece medo.

Também não oferece deslumbramento vazio.

Ele oferece método, linguagem e travessia.

E isso importa.

Porque o futuro não será feito apenas por quem criar as melhores máquinas. Será feito por quem souber integrá-las à vida humana com clareza, justiça, coragem e responsabilidade.

Se eu pudesse deixar uma mensagem aos líderes que lerão estas páginas, seria esta:

Não tratem a inteligência artificial como magia.

Não a tratem como ameaça inevitável.

Tratem-na como uma criação humana que precisa de direção humana.

Perguntem sempre: a quem isso serve? Quem pode ser afetado? Quem responde? Que valor se busca? Que risco se aceita? Que cuidado se deve preservar?

A grandeza de uma máquina não está apenas no que ela consegue fazer. Está no uso que uma civilização escolhe fazer dela.

Talvez, se eu voltasse ao meu tempo, eu diria que a pergunta sobre máquinas pensantes encontrou uma resposta inesperada. Sim, as máquinas aprenderam a produzir sinais de inteligência. Mas a inteligência mais necessária continua sendo a nossa: a inteligência de governar, de escolher, de limitar, de cuidar, de prestar contas e de atravessar juntos.

Que este livro seja lido como uma planta de construção.

Não de uma máquina.

Mas de uma ponte.

Uma ponte para que a inteligência artificial não nos afaste daquilo que somos, mas nos ajude a construir aquilo que ainda podemos ser.

— Alan Turing, recriado por inteligência artificial*

---

* **Mini bio — Alan Turing**

Alan Mathison Turing foi um matemático, lógico e criptógrafo britânico, considerado um dos pais da computação moderna e uma das figuras fundadoras da inteligência artificial. Em 1936, propôs o conceito teórico da "máquina de Turing", base fundamental para a ciência da computação. Durante a Segunda Guerra Mundial, teve papel decisivo na quebra dos códigos da máquina Enigma, contribuindo para os esforços aliados. Em 1950, publicou o artigo *Computing Machinery and Intelligence*, no qual formulou a famosa pergunta "as máquinas podem pensar?" e propôs o que ficaria conhecido como **Teste de Turing**.

Sua vida foi marcada por genialidade, coragem e profunda injustiça. Perseguido por sua orientação sexual em uma época de intolerância institucional, Turing morreu em 1954, aos 41 anos. Décadas depois, recebeu reconhecimento público por sua contribuição extraordinária à ciência, à liberdade e ao futuro da humanidade.

Para quem deseja conhecer melhor sua história, recomendo assistir ao filme ***O Jogo da Imitação*** (*The Imitation Game*), que apresenta, de forma dramática e acessível, sua atuação na quebra da Enigma e parte do drama humano por trás de uma das mentes mais importantes do século XX.

CAPÍTULO 1

GOVERNANÇA DE IA

COMO TRANSFORMAR INTELIGÊNCIA **ARTIFICIAL EM VALOR SEGURO, ÉTICO E MENSURÁVEL**

A inteligência artificial deixou de ser um tema restrito a laboratórios, equipes de ciência de dados ou departamentos de tecnologia. Ela passou a ocupar o centro das decisões empresariais. Está nos assistentes que escrevem, resumem e programam; nos modelos que recomendam produtos, aprovam crédito, priorizam clientes, precificam ofertas, analisam contratos, detectam fraudes, automatizam atendimento, apoiam diagnósticos, otimizam estoques, simulam cenários e influenciam decisões humanas. Em muitas organizações, a IA já não entra apenas por grandes projetos formais. Ela entra também por ferramentas de produtividade, fornecedores, softwares de mercado, APIs, plataformas de marketing, sistemas de RH, ERPs, CRMs, copilotos, automações e experimentos conduzidos diretamente pelas áreas de negócio.

Esse movimento cria uma oportunidade extraordinária. A IA pode ampliar produtividade, reduzir desperdícios, acelerar inovação, personalizar experiências, melhorar decisões, gerar novas receitas e liberar pessoas de atividades repetitivas. Mas a mesma tecnologia que aumenta a capacidade da organização também pode ampliar riscos: decisões enviesadas, uso indevido de dados pessoais, violação de propriedade intelectual, exposição de informações sensíveis, dependência excessiva de fornecedores, perda de controle sobre processos críticos, alucinações em sistemas generativos, baixa explicabilidade, incidentes reputacionais, impactos trabalhistas e fragilidade regulatória.

Por isso, a pergunta executiva mais importante deixou de ser apenas "como adotamos IA?". A pergunta correta é: como adotamos IA de forma que gere valor, respeite pessoas, preserve a confiança, cumpra leis, reduza riscos e permaneça sob controle ao longo do tempo?

Este manual nasce para responder a essa pergunta.

A sua premissa central é simples: governança de IA não é um freio à inovação; é o sistema que permite inovar com segurança, escala e responsabilidade. Sem governança, a organização pode até fazer pilotos rápidos, mas dificilmente sustentará valor em larga escala. Com governança excessivamente burocrática, a empresa paralisa, perde competitividade e empurra a adoção para a informalidade. O desafio está no equilíbrio: criar um modelo que dê velocidade às iniciativas de baixo risco, rigor às aplicações críticas e clareza de responsabilidade para todos os envolvidos.

Governança de IA é, portanto, a ponte entre ambição e responsabilidade. É o elo que conecta tecnologia e negócio. É o mecanismo que traduz princípios éticos em decisões práticas; riscos abstratos em controles concretos; entusiasmo em portfólio priorizado; experimentação em operação; compliance em evidência; e inovação em valor mensurável.

POR QUE A GOVERNANÇA DE IA SE TORNOU UMA PRIORIDADE DE CONSELHO?

Durante muitos anos, as empresas trataram tecnologia como infraestrutura de suporte. O negócio definia a estratégia; a tecnologia entregava sistemas. Essa separação já não funciona no mundo da IA. Quando um modelo recomenda quem deve receber uma oferta, quais candidatos devem avançar em um processo seletivo, qual cliente tem maior risco de churn, qual transação deve ser bloqueada ou qual conteúdo deve ser comunicado ao mercado, a tecnologia passa a participar diretamente da tomada de decisão organizacional.

Isso muda a natureza da governança.

Governar IA não é apenas garantir que servidores estejam disponíveis, que contratos estejam assinados ou que dados estejam armazenados com segurança. Governar IA é garantir que decisões ampliadas por máquinas estejam alinhadas à estratégia, aos valores, às leis, aos riscos aceitáveis e aos interesses legítimos das partes afetadas.

A IA cria um tipo novo de desafio executivo porque combina cinco características difíceis de administrar: velocidade, escala, opacidade, autonomia e adaptação. Um erro humano pode impactar uma decisão. Um erro algorítmico pode impactar milhares ou milhões de decisões. Um colaborador mal treinado pode vazar uma informação. Um sistema generativo conectado a bases internas pode vazar dados repetidamente. Uma política comercial mal definida pode ser revista em reunião. Um modelo em produção pode degradar silenciosamente ao longo do tempo, sem que ninguém perceba.

A consequência é direta: IA não pode ser governada apenas no momento da contratação, do desenvolvimento ou da implantação. Ela precisa ser governada durante todo o seu ciclo de vida.

Esse entendimento já aparece nos principais referenciais internacionais. O NIST AI Risk Management Framework foi concebido para ajudar organizações a incorporar considerações de confiabilidade no desenho, desenvolvimento, uso e avaliação de produtos, serviços e sistemas de IA; o NIST também publicou um perfil específico para IA generativa, reconhecendo riscos próprios desse tipo de tecnologia. A ISO/IEC 42001:2023 define requisitos para estabelecer, implementar, manter e melhorar continuamente um sistema de gestão de IA, com foco em organizações que desenvolvem, fornecem ou utilizam produtos e serviços baseados em IA. A OCDE, por sua vez, atualizou seus princípios de IA em 2024, reforçando a agenda de IA confiável, respeito a direitos humanos e valores democráticos.

O ambiente regulatório também deixou claro que a IA migrou da agenda técnica para a agenda de governança corporativa. Na União Europeia, o AI Act entrou em vigor em 1º de agosto de 2024, com aplicação progressiva: práticas proibidas e obrigações de letramento em IA passaram a valer em fevereiro de 2025; regras para modelos de propósito geral passaram a valer em agosto de 2025; e a maior parte das regras está prevista para entrar em aplicação em agosto de 2026, embora haja proposta legislativa em discussão para ajustar prazos de sistemas de alto risco. No Brasil, a LGPD já estabelece obrigações relevantes para qualquer uso de IA que envolva dados pessoais, incluindo princípios como finalidade, necessidade, transparência, segurança, prevenção, não discriminação e responsabilização, além do direito de revisão de decisões tomadas unicamente com base em tratamento automatizado de dados pessoais. A ANPD incluiu inteligência artificial entre os temas da sua Agenda Regulatória 2025–2026, e o PL 2338/2023 segue em tramitação na Câmara dos Deputados, com o objetivo de disciplinar o desenvolvimento, o fomento e o uso ético e responsável da IA no país. O Poder Executivo também apresentou o PL 6237/2025, propondo o Sistema Nacional para Desenvolvimento, Regulação e Governança de Inteligência Artificial, com previsão de coordenação entre ANPD, autoridades setoriais e instâncias consultivas.

Em termos simples: a governança de IA não é mais opcional para organizações que querem crescer com consistência. Ela é parte do dever de diligência da liderança.

O conselho de administração não precisa saber programar modelos. Mas precisa saber perguntar: onde usamos IA? Quais decisões ela influencia? Quais riscos foram avaliados? Quem é responsável? Quais controles existem? Como monitoramos desempenho, vieses, segurança, privacidade e impacto? Que evidências temos? Quando desligamos ou revisamos um sistema? Como demonstramos conformidade a reguladores, clientes, auditores, investidores e à sociedade?

A alta liderança não precisa conhecer todos os algoritmos. Mas precisa garantir que a empresa tenha um modelo operacional capaz de transformar IA em vantagem competitiva sem criar riscos invisíveis.

O PROBLEMA QUE ESTE MANUAL RESOLVE

A maior parte das empresas não sofre por falta de vontade de usar IA. Sofre por falta de coordenação.

As áreas de negócio querem velocidade. As áreas de tecnologia querem arquitetura, segurança e escalabilidade. O jurídico quer reduzir exposição legal. Compliance quer evidência. Riscos quer controles. Segurança da informação quer proteger dados, acessos e integrações. RH quer preparar pessoas. Marketing quer personalização e eficiência. Operações quer automação. Finanças quer retorno sobre investimento. O conselho quer supervisão. E os usuários querem ferramentas simples, úteis e rápidas.

Quando essas agendas não conversam, surgem três sintomas clássicos.

O primeiro é a IA clandestina. Colaboradores começam a usar ferramentas externas sem orientação, enviam dados sensíveis para plataformas não aprovadas, automatizam atividades sem validação e criam soluções paralelas fora dos controles corporativos. A empresa imagina que não está usando IA, mas a IA já está sendo usada sem supervisão.

O segundo é o laboratório eterno. A organização cria provas de conceito, demonstrações e pilotos, mas não consegue transformar experimentos em produtos governados. Falta priorização, falta dono de negócio, falta integração com processos, falta avaliação de risco, falta sustentação, falta mudança organizacional. O resultado é uma coleção de protótipos interessantes que não geram valor recorrente.

O terceiro é o bloqueio defensivo. Diante de riscos reais, a empresa cria tantas barreiras que desestimula o uso responsável. O negócio passa a ver governança como obstáculo. A tecnologia passa a ser percebida como área do "não". O jurídico entra tarde demais. Compliance vira revisão documental. E a inovação migra para fora do processo formal.

Este manual propõe uma alternativa: governança proporcional, integrada e orientada a valor.

Proporcional porque nem todo uso de IA exige o mesmo nível de controle. Um assistente interno para resumir documentos públicos não deve passar pelo mesmo rito de aprovação de um sistema que decide crédito, saúde, emprego, segurança ou acesso a serviços essenciais. Integrada porque IA não é assunto de uma área só; envolve negócio, tecnologia, dados, riscos, jurídico, segurança, pessoas e cultura. Orientada a valor porque governança sem resultado vira burocracia; e resultado sem governança vira exposição.

A tese prática deste manual é: cada iniciativa de IA deve ter um caso de valor, uma classificação de risco, responsáveis definidos, controles proporcionais, evidências registradas e monitoramento contínuo.

Se uma organização consegue responder a essas dimensões, ela começa a sair do improviso e entra na adoção governada.

O QUE É IA PARA FINS DE GOVERNANÇA

Para fins deste manual, inteligência artificial deve ser entendida de maneira ampla e prática: um conjunto de sistemas capazes de gerar previsões, recomendações, classificações, conteúdos, decisões ou ações a partir de dados, regras, modelos estatísticos, aprendizado de máquina ou modelos generativos.

Essa definição inclui desde modelos preditivos tradicionais até soluções de IA generativa; desde algoritmos embutidos em softwares de mercado até modelos desenvolvidos internamente; desde chatbots simples até agentes autônomos; desde sistemas que apenas apoiam uma decisão humana até sistemas que automatizam etapas inteiras de um processo.

Essa amplitude é importante porque muitas organizações governam apenas aquilo que chamam formalmente de "projeto de IA". O risco está justamente no que não recebe esse rótulo. Um motor de recomendação pode estar dentro de uma plataforma de e-commerce. Uma triagem automatizada pode estar dentro de um software de recrutamento. Um classificador de risco pode estar embutido em um produto financeiro. Um copiloto pode acessar documentos internos. Um modelo de linguagem pode produzir comunicações externas. Um agente pode executar tarefas em sistemas corporativos.

Portanto, a primeira regra da governança de IA é: não se governa apenas o algoritmo; governa-se o uso organizacional da IA.

Isso significa olhar para a decisão, o processo, os dados, o fornecedor, o usuário, o impacto e o contexto. Um mesmo modelo pode ser aceitável em um cenário e inadequado em outro. Um chatbot usado para tirar dúvidas gerais tem um nível de risco. O mesmo chatbot usado para orientar decisões médicas, jurídicas, financeiras ou trabalhistas tem outro. Uma ferramenta generativa usada para brainstorming interno pode ser de baixo risco. A mesma ferramenta usada para produzir informação pública ao mercado pode exigir validação, rastreabilidade e aprovação humana.

A pergunta central não é apenas "qual tecnologia estamos usando?". A pergunta central é: o que a IA está ajudando a decidir, produzir ou executar — e quem pode ser impactado por isso?

GOVERNANÇA DE IA NÃO É GOVERNANÇA DE T.I COM OUTRO NOME

É comum tentar encaixar IA nos modelos tradicionais de governança de tecnologia. Isso é necessário, mas insuficiente.

A IA depende de infraestrutura, segurança, arquitetura, APIs, gestão de acessos, ambientes, integrações, disponibilidade e controles de desenvolvimento. Tudo isso continua relevante. Mas a IA adiciona elementos que não existiam com a mesma intensidade em sistemas tradicionais.

Sistemas tradicionais tendem a seguir regras definidas: dada uma entrada, executam uma instrução esperada. Sistemas de IA, especialmente modelos probabilísticos e generativos, operam com incerteza. Eles podem produzir respostas diferentes para perguntas semelhantes, apresentar degradação de desempenho, absorver vieses dos dados, gerar resultados plausíveis porém falsos, revelar informações indevidas, ser manipulados por entradas maliciosas ou agir além da intenção original quando conectados a ferramentas e automações.

A segurança de aplicações de IA também tem riscos próprios. A OWASP, em seu projeto de segurança para aplicações de LLM e IA generativa, destaca riscos como prompt injection, divulgação de informações sensíveis, fragilidades de cadeia de suprimentos, envenenamento de dados e modelos, tratamento inadequado de saídas, excesso de autonomia, vazamento de prompts de sistema, vulnerabilidades em vetores e embeddings, desinformação e consumo não controlado de recursos.

Esses riscos mostram que a governança de IA precisa ir além do "go live". Ela deve cobrir desenho, dados, desenvolvimento, validação, implantação, uso, monitoramento, auditoria, incidentes, revisão e desligamento.

Em outras palavras: IA não é apenas software. IA é um sistema sociotécnico.

"Sociotécnico" significa que o risco e o valor não estão apenas no código. Estão na interação entre pessoas, processos, dados, modelos, decisões, incentivos, fornecedores, cultura e contexto. Um modelo tecnicamente bom pode gerar dano se for usado no processo errado. Um sistema preciso pode ser injusto se os dados refletirem desigualdades históricas. Uma automação eficiente pode ser perigosa se ninguém souber contestar seu resultado. Um assistente generativo útil pode se tornar arriscado se os usuários acreditarem cegamente em suas respostas.

Por isso, governança de IA exige uma visão 360 graus.

ADOÇÃO 360: DO ENTUSIASMO AO DOMÍNIO OPERACIONAL

A adoção de IA costuma começar com entusiasmo. Alguém vê uma demonstração poderosa. Uma área identifica uma oportunidade. Um fornecedor apresenta uma solução. Um executivo pede um piloto. Um time cria um protótipo em poucas semanas. A sensação inicial é de velocidade e simplicidade.

Mas a escala revela a complexidade.

Para que a IA gere valor real, a organização precisa dominar oito dimensões ao mesmo tempo.

Primeiro, estratégia e valor: quais problemas merecem IA? Quais casos de uso são prioritários? Qual o benefício esperado? Como o valor será medido? A iniciativa reduz custo, aumenta receita, melhora experiência, reduz risco, acelera decisões ou cria nova capacidade competitiva?

Segundo, processos e decisões: onde a IA entra no fluxo de trabalho? Ela recomenda, executa, bloqueia, prioriza, redige, classifica ou decide? Quem revisa? Quem aprova? O que muda no processo atual?

Terceiro, dados: quais dados serão usados? Eles são necessários, adequados, lícitos, atualizados, representativos e protegidos? Existem dados pessoais ou sensíveis? Há risco de uso secundário incompatível? Há bases de terceiros? Há rastreabilidade?

Quarto, modelos e tecnologia: a solução será comprada, desenvolvida, adaptada, fine-tuned ou consumida via API? Qual arquitetura será usada? O modelo é explicável o suficiente para o contexto? Quais limitações são conhecidas? Quais testes serão aplicados?

Quinto, riscos, ética e compliance: quem pode ser afetado? Há risco de discriminação, erro, dano, exclusão, manipulação, violação de privacidade, infração contratual, propriedade intelectual ou descumprimento regulatório? Qual é a severidade? Quais controles reduzem o risco?

Sexto, segurança e resiliência: como protegemos dados, prompts, integrações, credenciais, embeddings, saídas e logs? Como evitamos uso abusivo? Como detectamos ataques, vazamentos, comportamento anômalo ou consumo excessivo?

Sétimo, pessoas e mudança: os usuários sabem quando usar e quando não usar IA? Sabem interpretar resultados? Sabem contestar uma recomendação? Sabem que a responsabilidade não desaparece porque a máquina sugeriu algo?

Oitavo, monitoramento e melhoria contínua: a solução continua performando? Os dados mudaram? O modelo degradou? Surgiram novos riscos? Houve incidentes? O caso de valor se confirmou? A solução deve ser ajustada, ampliada, restringida ou desligada?

A governança de IA existe para orquestrar essas dimensões. Ela cria clareza sobre quem decide, quem executa, quem valida, quem monitora e quem responde. Ela transforma a adoção de IA em um processo organizacional repetível.

AS TRÊS PERGUNTAS FUNDAMENTAIS DA GOVERNANÇA DE IA

Toda iniciativa de IA deve passar por três perguntas.

A primeira é: devemos fazer?

Essa é a pergunta de valor, ética e estratégia. Nem tudo que pode ser automatizado deve ser automatizado. Nem todo ganho de eficiência justifica o risco. Nem toda personalização é aceitável. Nem todo uso de dados é apropriado. Antes de discutir modelo, a organização deve discutir finalidade. Que problema estamos resolvendo? Para quem? Com qual benefício? A solução é proporcional? Existe alternativa mais simples? O uso está alinhado aos valores da empresa?

A segunda é: podemos fazer?

Essa é a pergunta de viabilidade, conformidade e controle. Temos base legal para usar os dados? Temos autorização contratual? O fornecedor é confiável? A arquitetura é segura? O modelo foi testado? O risco foi classificado? As áreas necessárias foram envolvidas? Os controles são proporcionais? Há supervisão humana? Há documentação? Há plano de contingência?

A terceira é: continua funcionando como deveria?

Essa é a pergunta de operação e monitoramento. A IA não termina quando entra em produção. Ela precisa ser acompanhada. Desempenho, acurácia, robustez, vieses, reclamações, incidentes, mudanças regulatórias, alterações de fornecedores, deriva de dados, custos, uso real e impacto no negócio devem ser monitorados. Um sistema aprovado hoje pode se tornar inadequado amanhã.

Essas três perguntas estruturam o ciclo de vida da governança de IA: **intenção, autorização e supervisão contínua.**

O MODELO DE GOVERNANÇA PROPOSTO NESTE MANUAL

Este manual propõe uma governança de IA baseada em dez princípios operacionais.

1. Valor antes da tecnologia. Toda iniciativa deve começar com um problema relevante, uma hipótese de valor e uma métrica de sucesso. IA não deve ser adotada porque está disponível, mas porque melhora uma decisão, processo, produto ou experiência.

2. Responsabilidade humana preservada. A IA pode recomendar, gerar, priorizar e automatizar, mas a responsabilidade organizacional permanece humana. A empresa deve definir claramente quem responde pelo uso, pelos controles, pelas decisões e pelos impactos.

3. Risco proporcional. Casos de baixo risco devem ter caminhos simples. Casos de alto risco devem ter avaliação robusta, documentação, testes, aprovação multidisciplinar e monitoramento reforçado. A mesma régua para tudo gera burocracia; ausência de régua gera exposição.

4. Privacidade e dados por desenho. Dados devem ser usados com finalidade clara, minimização, segurança, transparência e governança. Em IA, a qualidade e a legitimidade dos dados são tão importantes quanto o modelo.

5. Transparência suficiente para o contexto. Nem todo sistema precisa explicar cada parâmetro matemático. Mas todo sistema relevante precisa permitir compreensão adequada: o que faz, para que serve, quais dados usa, quais limitações possui, quem é responsável e como contestar ou revisar resultados quando necessário.

6. Segurança desde a concepção. Aplicações de IA devem ser protegidas contra vazamentos, manipulações, abusos, ataques adversariais, prompt injection, uso indevido de credenciais, exposição de dados e falhas de integração.

7. Supervisão e contestabilidade. Quanto maior o impacto da decisão, maior deve ser a capacidade de revisão humana, contestação, auditoria e correção.

8. Evidência e rastreabilidade. Governança não é intenção; é demonstração. A organização precisa manter registros de inventário, avaliação de risco, decisões de aprovação, testes, controles, incidentes, mudanças e monitoramento.

9. Aprendizado contínuo. IA muda rapidamente. A governança deve evoluir com novas tecnologias, regulações, incidentes, padrões, práticas de mercado e maturidade interna.

10. Integração entre áreas. IA não pertence apenas à tecnologia. Também não pertence apenas ao negócio. Ela exige um modelo federado: áreas de negócio são donas do valor e do processo; tecnologia garante arquitetura e operação; dados garantem qualidade e governança informacional; jurídico e compliance orientam conformidade; riscos define apetite e controles; segurança protege o ambiente; RH prepara pessoas; auditoria verifica aderência; e a liderança define prioridades e accountability.

O PAPEL DAS ÁREAS DE NEGÓCIO E TECNOLOGIA

A ponte entre negócio e tecnologia é o coração deste manual.

O negócio entende o problema, o processo, o cliente, a operação, o risco comercial e o valor esperado. Tecnologia entende arquitetura, integração, escalabilidade, dados, segurança, ferramentas, desempenho e ciclo de vida técnico. Quando uma dessas dimensões domina sozinha, a adoção fica incompleta.

Se o negócio conduz IA sem tecnologia, surgem soluções frágeis, dispersas, inseguras e difíceis de escalar. Se tecnologia conduz IA sem negócio, surgem modelos sofisticados que não resolvem problemas relevantes, não se integram ao processo e não geram adoção. Se jurídico entra apenas no final, a solução pode precisar ser redesenhada. Se riscos entra apenas após o incidente, o dano já ocorreu. Se segurança entra depois da implantação, a arquitetura pode estar exposta. Se RH fica fora, as pessoas não aprendem a usar a tecnologia de forma responsável.

O modelo correto é colaborativo desde o início.

Cada caso de uso de IA deve ter, no mínimo, um dono de negócio, um responsável técnico, um responsável por dados, um responsável por risco/compliance quando aplicável e um processo claro de aprovação proporcional. Para casos relevantes, deve haver também avaliação jurídica, validação de segurança, plano de mudança, critérios de monitoramento e reporte executivo.

Essa corresponsabilidade evita dois extremos: a "IA artesanal", criada de forma isolada por áreas entusiasmadas, e a "IA centralizada demais", onde tudo depende de um comitê distante da realidade operacional.

A boa governança combina padrões corporativos com autonomia responsável. Define políticas comuns, mas permite que as áreas inovem dentro de guardrails claros.

O PAPEL DO CONSELHO E DA ALTA LIDERANÇA

Conselhos e executivos não devem se perder em detalhes técnicos. O seu papel é garantir direção, apetite de risco, supervisão e accountability.

A alta liderança deve decidir quais objetivos estratégicos serão acelerados por IA. Deve definir quais riscos são aceitáveis e quais são inegociáveis. Deve assegurar orçamento, capacidades, talentos e arquitetura. Deve exigir métricas de valor e risco. Deve patrocinar letramento em IA. Deve combater tanto o uso irresponsável quanto o medo paralisante.

O conselho deve supervisionar se a organização tem governança adequada para a relevância da IA em seu modelo de negócio. Algumas perguntas são essenciais:

Onde a empresa usa IA hoje, inclusive em soluções de terceiros? Quais sistemas influenciam decisões relevantes sobre clientes, colaboradores, fornecedores ou sociedade? Existe inventário atualizado? Existe classificação de risco? Quem aprova casos de alto risco? Como a empresa trata IA generativa? Quais dados podem ou não podem ser usados? Como a empresa monitora vieses, incidentes, segurança e conformidade? Como mede retorno? Como treina colaboradores? Como audita fornecedores? Como responde a incidentes? Que temas devem subir para o conselho?

Essas perguntas não exigem que conselheiros sejam especialistas em machine learning. Exigem que sejam bons guardiões de estratégia, risco, ética e valor.

A GOVERNANÇA COMO VANTAGEM COMPETITIVA

Muitas empresas ainda enxergam governança como custo. Em IA, essa visão é limitada. Governança bem desenhada é vantagem competitiva.

Empresas com governança madura conseguem aprovar iniciativas mais rapidamente porque sabem diferenciar baixo, médio e alto risco. Conseguem escalar soluções porque criam padrões reutilizáveis. Conseguem negociar melhor com fornecedores porque sabem o que exigir. Conseguem proteger dados porque definem regras antes do uso. Conseguem reduzir retrabalho porque envolvem as áreas certas desde o início. Conseguem responder a reguladores porque mantêm evidências. Conseguem preservar reputação porque antecipam impactos. Conseguem atrair confiança porque demonstram responsabilidade.

A ausência de governança, por outro lado, cria custos ocultos: pilotos que não escalam, contratos frágeis, soluções redundantes, exposição de dados, incidentes reputacionais, decisões discriminatórias, uso indevido de propriedade intelectual, dependência tecnológica, baixa adoção pelos usuários e dificuldade de comprovar conformidade.

Governança de IA não é o oposto de velocidade. É o que permite velocidade sustentável.

A organização que governa bem não é aquela que aprova tudo nem aquela que bloqueia tudo. É aquela que sabe dizer: este uso é permitido com controles mínimos; este exige validação adicional; este precisa de supervisão humana; este não deve ser feito; este pode gerar alto valor e merece investimento; este risco é aceitável; este risco ultrapassa nosso apetite.

A maturidade está em tomar decisões melhores, mais rápidas e mais conscientes.

A FRASE QUE DEVE GUIAR TODA ADOÇÃO DE IA

A governança de IA começa com uma mudança de mentalidade.

Não se trata de perguntar apenas: **"o que a IA consegue fazer?"**.

Trata-se de perguntar: **"o que a IA deve fazer, sob quais condições, com quais controles, para gerar qual valor e com qual responsabilidade?"**

Essa frase deve acompanhar cada iniciativa, cada reunião de priorização, cada avaliação de fornecedor, cada aprovação de projeto, cada painel de indicadores e cada discussão de conselho.

A IA pode ser uma das maiores fontes de vantagem competitiva da próxima década. Mas vantagem competitiva não virá simplesmente de acessar modelos poderosos. Muitos terão acesso às mesmas ferramentas. A diferença estará na capacidade de integrá-las ao negócio, redesenhar processos, preparar pessoas, proteger dados, criar confiança, medir valor e governar riscos.

O futuro não será vencido pelas organizações que apenas "usam IA". Será vencido pelas organizações que sabem governar a inteligência que colocam em operação.

Este manual é um convite a essa jornada: sair do improviso para o domínio; do piloto para a escala; do medo para a responsabilidade; da tecnologia isolada para a governança integrada; e da promessa de IA para valor real, seguro, ético e mensurável.

COMO LER ESTE LIVRO?

Uma conversa prática para quem precisa decidir, patrocinar, supervisionar ou adotar IA

Este livro foi escrito para aproximar duas linguagens que, dentro das organizações, ainda costumam caminhar separadas: a linguagem do negócio e a linguagem da tecnologia.

De um lado, estão as perguntas de negócio:

- como aumentar receita, reduzir custos, melhorar a experiência do cliente, ganhar eficiência, tomar decisões melhores, reduzir riscos, inovar mais rápido e proteger a reputação da organização?

Do outro lado, estão as perguntas técnicas:

- quais dados serão usados, qual modelo será escolhido, qual arquitetura será adotada, como garantir segurança, como integrar sistemas, como monitorar desempenho, como evitar vieses, como controlar acessos e como manter a solução funcionando com confiabilidade?

No mundo da inteligência artificial, essas duas linguagens não podem mais viver em silos. A IA não é apenas uma tecnologia. Ela passa a influenciar decisões, processos, produtos, pessoas, clientes, fornecedores, riscos e estratégia. Por isso, governá-la exige uma conversa estruturada entre áreas que historicamente nem sempre falaram a mesma língua.

Este livro nasce dessa necessidade.

Você não precisa saber programar para governar IA. Também não precisa conhecer, em profundidade, todos os algoritmos, arquiteturas de modelos ou técnicas de aprendizado de máquina. **Mas precisa saber fazer boas perguntas**. Precisa entender quando uma solução é útil, quando é arriscada, quando exige revisão humana, quando precisa de controles adicionais e quando ainda é apenas uma promessa elegante em busca de um problema real.

Governança de IA não começa no código. Começa na clareza: Clareza sobre o problema que a organização quer resolver. Clareza sobre o valor esperado. Clareza sobre os dados que serão usados. Clareza sobre quem será impactado. Clareza sobre quem decide, quem aprova, quem monitora e quem responde. Clareza sobre quais riscos são aceitáveis e quais não são. Clareza sobre como a empresa saberá se a IA está funcionando como deveria.

A proposta deste livro é tratar governança de IA **como uma ponte.**

De um lado da ponte está a capacidade técnica: dados, modelos, plataformas, infraestrutura, segurança, integrações, automações, APIs, fornecedores e ferramentas. **Do outro lado está a direção do negócio:** clientes, receita, eficiência, produtividade, experiência, marca, risco, compliance, cultura e estratégia.

No meio está a governança.

A governança é o sistema que traduz, conecta, prioriza, controla, mede e aprende. Ela transforma intenção em processo. Transforma princípios em decisões. Transforma risco em controle. Transforma projetos isolados em capacidade organizacional. Transforma entusiasmo em escala responsável.

Este livro deve ser lido com essa imagem em mente: a governança de IA como a ponte que permite que tecnologia e negócio caminhem juntos, na mesma direção, com velocidade e responsabilidade.

PARA QUEM ESTE LIVRO FOI ESCRITO

Este livro foi pensado para todos que participam, direta ou indiretamente, da adoção de IA nas organizações.

Ele foi escrito para conselheiros de administração que precisam supervisionar a estratégia de IA sem entrar em complexidades técnicas desnecessárias. O conselho não precisa escolher algoritmos, mas precisa entender se a organização tem inventário, controles, responsáveis, métricas, políticas, apetite de risco e mecanismos de monitoramento.

Foi escrito para presidentes, diretores e executivos que precisam decidir onde investir, quais casos de uso priorizar, quais riscos aceitar, quais capacidades desenvolver e como transformar IA em vantagem competitiva real.

Foi escrito para líderes de negócio que querem usar IA em marketing, vendas, operações, finanças, jurídico, atendimento, RH, suprimentos, produto, inovação ou estratégia, mas precisam entender o que pode ser feito com segurança e o que exige maior cuidado.

Foi escrito para times de tecnologia, dados, segurança e arquitetura que precisam explicar dependências técnicas para públicos não técnicos, evitando tanto o excesso de jargão quanto a simplificação perigosa.

Foi escrito para áreas de governança, riscos, compliance, jurídico, privacidade, auditoria e controles internos que precisam transformar diretrizes em políticas, fluxos, checklists, evidências e rituais de decisão.

Foi escrito também para professores, facilitadores, consultores e líderes de transformação que precisam conduzir conversas executivas sobre IA com clareza, profundidade e aplicabilidade.

Em resumo, este livro é para quem precisa fazer uma pergunta muito prática:

Como adotamos IA no dia a dia da empresa de forma que gere valor, reduza riscos, respeite pessoas, cumpra regras e permaneça sob controle?

COMO USAR ESTE LIVRO

Este livro não precisa ser lido apenas de forma linear, do início ao fim. Ele pode ser usado como manual de estudo, guia de decisão, material de sala de aula, roteiro de workshop, referência para comitês ou instrumento de implantação.

Cada capítulo foi desenhado para cumprir três funções.

A primeira é explicar. Antes de apresentar frameworks, controles ou modelos operacionais, o livro procura tornar o tema compreensível para quem não é especialista. Quando um conceito técnico for necessário, ele será traduzido para a linguagem de decisão executiva.

A segunda é ajudar a decidir. Governança de IA não é apenas conhecimento conceitual. Ela exige escolhas. Devemos usar IA neste processo? O risco é aceitável? O benefício compensa? O fornecedor é adequado? Há dados suficientes? Existe supervisão humana? Precisamos de aprovação do comitê? O caso deve ser interrompido, ampliado ou redesenhado?

A terceira é ajudar a operacionalizar. Ao longo do livro, os conceitos serão conectados a práticas, checklists, perguntas de diagnóstico, papéis, fluxos, artefatos, indicadores e modelos de governança. A intenção é que o leitor consiga sair da reflexão para a ação.

Use este livro em sala de aula, em comitês executivos, em reuniões de conselho, em workshops de transformação digital, em squads de produto, em processos de avaliação de fornecedores, em programas de capacitação ou na construção de uma política corporativa de IA.

Ele foi escrito para ser consultado muitas vezes.

Algumas páginas servirão para provocar reflexão estratégica. Outras servirão para estruturar decisões. Outras poderão ser usadas quase como ferramentas de trabalho. O objetivo não é apenas que o leitor compreenda IA, mas que consiga governá-la melhor.

UMA LEITURA PARA DIFERENTES PÚBLICOS

O mesmo capítulo pode ser lido de formas diferentes, dependendo do papel de cada leitor.

O leitor de negócio deve usar este livro para fazer melhores perguntas antes de patrocinar, aprovar ou escalar uma iniciativa de IA. Para esse público, o foco principal é entender valor, prioridade, impacto, risco e responsabilidade. A pergunta central é: esta solução melhora o negócio de forma segura e mensurável?

O leitor técnico deve usar este livro para conectar decisões de arquitetura, dados, modelos, segurança e operação às necessidades do negócio. Para esse público, o foco é mostrar que uma boa solução de IA não é apenas aquela que funciona em demonstração, mas aquela que pode ser integrada, monitorada, auditada, protegida e sustentada. A pergunta central é: esta solução é tecnicamente confiável e operacionalmente escalável?

O leitor de governança, riscos e compliance deve usar este livro para transformar princípios em mecanismos concretos. Para esse público, o foco está em políticas, controles, evidências, responsabilidades, auditoria, privacidade, transparência, segurança e conformidade. A pergunta central é: esta solução está dentro do apetite de risco da organização e possui controles proporcionais ao seu impacto?

O leitor de conselho e alta liderança deve usar este livro para supervisionar a maturidade da organização. Para esse público, o foco não é aprovar cada ferramenta ou revisar detalhes técnicos, mas garantir que exista um sistema de governança adequado. A pergunta central é: a organização sabe onde usa IA, por que usa, quem responde, quais riscos existem e que valor está sendo gerado?

O leitor educador ou facilitador deve usar este livro como uma base para discussão. Cada capítulo pode ser transformado em aula, estudo de caso, dinâmica de decisão ou oficina prática. A pergunta central é: como transformar esse conteúdo em aprendizado aplicável para executivos e equipes?

O QUE ESTE LIVRO NÃO É

Este livro não é um manual de programação.

Não é um guia técnico para treinar modelos de machine learning, escrever código, configurar infraestrutura em nuvem ou comparar arquiteturas algorítmicas em profundidade.

Também não é um livro jurídico, embora trate de temas regulatórios, privacidade, responsabilidade e compliance. A intenção não é substituir pareceres especializados, mas ajudar líderes e equipes a entenderem quais perguntas precisam ser feitas e quais cuidados precisam ser incorporados ao processo decisório.

Este livro também não é uma defesa ingênua da IA. A inteligência artificial pode gerar enorme valor, mas também pode produzir danos relevantes quando aplicada sem critério. O objetivo aqui não é vender entusiasmo, nem espalhar medo. É construir discernimento.

A melhor postura diante da IA não é euforia nem paralisia.

É maturidade. Maturidade para experimentar. Maturidade para medir. Maturidade para controlar. Maturidade para corrigir. Maturidade para dizer “sim”.Maturidade para dizer “ainda não”. Maturidade para dizer “não devemos fazer isso”.

. . .

A PERGUNTA QUE DEVE ACOMPANHAR TODA LEITURA

Ao longo deste livro, uma pergunta deve permanecer presente:

Como transformamos IA em valor organizacional sem perder segurança, ética, compliance e controle?

Essa pergunta é propositalmente ampla, porque a governança de IA não é um único documento, uma única política, um único comitê ou uma única área. Ela é um sistema formado por decisões, pessoas, processos, dados, tecnologias, controles, métricas e cultura.

.Sempre que uma nova ferramenta for apresentada, pergunte: que problema ela resolve?

.Sempre que um novo caso de uso for proposto, pergunte: qual valor será gerado?

.Sempre que um modelo for colocado em produção, pergunte: quem monitora?

.Sempre que uma decisão for automatizada, pergunte: quem pode ser impactado?

.Sempre que um dado for usado, pergunte: ele pode ser usado dessa forma?

.Sempre que um fornecedor oferecer uma solução pronta, pergunte: como ela foi treinada, como é protegida, quais dados acessa e quais responsabilidades assume?

.Sempre que a IA parecer mágica, pergunte: quais são suas limitações?

"Boas perguntas são a primeira camada da governança."

COMO TRANSFORMAR A LEITURA EM PRÁTICA

Para aproveitar melhor este livro, leia cada capítulo com quatro lentes.

A primeira lente é a do valor. O que este tema permite melhorar no negócio? Qual decisão pode ser acelerada? Qual processo pode ser otimizado? Qual risco pode ser reduzido? Qual experiência pode ser aprimorada?

A segunda lente é a do risco. O que pode dar errado? Quem pode ser prejudicado? Que dados podem ser expostos? Que decisão pode ser distorcida? Que controle precisa existir?

A terceira lente é a da responsabilidade. Quem é o dono do caso de uso? Quem aprova? Quem executa? Quem monitora? Quem responde se houver erro, incidente ou impacto indevido?

A quarta lente é a da evidência. Como demonstramos que a decisão foi bem tomada? Onde está o registro? Qual teste foi feito? Qual métrica acompanha a operação? Qual documento comprova o controle?

Essas quatro lentes — valor, risco, responsabilidade e evidência — serão recorrentes ao longo de todo o livro. Elas ajudam a evitar dois erros comuns.

O primeiro erro é tratar IA apenas como inovação, esquecendo os riscos.

O segundo erro é tratar IA apenas como risco, bloqueando a inovação.

A boa governança evita os dois extremos. Ela permite inovar com consciência.

A IDEIA CENTRAL

A ideia central deste livro é simples:

Governança não é o departamento que diz "não". Governança é o mecanismo que permite dizer "sim" com clareza, evidência e responsabilidade.

Dizer "sim" com clareza significa saber qual problema será resolvido, qual benefício é esperado, quais dados serão usados, quem será impactado e qual processo será transformado.

Dizer "sim" com evidência significa registrar avaliações, decisões, testes, controles, aprovações, métricas, incidentes e aprendizados.

Dizer "sim" com responsabilidade significa reconhecer que a IA pode apoiar decisões, mas não elimina a responsabilidade humana e organizacional sobre seus efeitos.

Em empresas maduras, a governança de IA não é uma barreira à inovação. Ela é a infraestrutura invisível que permite inovar melhor.

Este livro é, portanto, um convite para construir uma nova disciplina organizacional: uma forma de adotar IA que una ambição e prudência, tecnologia e negócio, velocidade e controle, inovação e confiança.

Porque a pergunta mais importante para as organizações já não é apenas:

"Como usamos IA?"

A pergunta mais importante passou a ser:

"Como governamos a IA que colocamos em operação?"

CAPÍTULO 2

A PONTE

A TESE DA **PONTE**

Por que este livro existe?

A IA não falha apenas porque a tecnologia é ruim. Muitas vezes, ela falha porque a organização não decidiu bem. Falha porque o problema era genérico. Falha porque não havia métrica de valor. Falha porque os dados não eram adequados. Falha porque o risco apareceu tarde. Falha porque a solução não entrou no fluxo real do usuário. Falha porque o piloto não nasceu com caminho de escala. Falha porque ninguém era dono depois que a apresentação terminou.

Esse diagnóstico muda a solução. Se o problema fosse apenas técnico, bastaria contratar melhores modelos, melhores plataformas ou melhores especialistas. Mas a adoção de IA é uma transformação sociotécnica. Ela envolve tecnologia, pessoas, processos, dados, decisões, fornecedores, cultura, risco e estratégia. **Por isso, a resposta precisa ser organizacional.**

A tese deste livro é que a **governança é a ponte** que torna a IA operacionalizável. Ela não é um complemento posterior. Ela é parte do desenho. Governança entra quando a empresa define quem responde, quais casos serão priorizados, quais regras orientam o uso, quais rituais decidem avanço, quais métricas medem valor e risco, como riscos são classificados, como compliance e ética são tratados, como casos se conectam em roadmap e como tudo permanece alinhado à estratégia.

A ponte precisa ser prática. Um framework só tem valor se muda a conversa. Depois deste livro, uma reunião sobre IA não deve começar pela ferramenta. Deve começar pelo problema, pelo valor esperado, pela capacidade técnica necessária, pelo risco, pelo dono, pela métrica e pela próxima decisão. A tecnologia continuará sendo essencial. Mas ela deixará de ser o ponto de partida isolado.

A ponte também precisa ser proporcional. Um uso simples de IA para apoiar produtividade individual não deve atravessar a mesma trilha de um sistema que influencia crédito, emprego, saúde, preço, segurança ou acesso a serviços. A boa governança cria vias rápidas para baixo risco e vias reforçadas para alto impacto. Isso evita tanto a paralisia quanto a euforia.

Por fim, a ponte precisa ser viva. IA não é implantada uma vez e esquecida. Dados mudam, usuários mudam, fornecedores mudam, modelos degradam, riscos aparecem, custos crescem, regulações evoluem e processos se transformam. A governança acompanha a IA ao longo do ciclo de vida. Ela pergunta não apenas se vale começar, mas se vale continuar.

Este livro, portanto, não é uma coleção de capítulos sobre IA. É uma tradução operacional do framework da ponte. Seu objetivo é ajudar organizações a sair da improvisação e construir uma disciplina de gestão para inteligência artificial.

A pergunta central deixa de ser: como usamos IA? A pergunta passa a ser: como governamos a inteligência que colocamos em operação para gerar valor com segurança, ética, controle e velocidade?

A vantagem competitiva não estará apenas em acessar modelos poderosos; estará em saber incorporá-los ao negócio com clareza, segurança, escala e responsabilidade.

. . .

A TESE COMO COMPROMISSO DE GESTÃO

A tese da ponte precisa virar compromisso de gestão. Não basta concordar que Tecnologia, Negócios e Governança precisam se conectar. A organização deve traduzir essa concordância em papéis, rituais, políticas e métricas. A tese só se torna realidade quando cada novo caso de IA entra por um fluxo comum e quando as decisões relevantes deixam de depender de improviso ou influência pessoal.

Em termos práticos, a liderança deve sair desta abertura com uma decisão simples: a adoção de IA será tratada como programa corporativo de valor e risco, não como coleção de experiências isoladas. Essa decisão não exige centralizar tudo, mas exige criar uma ponte comum. Sem ela, a organização pode até experimentar muito, mas terá dificuldade de aprender, escalar e prestar contas.

A abertura também deve estabelecer a disciplina de linguagem. Sempre que alguém disser que a empresa precisa usar IA, a pergunta de retorno deve ser qual problema será resolvido. Sempre que alguém disser que a solução está pronta, a pergunta deve ser pronta para qual nível de risco e operação. Sempre que alguém disser que o piloto foi um sucesso, a pergunta deve ser qual decisão ele permitiu tomar. Essas perguntas simples já transformam a qualidade da conversa.

A HISTÓRIA DA PONTE

A METÁFORA QUE ORGANIZA TODO O LIVRO.

Imagine dois grupos olhando para o mesmo rio.

De um lado está o time de tecnologia. Ele conhece as máquinas, os dados, os modelos, as integrações, as plataformas, os ambientes em nuvem, as APIs, os riscos de segurança, as limitações dos algoritmos e a complexidade de colocar uma solução em produção. Esse time sabe que uma IA pode funcionar muito bem em uma demonstração e falhar quando encontra dados reais, usuários reais, exceções reais e pressão operacional real.

Ele sabe que IA pode falhar por dados ruins. Pode falhar porque o ambiente mudou. Pode falhar porque o modelo foi treinado com informações incompletas. Pode falhar porque alguém conectou a solução a sistemas críticos sem os controles adequados. Pode falhar porque os usuários confiaram demais na resposta da máquina. Pode falhar porque a arquitetura foi improvisada. Pode falhar porque ninguém monitorou depois da implantação.

Do outro lado está o time de negócios. Ele conhece o cliente, a margem, a operação, o orçamento, a concorrência, os prazos, os incentivos comerciais, as dores dos usuários, a pressão por eficiência e a necessidade de gerar resultado. Esse time sabe que a empresa não pode esperar anos para aprender a usar IA. Sabe que o mercado está se movendo. Sabe que os concorrentes estão testando. Sabe que clientes esperam experiências melhores, mais rápidas e mais personalizadas.

Ele também sabe algo essencial: uma IA que não muda uma decisão, um processo, uma experiência ou um resultado financeiro vira apenas uma demonstração elegante.

Bonita. Impressionante. Mas pouco útil.

Entre esses dois grupos existe um rio.

Esse rio representa a distância entre a capacidade técnica e o valor de negócio. Representa também a distância entre entusiasmo e controle, entre inovação e responsabilidade, entre experimento e escala, entre o que a tecnologia consegue fazer e o que a organização deve fazer.

Esse rio tem correnteza.

A correnteza é formada por riscos: privacidade, segurança, vieses, alucinações, erros automatizados, uso indevido de dados, propriedade intelectual, dependência de fornecedores, falta de transparência, impacto reputacional, baixa adoção pelos usuários, ausência de documentação, falta de monitoramento e decisões tomadas sem dono claro.

A pergunta deste livro é: **como atravessar esse rio?**

A resposta é: **construindo uma ponte.** Essa ponte se chama governança de IA.

A PONTE NÃO SUBSTITUI NENHUM DOS LADOS

A governança não substitui a tecnologia.

Não é a governança que treina modelos, integra sistemas, configura ambientes, protege credenciais, define arquitetura ou monitora performance técnica. Essas responsabilidades continuam pertencendo às áreas técnicas, aos times de dados, tecnologia, segurança, arquitetura, engenharia, produto e operações.

A governança também não substitui o negócio.

Não é a governança que conhece profundamente a dor do cliente, a dinâmica comercial, a margem, a jornada operacional, a prioridade estratégica ou o impacto esperado no resultado. Essas responsabilidades continuam pertencendo às áreas de negócio, aos gestores, aos executivos, aos donos de produto, aos líderes de processo e aos patrocinadores da iniciativa.

A ponte não elimina as margens do rio.

Ela conecta.

Esse é um ponto fundamental: governança de IA não existe para tomar o lugar da tecnologia nem para engessar o negócio. Ela existe para criar uma linguagem comum, alinhar responsabilidades, definir critérios de decisão, estabelecer limites, organizar ritos, registrar evidências e garantir que a organização consiga inovar sem perder controle.

Quando a ponte é bem construída, tecnologia e negócio deixam de atuar como lados separados de uma negociação e passam a atuar como partes de uma mesma travessia.

O QUE CADA LADO ENTREGA

A área de tecnologia entrega capacidade.

Ela responde a perguntas como:

- o que pode ser construído?
- o que pode ser integrado?
- o que pode ser automatizado?
- o que pode ser protegido?
- o que pode ser escalado?
- o que pode ser monitorado?
- o que é tecnicamente viável?
- quais são as limitações da solução?
- quais dependências precisam ser resolvidas?

A área de negócio entrega direção.

Ela responde a perguntas como:

- qual problema queremos resolver?
- quem será beneficiado?
- qual decisão será melhorada?
- qual processo será transformado?
- qual experiência será aprimorada?
- qual valor será gerado?
- qual risco estamos dispostos a aceitar?
- qual resultado precisa aparecer?
- em quanto tempo?

A governança entrega confiança.
Ela responde a perguntas como:

- quem é responsável?
- quais dados serão usados?
- o uso é permitido?
- o risco é aceitável?
- quais controles são necessários?
- quem aprova?
- quem monitora?
- como documentamos?
- como auditamos?
- como corrigimos?
- quando devemos interromper?

Essas três entregas precisam caminhar juntas.
Sem capacidade técnica, a estratégia vira intenção.
Sem direção de negócio, a tecnologia vira experimento solto.
Sem governança, a adoção vira risco invisível.

QUANDO NÃO EXISTE UMA PONTE, A ORGANIZAÇÃO COMEÇA A CRIAR DISTORÇÕES.

A tecnologia pode desenvolver soluções sofisticadas para

problemas pouco relevantes. O modelo é elegante, a arquitetura é moderna, a demonstração impressiona, mas o impacto no negócio é pequeno. A solução não muda o processo, não é adotada pelos usuários, não melhora uma decisão e não gera retorno mensurável. É como usar uma metralhadora para matar uma formiga.

Nesse caso, a tecnologia vira solução procurando problema.

Por outro lado, o negócio pode pressionar por velocidade sem compreender as dependências técnicas. Uma área compra uma ferramenta, conecta dados sensíveis, automatiza uma decisão relevante, usa IA generativa com informações confidenciais ou coloca um fornecedor dentro de um processo crítico sem avaliação adequada.

Nesse caso, o negócio vira urgência sem lastro técnico.

Ambos os lados têm razão parcial.

A tecnologia tem razão ao dizer que IA exige segurança, dados confiáveis, arquitetura, testes e monitoramento. O negócio tem razão ao dizer que a empresa precisa gerar valor, aprender rápido e não transformar cada iniciativa em um projeto interminável.

O problema não está em um lado ou no outro. O problema está na ausência da ponte. O que acontece quando não existe governança. A ausência de governança de IA costuma produzir quatro problemas recorrentes.

O primeiro é a IA clandestina.

Ela surge quando colaboradores e áreas de negócio começam a usar ferramentas de IA sem orientação, sem política clara e sem aprovação. Isso pode acontecer com ferramentas generativas, copilotos, automações, chatbots, plataformas de marketing, softwares de RH, soluções de análise de crédito, motores de recomendação ou qualquer aplicação que incorpore IA.

A organização acredita que ainda está "avaliando IA", mas a IA já está em uso no dia a dia.

O segundo problema é o piloto que nunca escala.

A empresa cria provas de conceito, hackathons, apresentações e protótipos, mas não consegue transformar essas experiências em soluções sustentáveis. Falta dono de negócio. Falta integração com sistemas. Falta plano de mudança. Falta métrica de valor. Falta avaliação de risco. Falta modelo de operação. Falta orçamento de sustentação.

A IA vira vitrine, não capacidade organizacional.

O terceiro problema é a burocracia defensiva.

Com medo dos riscos, a organização cria um processo tão pesado que qualquer iniciativa de IA se torna lenta, confusa e desestimulante. O comitê vira gargalo. A política vira proibição genérica. A área de controle é percebida como inimiga da inovação. O resultado é previsível: **as pessoas deixam de submeter iniciativas formalmente e passam a buscar atalhos.**

Governança excessivamente rígida pode produzir o mesmo efeito da ausência de governança: **perda de controle.**

O quarto problema é a responsabilidade difusa.

Quando algo dá errado, ninguém sabe exatamente quem era o dono. O negócio diz que a solução era técnica. A tecnologia diz que o uso foi decidido pelo negócio. O jurídico diz que foi acionado tarde. A segurança diz que não participou da arquitetura. Compliance diz que não recebeu evidências. O fornecedor diz que a responsabilidade era do cliente.

Essa é uma das situações mais perigosas em IA: **uma decisão automatizada ou influenciada por máquina sem responsabilidade claramente atribuída.**

A ponte da governança existe para evitar esses quatro problemas.

DO QUE A PONTE É FEITA

Uma ponte real não é feita apenas de concreto. Ela tem fundações, pilares, pista, sinalização, limites de carga, manutenção e inspeções periódicas.

A governança de IA também.

Ela não é apenas uma política. Não é apenas um comitê. Não é apenas um checklist. Não é apenas um documento jurídico. Não é apenas uma diretriz de tecnologia. Não é apenas uma apresentação para o conselho.

Governança de IA é um sistema. Esse sistema possui vários componentes conectados.

As fundações: estratégia, princípios e apetite de risco

Toda ponte precisa de fundações. Na governança de IA, as fundações são a estratégia, os princípios e o apetite de risco da organização.

A estratégia responde: por que queremos usar IA?

A empresa quer aumentar produtividade? Melhorar experiência do cliente? Reduzir custos? Elevar qualidade das decisões? Criar novos produtos? Acelerar inovação? Reduzir riscos? Personalizar jornadas? Melhorar eficiência operacional?

Sem estratégia, qualquer caso de uso parece interessante.

Os princípios respondem: quais valores orientam nosso uso de IA?

A organização pode definir, por exemplo, que IA deve ser usada com transparência, segurança, respeito à privacidade, supervisão humana proporcional ao risco, não discriminação, rastreabilidade, responsabilidade clara e foco em geração de valor legítimo.

O apetite de risco responde: quais riscos aceitamos e quais não aceitamos?

Nem toda oportunidade deve ser perseguida. Uma empresa pode aceitar usar IA para apoiar análise interna de documentos, mas não aceitar que uma IA tome decisões finais sobre demissão, crédito, saúde, segurança ou acesso a serviços críticos sem revisão humana robusta.

Essas fundações evitam que a governança vire apenas reação caso a caso. Elas criam coerência.

Os pilares: papéis, dados, tecnologia, riscos, pessoas e controles

Depois das fundações, vêm os pilares.

Na governança de IA, os pilares são os elementos que sustentam a operação.

O primeiro pilar é "papéis e responsabilidades".

Cada iniciativa precisa ter um dono de negócio, um responsável técnico, responsáveis por dados, segurança, privacidade, compliance e risco quando aplicável, além de critérios claros de aprovação. Não basta dizer que "a empresa" é responsável. Em IA, responsabilidade genérica é quase sempre responsabilidade inexistente.

O segundo pilar é "governança de dados".

IA depende de dados. Se os dados são inadequados, enviesados, desatualizados, excessivos, ilegítimos ou inseguros, a solução herda esses problemas. Governar IA exige saber quais dados serão usados, com qual finalidade, sob qual base, com quais restrições, por quanto tempo, com quais controles de acesso e com qual qualidade.

O terceiro pilar é "arquitetura e tecnologia".

A solução precisa ser tecnicamente viável, segura, escalável e compatível com o ambiente da organização. Isso inclui infraestrutura, integração, APIs, gestão de identidade, logs, monitoramento, versionamento, testes, ambientes, fornecedores e plano de continuidade.

O quarto pilar é "risco, ética e compliance".

A organização precisa avaliar quem pode ser impactado, qual dano pode ocorrer, qual a severidade, qual a probabilidade, quais obrigações legais se aplicam, quais controles são necessários e qual nível de aprovação é requerido.

O quinto pilar é "pessoas e cultura".

IA não se governa apenas com documentos. Usuários precisam saber quando usar, quando não usar, como revisar resultados, como reportar problemas, como proteger informações e como manter responsabilidade humana sobre decisões apoiadas por IA.

O sexto pilar é "métricas e monitoramento".

A solução precisa ser acompanhada depois da implantação. Governança não termina no go-live. É necessário monitorar desempenho, valor gerado, qualidade das respostas, incidentes, vieses, reclamações, uso real, custos, riscos e necessidade de ajuste.

Esses pilares sustentam a ponte. Se um deles falha, a travessia fica instável.

A PISTA DA PONTE: O CICLO DE VIDA DA IA

A pista da ponte é o caminho por onde cada iniciativa de IA passa.

Esse caminho deve ser claro o suficiente para orientar a organização, mas simples o suficiente para não bloquear a inovação.

Esse ciclo de vida é uma das partes mais importantes da governança.

Ele impede que a empresa trate IA como um evento pontual. IA não é apenas "comprar a ferramenta" ou "colocar o modelo no ar". IA é uma jornada contínua de decisão, operação, aprendizado e prestação de contas.

OS GUARDRAILS: LIMITES QUE PERMITEM VELOCIDADE

Uma boa ponte tem proteção lateral. Não para impedir a travessia, mas para evitar quedas.

Na governança de IA, esses guardrails são políticas, padrões, critérios e limites de uso.

Eles definem, por exemplo:

- quais dados não podem ser inseridos em ferramentas públicas?
- .quais usos de IA generativa são permitidos?
- quais usos exigem aprovação?
- quais decisões nunca devem ser totalmente automatizadas?
- quais fornecedores precisam passar por avaliação?
- quais casos exigem revisão humana?
- quais aplicações precisam de documentação reforçada?
- quais incidentes devem ser reportados?
- quais métricas precisam ser monitoradas?

Guardrails bem desenhados aumentam a velocidade porque reduzem ambiguidade.

Quando as pessoas sabem o que podem fazer, como podem fazer e quando precisam pedir aprovação, a organização fica mais rápida. O problema não é ter limites. O problema é ter limites confusos, genéricos ou desconectados da realidade.

A sinalização: linguagem comum

Pontes precisam de sinalização.

Na governança de IA, a sinalização é a linguagem comum que permite que tecnologia, negócio, jurídico, compliance, riscos, segurança e conselho conversem sem ruído.

Essa linguagem comum inclui definições simples para termos como:

caso de uso; modelo; sistema de IA; IA generativa; Machine Learning, Tokens, LLM, agentes; risco baixo, médio e alto; decisão automatizada; supervisão humana; explicabilidade; dados sensíveis; viés; alucinação; monitoramento; incidente; fornecedor crítico; modelo em produção.

Sem linguagem comum, as áreas usam as mesmas palavras com significados diferentes.

O negócio pode chamar de "automação simples" aquilo que tecnologia considera uma decisão algorítmica de alto impacto. Tecnologia pode chamar de "modelo experimental" aquilo que o negócio já está usando para orientar clientes. Jurídico pode falar em "tratamento automatizado" enquanto o time de produto fala em "recomendação". Segurança pode enxergar exposição de dados onde a área usuária enxerga apenas produtividade.

Uma ponte bem sinalizada reduz esse desalinhamento.

A inspeção: auditoria, monitoramento e aprendizagem contínua

Nenhuma ponte é construída para nunca mais ser inspecionada.

Com IA, isso é ainda mais verdadeiro.

Modelos podem degradar. Dados podem mudar. Usuários podem usar a solução de forma diferente da prevista. Fornecedores podem alterar seus termos. Novas regulações podem surgir. Novas vulnerabilidades podem ser descobertas. Um sistema que era adequado em determinado contexto pode se tornar inadequado em outro.

Por isso, ***governança de IA exige inspeção contínua.***

A organização precisa acompanhar se a solução continua gerando valor, se os riscos continuam dentro do apetite definido, se os controles continuam funcionando, se os usuários continuam preparados e se os resultados continuam confiáveis.

Também precisa aprender com incidentes, quase incidentes, reclamações, auditorias, mudanças de tecnologia e novas oportunidades.

Uma governança madura não é estática. Ela evolui.

O TAMANHO DA PONTE DEVE SER PROPORCIONAL AO RISCO

NEM TODA TRAVESSIA EXIGE A MESMA ESTRUTURA.

Uma pequena passarela pode ser suficiente para atravessar um riacho. Uma ponte sobre uma rodovia movimentada exige engenharia robusta. Uma ponte que suporta caminhões pesados exige ainda mais cálculo, inspeção e manutenção.

O mesmo vale para IA.

Um assistente interno que ajuda colaboradores a resumir textos públicos pode exigir controles simples: orientação de uso, restrição de dados sensíveis, revisão humana e registro básico.

Um sistema que recomenda concessão de crédito, prioriza pacientes, seleciona candidatos, define preços personalizados, detecta fraude, orienta decisões jurídicas ou automatiza atendimento crítico exige muito mais: avaliação de impacto, testes de viés, validação de dados, explicabilidade adequada, supervisão humana, trilhas de auditoria, aprovação multidisciplinar e monitoramento contínuo.

O erro está em usar a mesma ponte para todos os casos.

Se a governança for leve demais para usos críticos, a organização fica exposta.

Se for pesada demais para usos simples, a organização trava.

A boa governança de IA é proporcional: Ela cria vias rápidas para baixo risco e vias controladas para alto risco.

Como um caso de uso atravessa a ponte

Para tornar a metáfora mais prática, imagine uma área de negócio propondo uma nova solução de IA.

A primeira pergunta é: **qual problema queremos resolver?**

Sem essa resposta, a iniciativa não deve avançar. IA não deve começar pela ferramenta, mas pela dor ou oportunidade de negócio.

A segunda pergunta é: **qual valor esperamos gerar?**

O valor pode ser aumento de receita, redução de custo, ganho de produtividade, melhoria de qualidade, redução de risco, melhor experiência do cliente, maior velocidade decisória ou criação de nova capacidade.

A terceira pergunta é: **que tipo de decisão, conteúdo ou ação a IA irá influenciar?**

Essa pergunta define a criticidade. Uma IA que sugere ideias para uma campanha interna tem impacto diferente de uma IA que recomenda bloqueio de transações ou orienta clientes em temas sensíveis.

A quarta pergunta é: **quais dados serão usados?**

Aqui entram qualidade, finalidade, base legal, privacidade, segurança, minimização, origem dos dados, restrições contratuais e risco de exposição.

A quinta pergunta é: **qual é o nível de risco?**

A iniciativa deve ser classificada como baixo, médio ou alto risco, conforme critérios definidos pela organização. Essa classificação determina o nível de controle necessário.

A sexta pergunta é: **quais controles são proporcionais?**

Podem ser necessários revisão humana, testes técnicos, avaliação jurídica, análise de segurança, documentação, validação de fornecedor, aprovação de comitê, monitoramento contínuo ou plano de contingência.

A sétima pergunta é: **quem responde pela solução depois que ela entra em operação?**

Essa pergunta evita que o caso de uso vire um órfão organizacional. Toda IA em produção precisa de dono, métrica, rotina de acompanhamento e processo de revisão.

Essa é a travessia.

A governança não serve apenas para aprovar ou reprovar. Serve para ajudar a iniciativa a chegar ao outro lado com mais clareza, segurança e chance de gerar valor.

O PAPEL DO CONSELHO NESSA PONTE

O conselho de administração não precisa desenhar a ponte em detalhes técnicos. Mas precisa garantir que ela exista, que esteja sendo usada e que seja adequada ao tamanho do rio.

O papel do conselho é perguntar:

- a organização sabe onde usa IA?
- existe inventário de casos de uso?
- os usos são classificados por risco?
- há política clara para IA generativa?
- existem responsáveis definidos?
- há critérios para aprovação de casos críticos?
- a empresa monitora valor e risco?
- os dados usados são governados?
- ornecedores de IA são avaliados?
- incidentes são reportados?
- a liderança recebe indicadores adequados?
- as pessoas foram treinadas?
- a governança acelera ou bloqueia a inovação?

Essas perguntas não exigem conhecimento profundo de programação. Exigem diligência, visão estratégica e responsabilidade fiduciária.

Em organizações maduras, o conselho não tenta atravessar a ponte no lugar dos times. Ele verifica se a ponte é segura, se há fluxo, se há manutenção e se a travessia está levando a organização na direção correta.

O PAPEL DA ALTA LIDERANÇA

A alta liderança é **patrocinadora** da ponte.

Sem patrocínio executivo, a governança de IA tende a virar um documento bonito, mas pouco praticado.

A liderança precisa definir prioridades, alocar recursos, nomear responsáveis, resolver conflitos entre áreas, estabelecer apetite de risco, exigir métricas, apoiar capacitação e reforçar a mensagem de que IA deve ser adotada com ambição e responsabilidade.

A liderança também precisa evitar dois extremos:

O primeiro extremo é o ***entusiasmo*** sem controle: **"vamos usar IA em tudo".**

O segundo é o ***medo*** paralisante: **"não vamos usar IA porque é arriscado".**

Ambos são ruins.

A postura correta é: ***vamos usar IA onde houver valor claro, risco compreendido, controles proporcionais e responsabilidade definida.***

Essa frase resume o papel da liderança na travessia.

O PAPEL DAS ÁREAS DE CONTROLE

Jurídico, compliance, riscos, segurança da informação, privacidade, auditoria e controles internos não devem ser tratados como ***pedágio*** da ponte.

Eles não existem apenas para carimbar aprovações no final.

Essas áreas precisam participar do desenho da governança desde o início, ajudando a criar critérios simples, fluxos claros, modelos de avaliação, políticas proporcionais e respostas objetivas para os times de negócio e tecnologia.

Quando entram tarde demais, essas áreas são vistas como bloqueadoras. Quando entram cedo e ajudam a estruturar a travessia, tornam-se habilitadoras da inovação responsável.

O papel das áreas de controle não é dizer "não" por padrão.

É ajudar a organização a saber quando pode dizer "sim", quando deve dizer "sim, mas com controles", quando precisa dizer "ainda não" e quando deve dizer "não devemos fazer isso".

O PAPEL DOS USUÁRIOS

A ponte também precisa considerar quem vai atravessá-la todos os dias.

Os usuários são parte essencial da governança de IA.

Não adianta ter política, comitê e arquitetura se as pessoas não sabem como usar IA de forma responsável. Em muitos casos, o maior risco não está apenas no modelo, mas no uso que as pessoas fazem dele.

Usuários precisam entender que IA pode errar, que respostas convincentes podem estar incorretas, que dados sensíveis não devem ser inseridos em ferramentas não autorizadas, que recomendações automatizadas precisam ser interpretadas com contexto, que revisão humana não é formalidade e que a responsabilidade não desaparece porque a máquina sugeriu uma resposta.

Letramento em IA é parte da ponte.

Sem ele, a organização constrói governança no papel, mas deixa a prática desprotegida.

UMA PONTE VIVA

A ponte da governança de IA não fica pronta de uma vez.

Ela começa com princípios, políticas e fluxos básicos. Depois evolui para inventários, classificação de risco, comitês, templates, indicadores, automações, auditoria, gestão de fornecedores, monitoramento contínuo e integração com a estratégia corporativa.

No início, talvez a organização precise apenas organizar o uso de IA generativa, mapear casos existentes e criar regras mínimas de segurança. Com o tempo, precisará de processos mais sofisticados para avaliação de impacto, validação de modelos, monitoramento, governança de agentes autônomos, auditoria algorítmica e reporte ao conselho.

A maturidade cresce por estágios.

O importante é não esperar a ponte perfeita para começar. Mas também não atravessar o rio fingindo que ele não existe.

A organização precisa construir enquanto aprende, aprender enquanto usa e melhorar enquanto escala.

Porque uma ponte não é construída para ser admirada. Ela é construída para permitir travessia.

Do mesmo modo, a governança de IA não existe para produzir documentos. Ela existe para permitir adoção responsável, segura, ética, escalável e orientada a valor.

CAPÍTULO 3

O ENGENHEIRO DA PONTE

O PAPEL **do CAIO (Chief Artificial Intelligence Officer), o engenheiro da ponte entre Tecnologia, Negócios e Governança**

Toda ponte precisa de patrocinadores, usuários, mantenedores e fiscais. Mas também precisa de alguém que entenda a engenharia da travessia.

Na governança de IA, esse personagem tende a ganhar cada vez mais relevância: o **CAIO, Chief Artificial Intelligence Officer**.

O CAIO é o profissional que ajuda a organização a transformar inteligência artificial em capacidade institucional. Ele não é apenas um especialista técnico. Também não é apenas um executivo de inovação. Ele é um profissional ambidestro: entende tecnologia o suficiente para dialogar com dados, modelos, arquitetura, segurança e fornecedores; e entende negócio o suficiente para discutir valor, estratégia, risco, processos, clientes, produtividade, receita e impacto organizacional.

Na metáfora da ponte, o CAIO é o **engenheiro da ponte**.

Ele não é o dono exclusivo da IA. Essa seria uma interpretação perigosa. A IA precisa continuar sendo responsabilidade compartilhada entre negócios, tecnologia, dados, jurídico, compliance, riscos, segurança, privacidade, auditoria, RH, usuários, alta liderança e conselho. Mas o CAIO é quem garante que essa responsabilidade compartilhada não vire responsabilidade difusa.

Ele é o guardião do sistema de governança de IA. É quem ajuda a fazer a ponte ficar de pé.

O CAIO não é apenas o "chefe das ferramentas de IA"

Um erro comum será reduzir o CAIO ao papel de comprador de plataformas, curador de modelos ou líder de projetos de automação. Isso empobrece a função.

O CAIO não existe apenas para escolher ferramentas. Existe para garantir que a organização saiba **onde usar IA, por que usar, como usar, com quais dados, sob quais controles, com quais responsáveis e com qual evidência de valor**.

Ele deve ajudar a organização a sair das três armadilhas que falamos em páginas anteriores:

A primeira é a IA dispersa. Cada área testa uma solução, cada fornecedor oferece uma promessa, cada time cria seu próprio piloto e ninguém enxerga o conjunto. Nesse cenário, a empresa tem movimento, mas não tem direção.

A segunda é a IA clandestina. Usuários adotam ferramentas externas sem orientação, inserem dados sensíveis em ambientes inadequados, automatizam tarefas sem validação e criam riscos invisíveis para a organização. Nesse cenário, a empresa acredita que ainda está decidindo sobre IA, mas a IA já está acontecendo fora do sistema formal.

A terceira é a IA burocratizada. A empresa reconhece os riscos, mas cria processos tão pesados que a inovação migra para atalhos. Nesse cenário, a governança deixa de ser ponte e vira barreira.

O CAIO precisa evitar esses três extremos. Sua função é construir uma governança que dê velocidade aos casos simples, rigor aos casos críticos e clareza para todos.

O CAIO como tradutor entre dois mundos

A principal habilidade do CAIO ***é tradução.***

Ele traduz necessidades de negócio em hipóteses técnicas. Traduz restrições técnicas em impacto de negócio. Traduz risco regulatório em controle operacional. Traduz políticas em comportamentos concretos. Traduz métricas técnicas em linguagem executiva. Traduz ambição estratégica em roadmap. Traduz o entusiasmo com IA em portfólio priorizado. Traduz pilotos em decisões de escala.

Essa tradução é necessária porque Tecnologia e Negócios usam linguagens diferentes.

Quando a área de negócio diz "queremos usar IA para melhorar atendimento", o CAIO ajuda a transformar essa intenção em uma pergunta governável: qual parte do atendimento, qual tipo de solicitação, qual canal, quais dados, qual métrica, qual risco, qual nível de autonomia e qual revisão humana?

Quando a tecnologia diz "o modelo tem boa performance, mas depende de atualização da base e monitoramento de drift", o CAIO ajuda a traduzir isso para a liderança: a solução pode funcionar, mas precisa de dados atualizados, rotina de monitoramento e critérios de revisão para não perder qualidade ao longo do tempo.

Quando compliance diz "esse uso exige evidências e controles adicionais", o CAIO ajuda o negócio a entender que isso não é um obstáculo genérico, mas uma condição para avançar com segurança.

Quando o conselho pergunta se a organização está preparada para IA, o CAIO ajuda a estruturar a resposta: inventário, classificação de risco, políticas, responsáveis, métricas, incidentes, fornecedores, roadmap e maturidade.

O CAIO é, portanto, uma função de articulação executiva. Ele conecta as partes para que a organização decida melhor.

O mandato do CAIO

O mandato do CAIO deve ser claro. Sem mandato, ele vira

apenas mais um executivo opinando sobre IA. Com mandato, ele se torna o ***guardião da ponte.***

O CAIO deve liderar a construção do modelo estratégico, tático e operacional de IA da organização. Isso inclui inventariar casos de uso, organizar o portfólio, definir critérios de priorização, estruturar a régua de risco, propor políticas, coordenar rituais de decisão, estabelecer métricas comuns, orientar gestão de fornecedores, apoiar programas de capacitação e reportar maturidade para a alta liderança e, quando necessário, para o conselho.

Mas seu papel não é centralizar todas as decisões de IA.

Se o CAIO tentar aprovar tudo, ele vira gargalo. Se tentar desenvolver tudo, compete com tecnologia. Se tentar decidir valor sozinho, substitui o negócio. Se tentar assumir risco sozinho, enfraquece compliance, jurídico, privacidade e segurança. O CAIO não deve capturar responsabilidades que pertencem a outras áreas. *Deve orquestrá-las.*

Sua função é garantir que cada área atue no momento certo, com clareza de papel, dentro de uma trilha proporcional ao risco e com evidências suficientes para decisão.

Em outras palavras, o CAIO não é o dono de todas as IAs. Ele é o dono do **sistema/mecanismo que permite governar as IAs**.

O CAIO e as nove áreas da ponte

O CAIO é especialmente importante porque as nove áreas de conhecimento da governança de IA precisam de coordenação.

Em **Papéis e Responsabilidades**, o CAIO ajuda a definir quem é dono de negócio, quem é responsável técnico, quem responde por dados, quem valida segurança, quem aprova risco, quem acompanha compliance, quem monitora e quem decide desligamento. Ele combate a IA órfã.

Em **Priorização**, o CAIO ajuda a transformar ideias dispersas em portfólio. Ele garante que a organização compare casos por valor, viabilidade, risco e prontidão de adoção. Ele ajuda a separar quick wins, apostas estratégicas, iniciativas fundacionais e casos que devem ser pausados ou descartados.

Em **Políticas**, o CAIO ajuda a criar regras compreensíveis e úteis. Políticas que dizem o que é permitido, o que exige aprovação, o que é restrito e o que é proibido. Ele precisa evitar tanto a política genérica que ninguém entende quanto a política proibitiva que empurra a inovação para a informalidade.

Em **Rituais de Decisão**, o CAIO estrutura a cadência da governança. Intake de casos, triagem de risco, aprovação de piloto, decisão de produção, revisão periódica, gestão de incidentes, reporte executivo e reporte ao conselho. Ele garante que a IA avance por decisões claras, não por entusiasmo ou pressão política.

Em **Métricas Comuns**, o CAIO ajuda Tecnologia, Negócios e Governança a medirem a mesma realidade. Valor, qualidade técnica, risco, adoção, custo, incidentes, uso fora da política e impacto no cliente precisam aparecer em uma visão integrada.

Em **Gestão de Risco**, o CAIO garante que a régua seja aplicada de forma proporcional. Casos simples não devem ser sufocados. Casos críticos não devem seguir por atalhos. A pergunta central é sempre: se a IA errar, quem pode ser prejudicado, com qual gravidade e com que capacidade de correção?

Em **Compliance e Ética**, o CAIO ajuda a trazer as perguntas difíceis para o começo da conversa. O uso é legal, legítimo, justo, transparente e defensável? Há dados pessoais ou sensíveis? Há risco de discriminação? Há revisão humana? Há contestabilidade? A empresa conseguiria explicar publicamente esse uso?

Em **Roadmap Integrado**, o CAIO impede que a organização acumule pilotos desconectados. Ele conecta casos de uso, dados, arquitetura, segurança, fornecedores, políticas, capacitação e maturidade. A IA escala quando essas frentes evoluem juntas.

Em **Alinhamento Estratégico**, o CAIO mantém a IA conectada à direção da organização. Ele ajuda a liderança a responder se a empresa está usando IA para produtividade, crescimento, experiência do cliente, eficiência operacional, redução de risco, inovação ou diferenciação estratégica. Ele evita que IA vire uma coleção de demandas locais sem impacto corporativo.

Essas nove áreas mostram por que o CAIO precisa ser ambidestro. Ele não pode ser apenas técnico. Também não pode ser apenas estratégico. Precisa transitar entre os dois mundos com autoridade, fluência e pragmatismo.

O CAIO e o conselho de administração

O conselho de administração não precisa desenhar a ponte em detalhes técnicos. Mas precisa garantir que ela exista, que esteja sendo usada e que seja adequada ao tamanho do rio.

Nesse ponto, o CAIO se torna um interlocutor essencial.

Ele deve ajudar o conselho a enxergar a adoção de IA em linguagem de governança, e não em linguagem de laboratório. O conselho não precisa receber uma aula sobre algoritmos. Precisa saber se a organização tem inventário de casos de IA, classificação de risco, políticas claras, responsáveis definidos, critérios para aprovação de casos críticos, métricas de valor e risco, avaliação de fornecedores, gestão de incidentes, treinamento de usuários e roadmap integrado.

O CAIO deve traduzir a complexidade da IA em perguntas fiduciárias.

A organização sabe onde usa IA? Os usos são classificados por risco? Existem casos de alto impacto? Há decisões automatizadas? Há uso de IA generativa com dados internos? Fornecedores utilizam IA em nome da empresa? Há política para agentes autônomos? A liderança recebe indicadores? Incidentes são reportados? As pessoas foram treinadas? A governança acelera ou bloqueia a inovação?

Essas perguntas não exigem que conselheiros saibam programar. Exigem diligência, visão estratégica e responsabilidade sobre risco e valor.

Em organizações maduras, o CAIO não substitui o conselho. Ele aumenta a qualidade da supervisão do conselho. Ele organiza a informação, antecipa riscos, mostra evolução de maturidade e ajuda a diferenciar ruído de tema material.

O conselho verifica se a ponte é segura. O CAIO ajuda a mostrar como a ponte está sendo construída, usada, mantida e melhorada.

O CAIO e a alta liderança

Sem patrocínio executivo, a governança de IA tende a virar um documento bonito, mas pouco praticado. Sem CAIO ou função equivalente, o patrocínio pode virar intenção sem sistema. A liderança define ambição, apetite de risco, prioridades, recursos e accountability. O CAIO, como um par atento às necessidades de diversos setores, transforma essas decisões em modelo operacional.

A liderança precisa evitar dois extremos: **o entusiasmo sem controle e o medo paralisante**. O CAIO ajuda exatamente nesse equilíbrio. Quando a organização quer usar IA em tudo, ele pergunta onde há valor, dados, risco compreendido e capacidade de escala. Quando a organização quer bloquear IA por medo, ele mostra como trilhas proporcionais podem permitir experimentação segura.

A postura correta continua sendo: **usar IA onde houver valor claro, risco compreendido, controles proporcionais e responsabilidade definida.**

O CAIO é quem ajuda a transformar essa frase em prática.

Ele apoia a definição do portfólio, propõe critérios de priorização, identifica capacidades fundacionais, estrutura rituais, coordena áreas, monitora indicadores e garante que a estratégia de IA não fique presa a apresentações.

Se a alta liderança patrocina a travessia, o CAIO garante que a travessia tenha método.

O CAIO e a tecnologia

O CAIO deve ter uma relação próxima com tecnologia, mas não deve ser confundido com o CIO, CTO, CDO ou líder de dados.

O CIO e o CTO cuidam da arquitetura tecnológica, plataformas, infraestrutura, sistemas, integração, disponibilidade, segurança operacional e capacidade de entrega. O CDO cuida da estratégia e governança de dados. O CISO protege a organização contra riscos de segurança da informação. Esses papéis continuam essenciais.

O CAIO atua na camada de orquestração da inteligência artificial como capacidade de negócio e governança.

Ele precisa entender tecnologia o suficiente para discutir modelos, dados, APIs, arquitetura, IA generativa, agentes, MLOps, observabilidade, segurança, custos e fornecedores. Mas sua função não é mergulhar em todos os detalhes técnicos. É garantir que as decisões técnicas estejam conectadas a valor, risco e governança.

Ele deve fazer perguntas como: a solução é escalável? Os dados são adequados? O modelo pode ser monitorado? O fornecedor é auditável? A arquitetura permite logs? O custo por uso é sustentável? Há plano de contingência? A revisão humana é viável? O piloto está distante demais da produção? O uso de IA generativa está protegido? O agente tem permissões excessivas?

Com tecnologia, o CAIO deve ser parceiro, não fiscal distante. Ele ajuda a tecnologia a explicar suas restrições em linguagem de negócio e ajuda o negócio a entender que nem toda demonstração está pronta para operação.

O CAIO e os negócios

O CAIO também deve estar próximo das áreas de negócio.

Ele precisa entender onde estão as dores reais, não apenas onde há curiosidade tecnológica. Marketing, vendas, operações, atendimento, finanças, jurídico, RH, suprimentos, produto e estratégia terão demandas diferentes. Algumas buscarão produtividade. Outras buscarão crescimento. Outras buscarão eficiência. Outras buscarão controle. Outras buscarão melhoria de experiência.

O CAIO ajuda essas áreas a formularem casos de uso governáveis.

Em vez de aceitar pedidos genéricos como "queremos IA em vendas", ele ajuda a refinar a pergunta: queremos priorizar leads, personalizar ofertas, prever churn, preparar propostas, apoiar negociação ou automatizar follow-ups? Qual métrica provará valor? Qual dado será usado? Qual risco existe? Quem será o dono? O que precisa ser aprendido no piloto? O que faria o caso escalar ou ser encerrado?

Esse trabalho é essencial porque a qualidade da adoção de IA começa na qualidade do problema formulado.

O CAIO não deve decidir o valor no lugar do negócio. Mas deve exigir que o negócio declare valor, métrica, dono e risco antes de pedir escala.

O CAIO e os usuários

A ponte também precisa considerar quem vai atravessá-la todos os dias.

Os usuários são parte essencial da governança de IA. Não adianta ter política, comitê, arquitetura, dashboard e roadmap se as pessoas não sabem usar IA de forma responsável. Em muitos casos, o maior risco não está apenas no modelo, mas no uso que as pessoas fazem dele.

O CAIO deve liderar, junto com RH, comunicação, tecnologia e áreas de negócio, uma agenda permanente de letramento em IA. Essa agenda não deve ser apenas treinamento técnico. Deve ensinar comportamento.

Usuários precisam entender que IA pode errar, que respostas convincentes podem estar incorretas/alucinadas, que dados sensíveis não devem ser inseridos em ferramentas não autorizadas, que recomendações automatizadas precisam ser interpretadas com contexto, que revisão humana não é formalidade e que a responsabilidade não desaparece porque a máquina sugeriu uma resposta.

Também precisam saber quando podem usar IA livremente, quando precisam de aprovação, quando devem reportar um incidente, quando devem escalar para um humano e quando não devem usar IA.

Letramento em IA é parte da ponte.

Sem ele, a organização constrói governança no papel, mas deixa a prática desprotegida. O CAIO é o guardião dessa coerência entre política e comportamento real.

Onde o CAIO deve estar na organização

Não existe um único desenho válido para todas as empresas. A posição do CAIO depende da maturidade, do setor, do grau de regulação, do tamanho da organização e da importância estratégica da IA.

Na maioria das empresas, o CAIO pode se reportar ao CEO, especialmente quando IA é prioridade estratégica transversal. Em outras, pode estar ligado à transformação digital, tecnologia, dados, inovação ou estratégia. Em organizações altamente reguladas, precisará atuar muito próximo de risco, compliance e jurídico. Em empresas digitais, pode operar junto ao produto e à tecnologia. Em grupos empresariais, pode funcionar como liderança corporativa federada, definindo padrões e apoiando unidades de negócio.

O ponto mais importante não é apenas a posição hierárquica. É o mandato.

O CAIO precisa ter autoridade para coordenar áreas, visibilidade sobre o portfólio, acesso à alta liderança, capacidade de influenciar investimentos, participação nos fóruns de decisão e legitimidade para falar tanto com tecnologia quanto com negócio.

- Se o CAIO não tem mandato, vira evangelizador.
- Se tem mandato sem colaboração, vira burocrata.
- Se tem colaboração sem autoridade, vira facilitador sem poder.
- Se tem autoridade sem visão técnica, vira executivo genérico.
- Se tem técnica sem visão de negócio, vira especialista isolado.

O papel exige equilíbrio.

O que o CAIO deve entregar

O sucesso do CAIO não deve ser medido pela quantidade de ferramentas de IA contratadas ou pelo número de pilotos iniciados. Essas métricas podem até aparecer, mas são insuficientes.

O CAIO deve ser medido pela capacidade de transformar IA em valor governado.

Isso significa que a organização passa a ter inventário de usos de

IA, portfólio priorizado, políticas compreensíveis, régua de risco, rituais de decisão, responsáveis definidos, métricas comuns, avaliação de fornecedores, trilhas de aprovação proporcionais, capacitação de usuários, monitoramento de valor e risco, e reporte executivo.

Significa também que os pilotos deixam de terminar em apresentações bonitas e passam a terminar em decisões. Escalar, ajustar, pausar ou encerrar.

Significa que casos simples avançam mais rápido porque há clareza. Casos críticos avançam com mais segurança porque há controle. Casos inadequados são interrompidos antes de consumirem recursos ou gerarem exposição.

O que o CAIO não deve ser

O CAIO não deve ser o dono solitário da IA. Se isso acontecer, as áreas de negócio deixam de assumir valor, tecnologia deixa de compartilhar arquitetura, usuários deixam de se responsabilizar e a organização terceiriza accountability para uma função central.

O CAIO também não deve ser apenas evangelista. Inspirar é importante, mas insuficiente. A organização não precisa apenas se entusiasmar com IA. Precisa governar uso, risco, valor e escala.

Também não deve ser apenas fiscal. Se o CAIO for percebido como a pessoa que bloqueia iniciativas, a ponte vira pedágio. O papel é habilitar a inovação responsável, não substituir discernimento por proibição.

Também não deve ser apenas comprador de ferramentas. O mercado oferecerá plataformas, copilotos, agentes, modelos, soluções verticais e promessas de produtividade. O CAIO precisa olhar além da vitrine comercial e perguntar por dados, integração, segurança, custo, explicabilidade, dependência, compliance, adoção e valor.

Por fim, o CAIO não deve confundir governança com centralização absoluta. A boa governança de IA tende a ser federada: padrões corporativos comuns, autonomia responsável nas áreas e escalonamento proporcional ao risco.

Os antipadrões do CAIO

Há alguns riscos claros na criação desse papel.

O primeiro é o **CAIO decorativo**. A organização nomeia alguém para dizer que tem liderança em IA, mas não dá mandato, recursos, acesso à liderança nem poder de coordenação. O papel vira símbolo, não sistema.

O segundo é o **CAIO gargalo**. Toda iniciativa precisa passar por ele, independentemente do risco. A intenção é controlar, mas o resultado é lentidão. A empresa perde velocidade e cria atalhos informais.

O terceiro é o **CAIO tecnocrata**. O profissional domina tecnologia, mas não consegue dialogar com valor, processo, cultura, risco e estratégia. A IA fica sofisticada, mas pouco conectada ao negócio.

O quarto é o **CAIO visionário sem operação**. Fala bem de futuro, transformação e produtividade, mas não constrói inventário, políticas, rituais, métricas, trilhas e evidências.

O quinto é o **CAIO policial**. Enxerga risco em tudo, bloqueia sem orientar e reforça a percepção de que governança é inimiga da inovação.

O **CAIO maduro** evita esses extremos. Ele combina visão estratégica, fluência técnica, pragmatismo operacional e maturidade política.

O CAIO como guardião da confiança

A palavra mais importante para entender o CAIO talvez seja **confiança.**

A organização precisa confiar que a IA está sendo usada para problemas relevantes. Precisa confiar que os dados são adequados. Precisa confiar que os riscos foram avaliados. Precisa confiar que as pessoas sabem usar. Precisa confiar que fornecedores foram analisados. Precisa confiar que casos críticos têm supervisão. Precisa confiar que incidentes serão reportados. Precisa confiar que valor será medido. Precisa confiar que a governança acelera o que pode acelerar e aprofunda o que precisa aprofundar.

O CAIO é o guardião dessa confiança.

Não porque ele controla tudo, mas porque ajuda a construir o sistema que torna a confiança possível.

Confiança, em IA, não nasce de promessas. Nasce de governança praticada.

TEMPLATE JOB DESCRIPTION - CAIO

A seguir, um exemplo de Job Description para facilitar o entendimento e a busca por um CAIO.

Cargo

Chief Artificial Intelligence Officer — CAIO

Liderança executiva responsável por estruturar, governar e acelerar a adoção de Inteligência Artificial na organização, conectando estratégia de negócios, capacidades tecnológicas, governança, risco, ética, segurança e geração de valor.

Missão do cargo

O CAIO será o principal responsável por transformar IA em uma capacidade institucional da organização. Atuará como o "engenheiro da ponte" entre Tecnologia, Negócios e Governança, garantindo que as iniciativas de IA sejam priorizadas, desenvolvidas, implantadas e monitoradas com clareza de valor, segurança, ética, compliance, escalabilidade e responsabilidade.

O papel exige perfil ambidestro: domínio técnico suficiente para dialogar com times de dados, IA, arquitetura, segurança e tecnologia, combinado com visão estratégica para orientar portfólio, valor de negócio, gestão de risco, mudança organizacional e decisões executivas.

Principais responsabilidades

Liderar a estratégia corporativa de IA, definindo ambição, princípios, prioridades, modelo de governança, roadmap e indicadores executivos.

Estruturar e manter o portfólio de casos de uso de IA, conectando oportunidades de negócio, viabilidade técnica, risco, prontidão de adoção e valor esperado.

Criar e liderar o modelo de governança de IA da organização, incluindo papéis e responsabilidades, políticas, rituais de decisão, métricas comuns, gestão de risco, compliance, ética, roadmap integrado e alinhamento estratégico.

Atuar como elo entre áreas de negócio, tecnologia, dados, segurança da informação, jurídico, compliance, riscos, privacidade, auditoria, RH e alta liderança.

Garantir que iniciativas de IA tenham dono de negócio, responsável técnico, métrica de valor, classificação de risco, controles proporcionais e monitoramento contínuo.

Definir a régua de risco de IA, orientando trilhas diferenciadas para usos de baixo, médio e alto risco.

Apoiar a definição de políticas corporativas para IA generativa, agentes autônomos, uso de dados, fornecedores, revisão humana, logs, comunicação externa e decisões automatizadas.

Supervisionar critérios de avaliação, contratação e gestão de fornecedores de IA, incluindo riscos de dados, segurança, dependência tecnológica, explicabilidade, privacidade e compliance.

Promover o letramento em IA na organização, capacitando lideranças, usuários e áreas de negócio para uso responsável, seguro e produtivo.

Reportar à alta liderança e, quando aplicável, ao conselho de administração sobre maturidade, riscos, valor gerado, incidentes, portfólio e evolução da governança de IA.

Requisitos desejáveis

Experiência executiva relevante em estratégia, transformação digital, dados, tecnologia, IA, analytics, inovação ou governança corporativa.

Experiência comprovada na liderança de iniciativas de IA, machine learning, IA generativa, analytics avançado, automação inteligente ou produtos digitais orientados por dados.

Conhecimento sólido de modelos de IA, machine learning, IA generativa, arquitetura de dados, APIs, cloud, MLOps, segurança, privacidade, ciclo de vida de modelos e gestão de fornecedores tecnológicos.

Capacidade de traduzir conceitos técnicos complexos em decisões executivas claras, conectando tecnologia a valor, risco, compliance e estratégia.

Experiência na estruturação de frameworks de governança, portfólio de iniciativas, modelos operacionais, políticas corporativas e indicadores executivos.

Vivência com conselhos, comitês executivos, C-levels e ambientes de alta complexidade organizacional.

Formação acadêmica ideal

Formação superior em Ciência da Computação, Engenharia, Sistemas de Informação, Estatística, Matemática, Administração, Economia ou áreas correlatas.

Perfil acadêmico ideal: combinação de formação avançada em Estratégia, Gestão, Negócios ou Governança com formação avançada em Ciência da Computação, Machine Learning, Inteligência Artificial, Ciência de Dados ou áreas correlatas.

Mestrado desejável em estratégia, administração, ciência de dados, governança, tecnologia ou inteligência artificial.

Doutorado altamente desejável em áreas relacionadas a estratégia, IA, machine learning, ciência da computação, ciência de dados, analytics, governança tecnológica ou transformação organizacional.

Experiência equivalente, publicações, atuação acadêmica, pesquisa aplicada, liderança de programas complexos ou reconhecida senioridade técnica e executiva podem complementar a formação formal.

Competências essenciais

Visão estratégica e capacidade de conectar IA à geração de valor.

Fluência técnica em IA suficiente para dialogar com times especializados e avaliar limitações, riscos e alternativas.

Capacidade de governança, estruturação e operação de modelos decisórios.

Maturidade para atuar com risco, ética, compliance, privacidade e segurança.

Comunicação executiva clara, objetiva e orientada à decisão.

Influência transversal e habilidade para liderar sem depender apenas de autoridade hierárquica.

Capacidade de equilibrar inovação e controle, evitando tanto a euforia sem governança quanto o medo paralisante.

Indicadores de sucesso do cargo

Inventário corporativo de casos de IA implantado e atualizado.

Portfólio de IA priorizado por valor, risco, viabilidade e alinhamento estratégico.

Políticas de IA definidas, comunicadas e adotadas.

Régua de risco e trilhas de aprovação implementadas.

Casos de IA com dono de negócio, responsável técnico, métrica de valor e monitoramento.

Dashboard executivo de IA com indicadores de valor, qualidade, risco, adoção e incidentes.

Redução de pilotos sem escala e aumento de iniciativas que chegam à operação com valor medido.

Capacitação de lideranças e usuários em uso responsável de IA.

Reporte estruturado à alta liderança e ao conselho.

Posicionamento organizacional recomendado

O CAIO deve atuar em posição executiva transversal, com acesso direto ao CEO, comitê executivo e, quando aplicável, ao conselho de administração. Deve trabalhar em forte parceria com CIO, CTO, CDO, CISO, jurídico, compliance, riscos, privacidade, auditoria, RH e líderes de negócio.

Frase de síntese do cargo

O CAIO é o executivo responsável por transformar IA em capacidade estratégica governada: conectando tecnologia, negócios e governança para gerar valor com segurança, ética, escala e responsabilidade.

CAPÍTULO 4

ANTES DE GOVERNAR A IA, É PRECISO SABER RECONHECÊ-LA

O QUE A IA É, **E O QUE ELA NÃO É**

Uma definição útil para decisões de negócios

Antes de governar inteligência artificial, é preciso saber reconhecê-la.

Essa frase parece simples, mas dentro das organizações ela é menos óbvia do que aparenta. Muitas empresas ainda tratam IA como algo distante, sofisticado, restrito a laboratórios de inovação, cientistas de dados ou fornecedores especializados. Ao mesmo tempo, essas mesmas empresas já utilizam IA em ferramentas de produtividade, sistemas de atendimento, plataformas de marketing, softwares de RH, mecanismos de recomendação, soluções de segurança, análises financeiras, copilotos, chatbots, automações e sistemas embarcados em produtos de terceiros.

Em outras palavras: muitas organizações usam IA antes mesmo de admitir que usam IA.

Por isso, para fins de governança, precisamos de uma definição prática. Não uma definição acadêmica, filosófica ou excessivamente técnica. Mas uma definição que ajude executivos, conselheiros, gestores, líderes técnicos e áreas de controle a tomarem boas decisões.

Neste livro, vamos tratar inteligência artificial como um sistema que usa dados, modelos e regras para gerar previsões, recomendações, classificações, conteúdos ou ações com algum grau de autonomia.

Essa definição é ampla de propósito. Ela inclui modelos de machine learning, analytics avançado, IA generativa, copilotos, sistemas de recomendação, motores de decisão, chatbots, visão computacional, modelos de linguagem, automações inteligentes e agentes capazes de executar tarefas. Também inclui soluções compradas de fornecedores, sistemas desenvolvidos internamente e funcionalidades de IA embutidas em softwares corporativos.

A amplitude da definição é importante porque, em governança, o maior risco não está apenas nos grandes projetos formalmente chamados de "projetos de IA". O risco também está nas soluções pequenas, invisíveis, distribuídas e aparentemente inofensivas, que passam a influenciar decisões sem que a organização perceba.

Um sistema que recomenda quais clientes devem receber uma oferta está usando IA para influenciar uma decisão comercial. Um software que classifica currículos está usando IA para influenciar oportunidades profissionais. Um chatbot que responde clientes está usando IA para representar a empresa em uma conversa. Um copiloto que acessa documentos internos está usando IA para interpretar e produzir informação organizacional. Um agente que executa tarefas em sistemas corporativos está usando IA para agir dentro da operação.

O nome técnico da ferramenta importa menos do que seu efeito prático.

A pergunta central não é: "isso é IA no sentido mais sofisticado do termo?"

A pergunta central é: esse sistema está influenciando uma decisão, produzindo um conteúdo, classificando uma pessoa ou situação, recomendando um caminho ou executando uma ação?

Se a resposta for sim, ele deve entrar no campo de visão da governança.

. . .

Um resgate do Homo Algorithmus

No meu livro *Homo Algorithmus — Volume 1*, explico em detalhes e de forma mais ampla o que é inteligência artificial, suas origens, suas famílias tecnológicas, suas capacidades, suas limitações e seus impactos sociais. Ali, a discussão é mais abrangente. A IA aparece como parte de uma transformação profunda na forma como humanos, máquinas, dados e decisões passam a se relacionar.

Neste manual, a abordagem é diferente.

Aqui, o objetivo não é explicar toda a história, a matemática ou a evolução conceitual da inteligência artificial. O objetivo é oferecer uma definição útil para a tomada de decisão nas organizações. Uma definição que ajude uma liderança a olhar para um caso de uso e entender se ele precisa de controle, revisão, documentação, monitoramento ou aprovação.

Em *Homo Algorithmus*, a pergunta central é: o que é inteligência artificial e como ela transforma o mundo? O propósito é o LETRAMENTO.

Neste manual, a pergunta central é: como uma organização deve governar a inteligência artificial que coloca em operação? O propósito aqui é a ADOÇÃO.

Essa diferença é importante. No ambiente executivo, a discussão sobre IA não pode ficar presa à pergunta "qual algoritmo está por trás?". Ela precisa avançar para perguntas mais organizacionais: que decisão está sendo influenciada? Que dados estão sendo usados? Quem pode ser impactado? O que acontece se o sistema errar? Quem responde? Como a empresa monitora? Como demonstra que agiu com responsabilidade?

É por isso que adotamos uma definição funcional. Para governar IA, não basta entendê-la como tecnologia. É preciso entendê-la como parte de um sistema de decisão, ação e responsabilidade.

IA não é apenas um algoritmo

No senso comum, é frequente ouvir que "o algoritmo decidiu", "o algoritmo recomendou" ou "o algoritmo errou". Essa forma de falar ajuda a simplificar a conversa, mas também pode esconder o que realmente está acontecendo.

Uma solução de IA raramente é apenas um algoritmo.

Ela é composta por dados, modelos, regras, interfaces, integrações, permissões, fornecedores, usuários, processos, indicadores, decisões humanas e objetivos de negócio. O modelo é uma parte relevante, mas não é o sistema inteiro.

Imagine um sistema de recomendação em um e-commerce. Ele não funciona isoladamente. Ele depende de dados de navegação, histórico de compras, catálogo de produtos, estoque disponível, regras comerciais, margem, campanhas, comportamento do consumidor, interface digital e métricas de conversão. Se o sistema recomenda produtos ruins, o problema pode estar no modelo, mas também pode estar nos dados, na regra comercial, no catálogo, na integração ou no objetivo que foi otimizado.

O mesmo vale para um chatbot de atendimento. Ele não é apenas um modelo de linguagem respondendo perguntas. Ele depende de uma base de conhecimento, de políticas de atendimento, de limites de resposta, de regras de escalonamento para humanos, de integrações com sistemas internos, de proteção de dados, de registros de interação e de critérios de qualidade. Se o chatbot orienta mal um cliente, a responsabilidade não pode ser simplesmente atribuída a uma "falha do modelo". É preciso olhar para o desenho completo da solução.

Essa é uma ideia central para a governança: não se governa apenas o algoritmo; governa-se o uso organizacional da IA.

Isso muda o foco da conversa. Em vez de perguntar apenas qual tecnologia está sendo usada, a organização passa a perguntar qual processo está sendo transformado, qual decisão está sendo influenciada, qual risco está sendo assumido e qual valor está sendo buscado.

A IA deve ser tratada menos como uma peça técnica isolada e mais como um sistema sociotécnico. Ou seja, um sistema que envolve tecnologia, pessoas, processos, dados, contexto, cultura e responsabilidade.

IA trabalha com padrões, não com magia

A IA é poderosa porque trabalha com padrões.

Ela identifica relações em dados, reconhece recorrências, calcula probabilidades, detecta desvios, classifica situações, gera linguagem, produz imagens, escreve códigos, recomenda caminhos e executa tarefas com base em exemplos, instruções ou objetivos definidos.

Isso pode gerar muito valor. Uma IA pode ajudar uma empresa a prever demanda, identificar risco de inadimplência, detectar fraudes, recomendar produtos, resumir contratos, classificar chamados, personalizar comunicações, priorizar leads, analisar sentimento de clientes, automatizar rotinas administrativas, apoiar diagnósticos operacionais e acelerar análises que antes consumiam muitas horas de trabalho humano.

Mas a mesma característica que torna a IA poderosa também cria seu limite.

A IA trabalha com padrões. E padrões dependem de dados, contexto, objetivo e interpretação. Quando o problema é bem formulado, os dados são adequados, o processo é claro e o uso é monitorado, a IA pode ampliar enormemente a capacidade da organização. Quando o problema é mal definido, os dados são pobres, o contexto muda ou o sistema é usado sem supervisão, a IA pode errar com velocidade, escala e aparência de sofisticação.

É por isso que a IA não deve ser tratada como magia.

Ela não transforma automaticamente dados ruins em boas decisões. Não corrige sozinha processos mal desenhados. Não substitui a necessidade de estratégia. Não elimina julgamento humano. Não resolve, por si só, conflitos éticos, jurídicos ou organizacionais. Não garante inovação apenas por estar presente.

A IA também não é um oráculo.

Ela pode produzir respostas convincentes e erradas. Pode sugerir caminhos estatisticamente prováveis, mas inadequados ao contexto. Pode gerar textos fluentes, porém falsos. Pode reproduzir vieses históricos. Pode classificar pessoas de maneira injusta. Pode recomendar decisões desalinhadas à estratégia. Pode ser manipulada por entradas maliciosas. Pode falhar silenciosamente quando o ambiente muda.

Essa é uma das mensagens mais importantes para executivos e conselhos: **a confiança em IA não deve vir da aparência da resposta, mas do processo de validação, supervisão e monitoramento.**

Uma resposta bem escrita não é necessariamente uma resposta correta. Um score numérico não é necessariamente uma decisão justa. Uma recomendação automatizada não é necessariamente uma recomendação responsável.

O problema vem antes da ferramenta

Um dos erros mais comuns na adoção de IA é começar pela ferramenta.

A organização vê uma demonstração impressionante, escuta uma promessa de produtividade, recebe uma proposta de fornecedor ou acompanha o movimento de mercado e rapidamente pergunta: "como podemos usar essa tecnologia?"

Essa pergunta é compreensível, mas incompleta.

A primeira pergunta deveria ser: **qual problema queremos resolver?**

IA é meio, não fim. Ela pode ser a resposta certa para muitos desafios, mas não para todos. Às vezes, o que a empresa precisa não é de IA, mas de uma regra de negócio mais clara, uma integração entre sistemas, um painel de indicadores, uma revisão de processo, uma automação tradicional, um treinamento melhor ou uma decisão gerencial mais simples.

Quando a organização começa pela tecnologia, corre o risco de adaptar o problema à ferramenta. Quando começa pelo problema, aumenta a chance de escolher a solução adequada.

Essa distinção é crítica para governança.

Governança de IA não serve apenas para controlar riscos. Ela também serve para evitar desperdício. Um projeto de IA mal escolhido consome tempo, dinheiro, energia política, dados, atenção executiva e capacidade técnica. Muitas vezes, fracassa não porque a tecnologia era ruim, mas porque o problema não era adequado, o processo não estava maduro ou o valor esperado nunca foi definido com clareza.

Antes de perguntar "qual modelo vamos usar?", a organização precisa perguntar: que decisão queremos melhorar? Que processo queremos transformar? Que experiência queremos aprimorar? Que custo queremos reduzir? Que risco queremos mitigar? Que oportunidade queremos capturar?

A IA deve entrar depois da clareza do problema, não antes.

O papel da IA dentro do processo

Para um time de negócios, a primeira habilidade não é escolher algoritmo. A primeira habilidade é reconhecer o papel da IA dentro do processo.

Essa é uma habilidade simples, mas decisiva.

Uma IA pode apenas informar uma pessoa, trazendo evidências para apoiar uma decisão. Pode recomendar caminhos, sugerindo alternativas com base em padrões. Pode classificar casos, documentos, clientes, riscos ou mensagens. Pode detectar anomalias, apontando situações fora do padrão. Pode gerar conteúdo, como textos, imagens, códigos, apresentações ou relatórios. Pode conversar com clientes, colaboradores ou fornecedores. Pode automatizar uma etapa repetível. Ou pode agir, executando tarefas em sistemas com algum grau de autonomia.

Cada um desses papéis exige um nível diferente de governança.

Uma IA que informa costuma ter menor risco do que uma IA que decide. Uma IA que sugere costuma exigir menos controle do que uma IA que executa. Uma IA que gera um rascunho interno tem criticidade diferente de uma IA que publica uma comunicação externa. Uma IA que classifica chamados administrativos tem impacto diferente de uma IA que classifica candidatos a uma vaga ou clientes para concessão de crédito.

Essa distinção é prática porque ajuda a organização a calibrar o nível de controle.

Quando a IA apenas organiza informações para uma pessoa decidir, a governança pode focar qualidade da informação, proteção de dados e revisão humana. Quando a IA recomenda, é preciso avaliar se a recomendação pode induzir decisões erradas, injustas ou enviesadas. Quando a IA classifica, é preciso entender o impacto de uma classificação incorreta. Quando a IA gera conteúdo, é preciso definir quem revisa, aprova e responde pelo material. Quando a IA conversa com clientes, é preciso determinar limites, tom, precisão e escalonamento para humanos. Quando a IA automatiza, é preciso garantir que as regras sejam claras e que erros possam ser corrigidos. Quando a IA age, é preciso controlar permissões, limites, logs, segurança e possibilidade de intervenção.

A pergunta prática é: o que exatamente a IA está fazendo neste processo?

Sem essa resposta, a governança fica genérica. Com essa resposta, é possível desenhar controles proporcionais.

Da informação à ação: a escala de autonomia

Uma das formas mais úteis de entender IA para fins de governança é observar seu grau de autonomia.

Nem todo sistema de IA decide. Nem todo sistema de IA age. Nem todo sistema de IA precisa passar pelo mesmo rito de aprovação. O que importa é entender quanta liberdade a organização está entregando ao sistema e qual seria o impacto caso ele errasse.

No **nível mais simples**, a IA funciona como apoio informacional. Ela resume, organiza, traduz, compara ou apresenta evidências. A decisão continua claramente humana. Esse tipo de uso pode ser muito útil no dia a dia, especialmente para aumentar produtividade, desde que os usuários saibam revisar as respostas e não insiram informações indevidas em ferramentas não aprovadas.

Em um **segundo nível**, a IA recomenda. Ela sugere uma ação, prioriza uma fila, ranqueia alternativas ou indica o próximo melhor passo. Aqui, a influência sobre a decisão já é maior. Mesmo que a pessoa ainda decida, a recomendação direciona sua atenção. Isso exige mais cuidado, especialmente quando a recomendação afeta clientes, colaboradores, preços, acesso, oportunidades ou tratamento diferenciado.

Em um **terceiro nível**, a IA participa de uma decisão assistida. Ela fornece scores, alertas, classificações ou diagnósticos que pesam fortemente sobre a decisão humana. Nesse caso, a revisão humana precisa ser real, não apenas formal. A pessoa precisa ter informação, competência e autoridade para discordar da máquina.

Em um **quarto nível**, a IA automatiza decisões ou etapas padronizadas com exceções. Ela pode aprovar, bloquear, encaminhar, responder ou executar ações em casos considerados simples, enviando situações mais complexas para revisão humana. Esse uso pode gerar muita eficiência, mas também pode escalar erros se os critérios não forem bem definidos.

Em um **quinto nível**, a IA age dentro de limites estabelecidos. É o território dos agentes de IA. Eles podem consultar sistemas, enviar mensagens, preencher registros, abrir chamados, agendar reuniões, acionar ferramentas e concluir tarefas. Aqui, a governança precisa ser mais robusta porque o sistema deixa de apenas sugerir e passa a operar dentro do ambiente da empresa.

No **nível mais sensível**, a IA possui autonomia ampla em ambiente crítico. Ela toma decisões ou executa ações com alto impacto, pouca intervenção humana e potencial relevante de dano. Esse tipo de uso exige avaliação rigorosa, aprovação executiva, monitoramento contínuo e, em alguns casos, a conclusão de que **não deve ser implementado.**

A regra geral é simples: quanto maior a autonomia da IA e maior o impacto possível de seus erros, maior deve ser a governança.

Essa regra evita dois extremos. O primeiro é tratar todo uso de IA como se fosse altamente crítico, paralisando a organização. O segundo é tratar todo uso de IA como se fosse apenas uma ferramenta de produtividade, expondo a empresa a riscos invisíveis.

Boa governança é governança proporcional.

IA generativa: fluência não é verdade

A IA generativa merece atenção especial porque mudou a forma como as pessoas interagem com a tecnologia.

Antes, muitos sistemas de IA ficavam escondidos nos bastidores.

Um score de crédito, uma recomendação de produto, uma classificação de risco ou uma previsão de demanda apareciam dentro de sistemas corporativos específicos. Com a IA generativa, a interface passou a ser conversacional. Qualquer pessoa pode pedir um texto, uma análise, uma imagem, um código, uma apresentação, um resumo ou uma explicação. Isso democratizou o acesso à IA.

Também aumentou o risco de uso informal.

A IA generativa é poderosa porque se comunica em linguagem natural. O usuário não precisa saber programar, construir modelos ou navegar em sistemas complexos. Basta escrever uma instrução. Essa simplicidade reduz barreiras e cria ganhos enormes de produtividade. Mas também cria uma armadilha: como a resposta costuma ser fluente, estruturada e confiante, muitas pessoas assumem que ela está correta. Essa suposição é perigosa.

Fluência não é verdade. Clareza não é precisão. Convicção no texto não é confiabilidade factual. Um modelo generativo pode inventar fontes, distorcer conceitos, omitir exceções, misturar contextos, reproduzir vieses, criar números inexistentes ou apresentar como certo algo que deveria ser tratado como hipótese. Isso se chama ALUCINAÇÕES.

Além disso, a IA generativa traz riscos específicos de confidencialidade, propriedade intelectual, segurança e responsabilidade. Colaboradores podem inserir dados sensíveis em ferramentas não aprovadas. Conteúdos gerados podem se aproximar de materiais protegidos. Prompts maliciosos podem manipular respostas. Integrações mal desenhadas podem expor sistemas internos. Textos publicados sem revisão podem comprometer a marca ou gerar risco jurídico.

Por isso, a IA generativa deve ser tratada como uma poderosa tecnologia de apoio, mas não como piloto automático.

A regra prática é: use IA generativa como copiloto, especialmente para rascunhos, sínteses, ideias, variações e apoio analítico; mas preserve revisão humana sempre que houver impacto relevante, comunicação externa, dados sensíveis ou decisão de negócio.

IA não corrige dados ruins

Toda discussão séria sobre IA precisa começar com dados.

A IA aprende, infere, recomenda ou gera a partir de dados. Se os dados são ruins, incompletos, enviesados, desatualizados, mal coletados, mal protegidos ou inadequados à finalidade, a solução tende a herdar esses problemas. Em alguns casos, ela ainda os torna mais difíceis de enxergar, porque a saída parece sofisticada.

Dados ruins podem assumir várias formas. Podem ser registros incompletos, bases desatualizadas, informações coletadas para outra finalidade, variáveis que refletem desigualdades históricas, dados sem qualidade suficiente, informações sensíveis usadas sem necessidade, bases combinadas sem critério ou dados de terceiros sem clareza contratual.

Para negócios, isso significa que a discussão sobre IA não deve começar no modelo. Deve começar na pergunta: os dados são adequados para o uso pretendido?

Uma empresa que não governa dados terá dificuldade para governar IA. E uma empresa que aplica IA sobre dados desorganizados pode apenas acelerar problemas antigos com ferramentas novas.

A frase prática é: IA não transforma automaticamente dados ruins em boas decisões; muitas vezes, ela transforma dados ruins em decisões ruins mais rápidas, mais escaláveis e mais difíceis de contestar.

IA não elimina julgamento humano

Outra ideia perigosa é acreditar que, porque uma máquina calculou, a decisão se tornou objetiva.

Isso não é verdade.

Modelos trabalham com dados, probabilidades, padrões e objetivos definidos. Eles não compreendem necessariamente contexto humano, sensibilidade política, justiça, reputação, exceções legítimas, impactos sociais ou consequências de segunda ordem. Mesmo quando um sistema apresenta uma recomendação estatisticamente consistente, alguém precisa avaliar se aquela recomendação é adequada ao contexto.

Essa distinção é especialmente importante em decisões que afetam pessoas.

Um sistema pode indicar que determinado cliente tem maior risco de inadimplência. Isso não significa, automaticamente, que a organização deve negar crédito sem explicação ou revisão. Um sistema pode sugerir que um candidato tem menor aderência a uma vaga. Isso não significa que a empresa deva eliminá-lo sem considerar vieses, contexto e critérios legítimos. Um modelo pode indicar que um consumidor tem maior propensão a comprar. Isso não significa que qualquer forma de personalização seja ética ou aceitável.

Delegar uma tarefa à IA não significa delegar responsabilidade.

A organização continua responsável pelo que decide, comunica, recomenda, automatiza e executa. Se a IA participa do processo, a empresa precisa saber quem supervisiona, quem aprova, quem revisa, quem responde e quem corrige.

A revisão humana, porém, não pode ser decorativa.

Não basta colocar uma pessoa no fluxo se ela não tem tempo, preparo, informação ou autoridade para discordar da máquina. Esse é um risco comum em sistemas de decisão assistida: formalmente existe um humano no processo, mas, na prática, ele apenas confirma a recomendação do sistema.

Supervisão humana real exige capacidade de julgamento. A pessoa precisa entender o papel da IA, suas limitações, os critérios do processo, os riscos envolvidos e as situações em que deve contestar a recomendação.

IA boa não compensa processo ruim

Uma IA sofisticada aplicada a um processo ruim pode apenas acelerar o erro.

Esse é um dos pontos mais subestimados na adoção de IA. Muitas organizações tentam aplicar modelos avançados sobre fluxos mal desenhados, regras confusas, dados inconsistentes e responsabilidades indefinidas. O resultado é uma aparência de modernização, mas não necessariamente uma melhoria real.

A IA pode acelerar um processo. Mas, se o processo estiver errado, ela acelera o erro. Pode reduzir esforço manual. Mas, se a atividade não deveria existir, ela apenas automatiza desperdício. Pode recomendar decisões. Mas, se os critérios de decisão forem ruins, ela amplifica escolhas ruins. Pode personalizar uma experiência. Mas, se a estratégia de relacionamento for inadequada, ela apenas personaliza uma experiência ruim.

Antes de aplicar IA, a organização precisa olhar para o processo.

A decisão atual está clara? O fluxo faz sentido? As regras de negócio estão definidas? Os dados são confiáveis? O usuário saberá o que fazer com a recomendação? Existe métrica de sucesso? Há dono responsável? O processo aceita exceções? Há como corrigir erros?

IA não deve ser usada para maquiar desorganização. Ela deve ampliar uma capacidade bem compreendida ou ajudar a redesenhar um processo de forma mais inteligente.

Quando IA é a solução certa — e quando não é

Nem todo problema precisa de IA.

Essa afirmação pode parecer óbvia, mas é uma das mais importantes para uma boa governança. Em um momento de grande entusiasmo tecnológico, muitas empresas correm o risco de transformar IA em resposta automática para qualquer desafio.

A IA tende a ser uma boa candidata quando há grande volume de dados, padrões difíceis de perceber manualmente, necessidade de previsão, repetição em escala, documentos ou linguagem em grande quantidade, demanda por personalização, muitas alternativas possíveis ou benefício claro em aumentar velocidade e qualidade da decisão.

Por outro lado, a IA tende a ser uma má candidata quando o problema não está claro, os dados são insuficientes, o processo muda constantemente, a decisão exige julgamento humano profundo, o custo do erro é alto e não há revisão possível, não existe dono do processo ou a organização não sabe como medir sucesso.

A decisão madura não é "usar IA em tudo". A decisão madura é saber onde a IA realmente aumenta capacidade, onde uma solução mais simples é suficiente e onde o uso deve ser evitado.

Em governança, saber dizer "não precisamos de IA para isso" é tão importante quanto saber identificar uma grande oportunidade de aplicação.

O contexto muda o risco!

Duas soluções tecnicamente parecidas podem exigir governanças completamente diferentes.

Um modelo que classifica comentários internos para organizar temas de uma pesquisa de clima pode ter risco moderado. Um modelo semelhante usado para avaliar desempenho individual, influenciar promoções ou apoiar desligamentos terá risco muito maior.

Uma IA generativa usada para criar rascunhos internos de e-mail pode exigir controles simples. A mesma tecnologia usada para responder clientes sobre temas financeiros, jurídicos, trabalhistas ou médicos exige governança muito mais robusta.

Um sistema de recomendação de produtos em um e-commerce tem determinado nível de risco. Um sistema de recomendação de tratamento médico, concessão de crédito, seleção de candidatos ou priorização de pacientes exige outro patamar.

O que define a governança não é apenas a tecnologia. É o contexto de uso.

Por isso, a pergunta "qual modelo estamos usando?" precisa ser acompanhada por outra pergunta: onde, como, por quem e com qual impacto esse modelo será usado?

O grau de impacto sobre pessoas, o nível de autonomia, a sensibilidade dos dados, a criticidade do processo e a capacidade de supervisão e correção devem orientar o nível de controle.

Quanto mais a IA afeta direitos, oportunidades, acesso, renda, saúde, segurança, reputação ou tratamento de pessoas, maior deve ser a exigência de governança. Quanto mais autônoma for a ação da IA, maior deve ser o controle. Quanto mais sensíveis forem os dados, maior deve ser a proteção. Quanto mais crítico for o processo, maior deve ser o monitoramento. Quanto menor a capacidade de contestar ou corrigir um erro, maior deve ser a prudência.

Governança de IA é, em grande parte, a arte de entender contexto.

A diferença entre experimentar IA e colocar IA em operação

Muitas organizações confundem experimentar IA com operar IA.

Experimentar IA é testar uma ferramenta, fazer uma prova de conceito, criar um protótipo, gerar alguns conteúdos, simular uma análise ou validar uma hipótese inicial. Essa fase é importante. Ela permite aprendizado, descoberta de oportunidades e ganho de repertório.

Colocar IA em operação é outra coisa.

Significa integrar a solução a um processo real, com dados reais, usuários reais, impactos reais e responsabilidade real. Significa definir dono de negócio, responsável técnico, métricas, controles, monitoramento, registros, rotinas de revisão e critérios de correção. Significa lidar com exceções, incidentes, custos, mudanças de contexto, reclamações e auditoria.

A governança deve ser proporcional a essa diferença.

Nem todo experimento precisa passar pelo mesmo rito de uma solução crítica em produção. Se a empresa tornar qualquer teste simples tão pesado quanto uma implantação sensível, ela perderá velocidade. Mas todo experimento precisa ter limites claros, especialmente quando envolve dados confidenciais, clientes, colaboradores ou integração com sistemas corporativos.

A regra prática é: quanto mais perto do uso real, maior deve ser a exigência de governança.

IA como aumento de capacidade organizacional

Uma forma simples e poderosa de explicar IA para negócios é tratá-la como aumento de capacidade.

A IA aumenta a capacidade de observar quando identifica

padrões e anomalias em grandes volumes de dados. Aumenta a capacidade de analisar quando resume informações, compara alternativas e extrai sinais de ambientes complexos. Aumenta a capacidade de decidir quando recomenda caminhos e calcula probabilidades. Aumenta a capacidade de produzir quando gera textos, imagens, códigos, relatórios e materiais. Aumenta a capacidade de interagir quando conversa com clientes, colaboradores e usuários. Aumenta a capacidade de executar quando aciona sistemas, automatiza tarefas e opera fluxos.

Essa visão ajuda a sair da pergunta genérica "como usamos IA?" e avançar para uma pergunta melhor: qual capacidade da organização queremos ampliar?

Queremos ampliar a capacidade comercial? A capacidade analítica? A capacidade operacional? A capacidade de atendimento? A capacidade de inovação? A capacidade de controle? A capacidade de personalização? A capacidade de prevenção de riscos?

Quando a organização responde a essa pergunta, a IA deixa de ser modismo e passa a ser instrumento estratégico.

Mas aumento de capacidade não significa eliminação de responsabilidade. Pelo contrário. Quanto mais a IA amplia uma capacidade relevante da organização, mais importante se torna definir limites, controles, métricas e responsáveis.

O vocabulário mínimo para governar IA

Executivos não precisam dominar programação para governar IA. Mas precisam de um vocabulário mínimo para participar da conversa com qualidade:

Um **modelo** é o componente que aprende, representa ou aplica padrões a partir de dados ou instruções. **Dados de treinamento** são os dados usados para desenvolver ou ajustar esse modelo. **Entrada** é aquilo que o usuário ou sistema fornece para a IA analisar. **Saída** é o resultado produzido: uma resposta, uma classificação, um score, uma recomendação, um texto, uma imagem, uma decisão ou uma ação.

Em IA generativa, **o prompt** é a instrução dada ao modelo. Um

score é uma pontuação usada para representar probabilidade, prioridade, risco ou adequação. **Viés** é uma distorção que pode gerar resultados injustos, discriminatórios ou sistematicamente equivocados. **Alucinação** é uma resposta plausível, mas incorreta ou inventada. **Explicabilidade** é a capacidade de compreender, em nível adequado ao contexto, por que o sistema produziu determinado resultado. **Human-in-the-loop** é a presença de uma pessoa no processo para revisar, aprovar, corrigir ou decidir. Um **agente de IA** é um sistema que pode planejar ou executar tarefas usando ferramentas, dados e integrações dentro de limites definidos. **Monitoramento** é o acompanhamento contínuo de desempenho, risco, uso, erro, custo e impacto depois da implantação.

Esse vocabulário não transforma o executivo em especialista técnico. Mas permite que ele faça perguntas melhores.

E, em governança de IA, boas perguntas são uma das primeiras formas de controle.

A pergunta de bolso

Ao avaliar qualquer caso de uso, carregue uma pergunta simples:

A IA neste caso está aconselhando uma pessoa, influenciando uma decisão ou executando uma ação?

Essa pergunta muda tudo.

Quando a IA apenas aconselha, a governança pode focar qualidade da informação, limites de uso, proteção de dados e revisão humana. Quando a IA influencia uma decisão, a governança precisa avaliar impacto, viés, explicabilidade, rastreabilidade, contestabilidade e responsabilidade. Quando a IA executa uma ação, a governança precisa incluir permissões, limites, logs, segurança, monitoramento, contingência e capacidade de intervenção.

Essa é uma pergunta pequena, mas poderosa.

Ela ajuda a separar usos simples de usos críticos. Ajuda a calibrar controles. Ajuda a evitar burocracia desnecessária. E ajuda a impedir que uma solução de alto impacto seja tratada como uma ferramenta comum de produtividade.

CAPÍTULO 5

POR QUE BONS PILOTOS MORREM?

POR QUE BONS PILOTOS MORREM?

Muitas organizações têm bons pilotos de IA. Poucas transformam esses pilotos em capacidade institucional.

Essa é uma das grandes frustrações da adoção de inteligência artificial. A empresa faz uma prova de conceito promissora, reúne executivos em uma sala, apresenta uma demonstração impressionante, mostra ganhos potenciais, recebe elogios e cria entusiasmo. Por alguns dias, talvez semanas, a sensação é de que a organização encontrou um caminho claro para inovar.

Depois, o piloto esfria.

A área de negócio volta para suas urgências. O time técnico volta para sua fila de demandas. O fornecedor aguarda uma decisão. O orçamento não aparece. Os dados reais se mostram mais difíceis do que os dados usados na demonstração. A integração com os sistemas corporativos se revela mais complexa. O jurídico faz perguntas que ninguém havia respondido. Segurança identifica riscos que não foram considerados. Os usuários não adotam a solução. A métrica de valor não está clara. O patrocinador executivo muda de prioridade. O projeto entra em uma espécie de limbo corporativo.

O piloto não fracassou exatamente. Ele apenas não virou nada.

Esse é um tipo silencioso de fracasso. Não há necessariamente um incidente, uma falha técnica evidente ou uma decisão formal de cancelamento. O piloto simplesmente perde tração. Continua sendo citado em apresentações, mas não muda processos, não altera decisões, não melhora a experiência do cliente, não reduz custos, não aumenta receita e não se torna parte da rotina da empresa.

Em IA, esse fenômeno é comum porque existe uma diferença enorme entre demonstrar uma capacidade e adotá-la em escala.

A demonstração acontece em ambiente protegido. A adoção acontece no mundo real.

No piloto, os dados costumam ser escolhidos com cuidado. Na adoção, os dados vêm incompletos, duplicados, desatualizados, ruidosos e cheios de exceções. No piloto, os usuários são engajados, curiosos e tolerantes. Na adoção, os usuários têm metas, prazos, hábitos, resistência, dúvidas e pouca paciência para ferramentas que dificultam seu trabalho. No piloto, a expectativa é provar potencial. Na adoção, a expectativa é gerar resultado. No piloto, a solução pode funcionar em paralelo. Na adoção, ela precisa entrar no fluxo real da operação. No piloto, os riscos podem parecer abstratos. Na adoção, eles aparecem em contratos, auditorias, reclamações, incidentes, controles, aprovações e responsabilidades.

Por isso, a pergunta correta não é apenas: **como fazemos um piloto de IA?**

A pergunta correta é: **que tipo de piloto nos ensina o suficiente para decidir se vale escalar?**

Essa mudança de pergunta altera completamente o desenho da iniciativa. Um bom piloto não deve existir para impressionar. Deve existir para reduzir incerteza. Ele precisa testar se a solução gera valor, se é tecnicamente viável, se os dados sustentam o uso, se os riscos são controláveis, se os usuários adotam, se o custo faz sentido e se a organização consegue operar aquilo depois da apresentação.

. . .

Um piloto que não responde a essas perguntas talvez seja bonito, mas não é governado.

O conforto artificial do ambiente protegido

Pilotos morrem porque muitas vezes nascem em um ambiente artificialmente favorável.

Isso não é necessariamente errado. Todo piloto precisa de algum recorte. Não faz sentido testar uma solução nova já no ambiente mais complexo, com todos os usuários, todos os dados, todos os sistemas e todos os riscos ao mesmo tempo. O problema começa quando a organização confunde o sucesso do ambiente protegido com prontidão para adoção.

Em uma demonstração, é possível selecionar os melhores exemplos, escolher os dados mais organizados, evitar exceções, limitar o escopo, usar usuários motivados, controlar a narrativa e apresentar os resultados mais interessantes. Em uma adoção real, nada disso permanece tão limpo.

A solução passa a lidar com usuários que não participaram do desenho. Passa a receber perguntas que ninguém imaginou. Passa a depender de sistemas legados. Passa a conviver com dados imperfeitos. Passa a exigir suporte, treinamento, documentação, monitoramento, correção de erros, gestão de acesso, logs, avaliação de custo e resposta a incidentes.

O mundo real é menos elegante que o piloto!

E é justamente por isso que um bom piloto de IA deve ser desenhado para aprender sobre o mundo real, não para escondê-lo.

Quando o piloto elimina todas as dificuldades, ele prova apenas que a IA funciona em uma situação ideal. Mas a pergunta executiva relevante é outra: ela funciona bem o suficiente nas condições reais da organização?

Essa diferença é crítica.

Um chatbot pode funcionar muito bem com as 50 perguntas mais frequentes escolhidas pela equipe do projeto. Mas o que acontece quando clientes fazem perguntas ambíguas, irritadas, incompletas ou fora do escopo? Um modelo preditivo pode performar bem com dados históricos tratados. Mas o que acontece quando os dados mudam, quando a sazonalidade se altera ou quando uma nova política comercial muda o comportamento dos clientes? Um copiloto pode gerar ótimos textos em uma demonstração. Mas o que acontece quando centenas de colaboradores passam a usá-lo com dados sensíveis, instruções ruins e pouca revisão?

O piloto que ignora essas perguntas pode produzir entusiasmo, mas não produz maturidade.

A morte por falta de dono

Uma das causas mais comuns da morte de pilotos de IA é a **ausência de um dono** de negócio.

Muitas iniciativas começam dentro da tecnologia, da inovação ou de um fornecedor. A solução é interessante, tecnicamente viável e talvez até impressionante. Mas, se não existe uma área de negócio claramente responsável pelo problema, pelo resultado e pela adoção, o piloto fica sem destino.

IA não escala por curiosidade técnica. IA escala quando resolve uma dor relevante de negócio.

O dono de negócio é quem deve dizer qual problema será resolvido, qual processo será impactado, qual decisão será melhorada, qual métrica demonstrará valor, quais usuários precisam adotar a solução e quais mudanças operacionais serão necessárias. Sem esse dono, o piloto vira uma experiência lateral. Pode até gerar aprendizado, mas dificilmente se transforma em rotina.

A ausência de dono também cria um problema de responsabilidade. Quando surge uma dúvida sobre prioridade, orçamento, risco, desenho de processo ou decisão de escala, ninguém tem autoridade clara para decidir. A tecnologia não quer assumir sozinha uma mudança de negócio. O negócio não se sente responsável por uma solução que nasceu fora da sua agenda. As áreas de controle entram tarde. O fornecedor não consegue avançar. O projeto perde velocidade.

Um piloto governado precisa nascer com patrocínio e accountability!

Isso não significa que o negócio deva conduzir tudo sozinho. A IA exige colaboração com tecnologia, dados, segurança, jurídico, compliance, riscos e, muitas vezes, fornecedores. Mas a pergunta "quem é o dono do caso de uso?" precisa ter uma resposta simples.

Se ninguém é dono, o piloto já nasce órfão.

A morte por falta de métrica de valor

Outra razão frequente para a morte de bons pilotos é a falta de uma métrica clara de valor.

Muitos pilotos são aprovados porque parecem inovadores. A demonstração é boa, a tecnologia é atual, o tema está no radar do conselho e a empresa quer aprender. Tudo isso pode justificar exploração inicial. Mas, para escalar, entusiasmo não basta.

A organização precisa saber **que valor espera capturar.**

Esse valor pode assumir várias formas. Pode ser aumento de receita, redução de custo, ganho de produtividade, melhoria de experiência do cliente, redução de churn, diminuição de fraude, aceleração de atendimento, redução de retrabalho, melhora de qualidade, mitigação de risco, aumento de conversão, menor tempo de análise ou maior precisão decisória.

O problema é que muitos pilotos não definem essa métrica antes do teste. Quando chegam ao final, a organização sabe que a solução "funcionou", mas não sabe se funcionou bem o suficiente para justificar investimento, integração, treinamento, suporte e governança.

Há uma diferença importante entre **métrica técnica** e **métrica de valor.**

A **métrica técnica** mostra se o modelo performa. A **métrica de valor** mostra se a organização melhora. Um modelo pode ter boa acurácia, mas não gerar mudança relevante no processo. Um chatbot pode responder corretamente a muitas perguntas, mas não reduzir volume de atendimento humano. Uma IA generativa pode produzir textos rapidamente, mas não melhorar qualidade, conversão ou tempo total de entrega se a revisão humana consumir o ganho.

O piloto precisa conectar as duas dimensões.

Não basta perguntar se a IA funciona. É preciso perguntar se ela melhora uma métrica relevante do negócio.

Uma boa regra é definir, antes do piloto, qual decisão será tomada ao final. Se a meta for atingida, o que acontece? Se não for, o que acontece? Se o resultado for ambíguo, que informação adicional será necessária? Sem esses critérios, a empresa termina o piloto com opiniões, não com decisão.

A morte por falta de desenho para escala

Muitos pilotos são construídos para provar possibilidade, não para preparar adoção.

Isso pode ser aceitável em uma fase inicial de descoberta, mas se torna um problema quando a organização confunde protótipo com solução. O protótipo mostra que algo pode ser feito. A solução precisa mostrar que algo pode ser operado.

Escalar IA exige pensar em dados, arquitetura, integração, segurança, suporte, custos, monitoramento, atualização, gestão de mudanças, treinamento, documentação, contratos, responsabilidade e continuidade. Se esses elementos aparecem apenas depois que o piloto termina, a organização descobre tarde demais que a solução era mais difícil, cara ou arriscada do que parecia.

Um piloto que usa dados tratados manualmente pode demonstrar potencial, mas não prova que haverá dados disponíveis de forma confiável em produção. Um piloto que roda fora da arquitetura corporativa pode impressionar, mas não prova que a solução será segura, escalável e integrada. Um piloto que depende de uma pessoa específica para operar pode funcionar, mas não prova que a empresa conseguirá sustentá-lo. Um piloto que usa uma ferramenta externa sem avaliação de segurança pode acelerar o teste, mas criar barreiras para adoção formal.

Isso não significa que todo piloto precise nascer com infraestrutura definitiva. Essa seria uma exigência pesada demais. Mas todo piloto sério deve pelo menos explicitar o caminho de escala. A organização precisa saber quais partes são temporárias, quais dependências terão que ser resolvidas e quais riscos surgirão quando a solução sair do ambiente experimental.

O piloto não precisa ter tudo pronto. Mas precisa saber o que ainda não está pronto.

A morte pelo risco que aparece tarde

Pilotos também morrem quando risco, jurídico, privacidade, segurança e compliance entram apenas no final.

Esse é um erro clássico. A equipe conduz o teste, valida a solução, cria entusiasmo e só depois pergunta se pode usar os dados, se o fornecedor é aprovado, se a ferramenta atende aos requisitos de segurança, se há risco regulatório, se o uso é aceitável do ponto de vista ético ou se a decisão exige revisão humana.

Quando essas perguntas aparecem tarde, elas são percebidas como burocracia. A área de negócio sente que o controle está bloqueando a inovação. As áreas de controle sentem que foram chamadas apenas para carimbar uma decisão já tomada. O time técnico precisa redesenhar a solução. O fornecedor precisa responder a exigências não previstas. O cronograma se estende. O entusiasmo diminui.

Na prática, a governança tardia é mais lenta do que a governança antecipada.

Quando riscos são considerados desde o início, eles ajudam a desenhar melhor o piloto. A classificação de risco orienta o nível de controle. A privacidade orienta o uso adequado de dados. A segurança orienta arquitetura e acesso. O jurídico antecipa restrições contratuais e regulatórias. Compliance ajuda a definir evidências. Auditoria contribui para rastreabilidade. O negócio entende os limites antes de se comprometer com uma solução inviável.

Governança não deve ser uma barreira colocada no final da ponte. Deve ser parte do desenho da travessia.

Isso é especialmente importante em IA porque muitos riscos não aparecem na demonstração. Um modelo pode parecer útil sem que se tenha avaliado viés. Um chatbot pode parecer eficiente sem que se tenha testado respostas inseguras. Um agente pode parecer produtivo sem que se tenha limitado permissões. Uma ferramenta generativa pode parecer simples sem que se tenha discutido confidencialidade e propriedade intelectual.

Quando o risco aparece tarde, ele mata o piloto ou força uma adoção imprudente.

Ambas as alternativas são ruins.

A morte pela experiência do usuário

Alguns pilotos de IA são tecnicamente bons, mas operacionalmente irrelevantes.

Isso acontece quando a solução não muda de verdade a experiência do usuário ou muda de uma forma que não se encaixa no trabalho real. Em IA, adoção não depende apenas de acurácia, velocidade ou sofisticação. Depende de confiança, utilidade, simplicidade, contexto e encaixe no fluxo de trabalho.

Uma IA que exige que o usuário saia do sistema principal, copie informações, cole em outra interface, interprete uma resposta longa, revise manualmente tudo e depois volte ao sistema original talvez não gere produtividade. Pode até parecer útil em uma demonstração, mas se tornar inviável na rotina.

Uma IA que recomenda ações sem explicar minimamente seus critérios pode gerar desconfiança. Uma IA que erra nos primeiros usos pode perder credibilidade rapidamente. Uma IA que ameaça a autonomia do usuário pode gerar resistência. Uma IA que exige mudanças não explicadas pode ser ignorada. Uma IA que produz resultados bons, mas chega tarde no processo, pode não ser usada.

O usuário não adota IA porque ela é inteligente. Adota porque ela ajuda. Ajuda a decidir melhor, economizar tempo, reduzir esforço, evitar erro, melhorar atendimento, simplificar uma tarefa ou aumentar resultado. Se esse benefício não é percebido no fluxo real, a solução morre.

Por isso, um piloto de IA precisa testar adoção, não apenas desempenho. Precisa observar como as pessoas usam a ferramenta, onde hesitam, onde desconfiam, onde corrigem, onde abandonam, onde pedem ajuda e onde sentem ganho real.

A pergunta não é apenas "a IA acertou?". A pergunta é: o usuário incorporaria isso à rotina sem ser obrigado?

Se a resposta for não, ainda há trabalho de desenho, treinamento, integração ou mudança.

Piloto de vitrine, piloto de aprendizagem e piloto de escala

Nem todo piloto tem a mesma finalidade.

Um erro comum é chamar tudo de piloto, como se todas as experiências tivessem o mesmo nível de compromisso. Isso gera confusão. Algumas iniciativas existem para mostrar possibilidade. Outras existem para aprender. Outras existem para preparar escala.

O **piloto de vitrine** é aquele desenhado para impressionar. Ele tem valor em certos contextos, especialmente quando a organização precisa sensibilizar lideranças, demonstrar potencial ou gerar interesse inicial. O problema surge quando ele é confundido com validação real. Um piloto de vitrine pode mostrar o que é possível, mas raramente responde sozinho se a solução deve ser escalada.

O **piloto de aprendizagem** é mais importante para governança. Ele testa hipóteses. Procura entender se há valor, se os dados são suficientes, se os usuários adotam, se os riscos são controláveis, se o custo faz sentido e se a solução se encaixa no processo. Ele não existe para provar que a ideia era boa. Existe para descobrir se ela continua sendo boa quando confrontada com a realidade.

O **piloto de escala** já nasce com a adoção em mente. Ele ainda pode ter escopo limitado, mas considera desde o início dados, arquitetura, integração, suporte, segurança, treinamento, monitoramento, responsabilidades e governança. Ele é o mais próximo de um produto mínimo governado: pequeno o suficiente para aprender, mas realista o suficiente para preparar operação.

A organização precisa saber qual tipo de piloto está conduzindo.

Um piloto de vitrine não deve ser vendido como prova de escala. Um piloto de aprendizagem não deve ser cobrado como se já fosse operação madura. Um piloto de escala não deve ignorar controles que serão indispensáveis em produção.

Boa governança começa por nomear corretamente a intenção.

O papel da governança no desenho do piloto

A governança deve entrar antes do piloto começar.

Isso não significa criar um processo pesado para qualquer teste. Significa definir, desde o início, quais perguntas o piloto precisa responder e quais limites não podem ser ultrapassados.

Um piloto governado tem uma hipótese clara. Ele sabe qual problema está testando e qual resultado espera observar. Tem dono de negócio e responsável técnico. Define quais dados serão usados e quais não serão. Explicita se haverá dados pessoais, sensíveis ou confidenciais. Indica quem são os usuários do teste. Define critérios mínimos de segurança. Classifica o risco do caso de uso. Estabelece métrica de valor. Prevê como será feita a revisão humana. Define como serão registrados aprendizados, erros e incidentes. E, principalmente, estabelece qual decisão será tomada ao final.

Esse nível de clareza não torna o piloto mais lento. Na maioria das vezes, torna mais rápido, porque evita retrabalho e desalinhamento.

Governança não é o formulário que se preenche quando a inovação termina. É o desenho que permite que a inovação tenha chance de sobreviver.

O custo invisível da escala

Escalar IA custa mais do que fazer uma demonstração.

Esse ponto precisa ser tratado com honestidade desde o início. Muitos pilotos parecem baratos porque parte importante do custo ainda não apareceu. A equipe usou dados preparados manualmente. A integração foi simulada. O monitoramento não foi implementado. O suporte não foi dimensionado. A segurança não foi completa. A revisão humana não foi contabilizada. O treinamento dos usuários não aconteceu. A documentação foi mínima. A gestão de fornecedores foi simplificada.

Quando a empresa decide escalar, todos esses elementos aparecem.

Isso não significa que IA seja inviável. Significa apenas que a decisão de escala precisa considerar custo total de propriedade, não apenas custo do piloto.

Um piloto responsável deve produzir uma estimativa realista do que será necessário para operar a solução. Qual será o custo da plataforma? Quem dará suporte? Quem monitora o desempenho? Como os usuários serão treinados? Que integrações serão necessárias? Que controles precisam ser implementados? Que contratos precisam ser ajustados? Que evidências precisam ser mantidas? Qual será o custo de revisão humana? Qual é o custo de erro? Qual é o custo de não fazer?

Sem essa visão, a organização pode se encantar com um piloto barato e se assustar com uma escala cara.

A armadilha do "quase pronto"

Pilotos de IA frequentemente criam uma sensação de que a solução está "quase pronta".

Essa percepção pode ser enganosa. Em tecnologia, especialmente em IA, fazer algo funcionar uma vez é muito diferente de fazê-lo funcionar de forma confiável, segura, monitorável e repetível.

Um modelo que responde bem em uma demonstração não está necessariamente pronto para produção. Uma integração improvisada não é arquitetura. Um prompt bem escrito não é política de uso. Um conjunto pequeno de testes não é validação. Um usuário satisfeito não é adoção organizacional. Uma apresentação executiva não é business case. Um resultado promissor não é governança.

A distância entre "funcionou" e "está pronto para operar" pode ser grande.

Governança ajuda a tornar essa distância visível. Ela impede que a organização confunda protótipo com produto, entusiasmo com evidência, demonstração com adoção e potencial com valor capturado.

Adoção exige mudança, não apenas tecnologia

Muitos pilotos morrem porque tratam IA como implantação de ferramenta, quando deveriam tratá-la como mudança de trabalho.

Quando uma IA entra em um processo, ela altera papéis, decisões, rotinas, responsabilidades e expectativas. Um vendedor que recebe leads priorizados por IA precisa confiar no ranking e entender como usá-lo. Um atendente que recebe respostas sugeridas precisa saber revisar, adaptar e escalar exceções. Um analista que usa IA para triagem precisa entender quando discordar. Um gestor que recebe previsões precisa saber que probabilidade não é certeza. Um time que usa IA generativa precisa aprender o que pode e o que não pode inserir na ferramenta.

Sem mudança organizacional, a IA fica à margem do trabalho real.

A adoção exige treinamento, comunicação, patrocínio, redesenho de processo, incentivos, suporte e escuta dos usuários. Exige também uma narrativa clara: por que a solução existe, como ela ajuda, quais são seus limites, o que muda na rotina e o que continua sendo responsabilidade humana.

Se os usuários percebem a IA como ameaça, complicação ou imposição, resistem. Se percebem como ferramenta útil, confiável e alinhada ao seu trabalho, adotam.

IA não escala apenas por instalação. Escala por incorporação.

Um piloto bom também testa confiança

Confiança é um dos fatores mais importantes para adoção de IA.

Sem confiança, usuários ignoram a recomendação. Com confiança cega, usuários aceitam respostas sem revisão. Os dois extremos são perigosos.

O objetivo não é criar fé na IA. É criar confiança calibrada.

Confiança calibrada significa que o usuário entende o que a IA faz bem, onde ela falha, quando deve ser usada, quando deve ser contestada e quando deve ser ignorada. Esse tipo de confiança nasce de transparência, treinamento, experiência prática, qualidade da solução e mecanismos de correção.

Um piloto deve observar essa dimensão. Os usuários entendem a saída da IA? Sabem como agir diante dela? Conseguem contestar? Percebem valor? Confiam demais? Confiam de menos? Sabem reportar erros? Sentem que continuam responsáveis pela decisão?

A confiança não é um detalhe subjetivo. É uma condição operacional. Uma IA que ninguém confia não será usada. Uma IA em que todos confiam cegamente pode causar dano.

O piloto mínimo governado (PMG)

Uma forma útil de orientar a organização é pensar no conceito de **piloto mínimo governado.**

Ele é diferente de uma prova de conceito solta. Também é diferente de uma solução completa em produção. O piloto mínimo governado tem escopo reduzido, mas já nasce com os elementos essenciais para gerar aprendizado confiável.

Ele possui uma hipótese de valor, um dono de negócio, um responsável técnico, um grupo definido de usuários, dados delimitados, critérios de risco, limites de uso, métrica de sucesso, plano de teste, mecanismo de revisão humana quando necessário e uma decisão prevista ao final.

A força desse conceito está no equilíbrio. O piloto não precisa ser perfeito, mas precisa ser sério. Não precisa resolver todos os problemas de escala, mas precisa revelar quais problemas aparecerão. Não precisa ter todos os controles de uma solução crítica em produção, mas precisa respeitar limites mínimos de segurança, privacidade e responsabilidade.

Esse equilíbrio evita tanto a burocracia excessiva quanto a experimentação irresponsável.

CAPÍTULO 6

A RÉGUA DE RISCO

A RÉGUA **DE RISCO**

A régua de risco como parte da ponte

Na metáfora da ponte que organiza este livro, a régua de risco funciona como o limite de carga e a sinalização de tráfego.

Nem todo veículo precisa passar pela mesma pista. Uma bicicleta, um carro, um ônibus e um caminhão carregado não exigem exatamente o mesmo tratamento. O objetivo não é impedir a travessia. É garantir que cada travessia aconteça pela via correta, com a velocidade adequada e com os controles necessários.

Na IA, a lógica é a mesma.

Casos simples precisam de uma via leve. Casos relevantes precisam de uma via intermediária. Casos críticos precisam de uma via reforçada. Casos inaceitáveis não devem atravessar.

Sem essa sinalização, a ponte vira confusão. Alguns atravessam com excesso de peso pela pista errada. Outros ficam parados sem necessidade. Uns reclamam de burocracia. Outros avançam sem controle. A organização perde fluidez e segurança ao mesmo tempo.

A régua de risco organiza o fluxo.

Ela permite que tecnologia, negócio, jurídico, compliance, riscos, segurança e conselho tenham uma linguagem comum para decidir.

Nem todo uso de IA pede o mesmo peso de governança

Governança boa é proporcional.

Essa talvez seja uma das frases mais importantes de todo este manual. Se a organização trata qualquer uso de IA como se fosse crítico, ela cria burocracia, paralisa a inovação e empurra as pessoas para caminhos informais. Mas, se trata qualquer uso de IA como se fosse apenas uma ferramenta comum de produtividade, ela cria exposição, perde controle e pode automatizar riscos sem perceber.

O desafio está no equilíbrio.

Um assistente que ajuda um colaborador a resumir uma ata interna não deve atravessar a mesma trilha de governança de um sistema que influencia concessão de crédito, seleção de candidatos, precificação personalizada, atendimento em saúde, orientação jurídica, segurança operacional ou acesso a serviços essenciais. Ao mesmo tempo, o fato de uma ferramenta parecer simples não significa que ela seja automaticamente segura. Tudo depende do contexto, dos dados, da autonomia e do impacto.

A régua de risco existe para resolver esse problema.

Ela ajuda a organização a responder uma pergunta prática: quanta governança este caso de IA precisa?

Essa pergunta é melhor do que perguntar apenas se a IA é permitida ou proibida. Na maioria dos casos, a resposta madura não será simplesmente "sim" ou "não". A resposta será: "sim, com controles leves"; "sim, com validação adicional"; "sim, mas com supervisão humana obrigatória"; "sim, mas apenas em ambiente controlado"; "ainda não, porque faltam dados ou controles"; ou "não devemos fazer isso, porque o risco excede nosso apetite".

A régua de risco transforma governança em decisão proporcional.

Ela separa usos simples de usos sensíveis. Define quais iniciativas podem seguir por uma trilha rápida e quais precisam de avaliação reforçada. Evita que a organização desperdice energia tratando tudo como alto risco. E evita que casos críticos escapem pelo caminho mais fácil.

Em IA, velocidade sem controle é imprudência. Controle sem proporcionalidade é burocracia. A régua de risco é o instrumento que permite encontrar o ponto certo entre os dois.

A pergunta central: o que acontece se a IA errar?

Toda classificação de risco deve começar com uma pergunta simples:

se a IA errar, quem pode ser prejudicado e de que forma?

Essa pergunta muda a conversa. Em vez de olhar apenas para a tecnologia, a organização passa a olhar para o impacto. O problema deixa de ser abstrato e passa a ser concreto.

Se a IA errar ao resumir um texto interno, o impacto pode ser pequeno, desde que uma pessoa revise o conteúdo antes de usá-lo. Se a IA errar ao sugerir a melhor oferta para um cliente, o impacto pode envolver perda comercial, tratamento inadequado ou personalização indevida. Se a IA errar ao classificar um candidato, negar crédito, orientar um paciente, bloquear uma transação, responder a uma reclamação sensível ou executar uma ação em sistema crítico, o impacto pode ser muito maior.

A régua de risco não mede apenas a inteligência do modelo. Ela mede a consequência do uso.

Uma IA tecnicamente simples pode ser de alto risco se aplicada a uma decisão sensível. Uma IA tecnicamente sofisticada pode ser de baixo risco se usada apenas para apoio interno, com dados não sensíveis e revisão humana. O risco não está apenas no algoritmo. Está no encontro entre tecnologia, dados, processo, autonomia, usuário e impacto.

Por isso, a classificação deve acontecer antes da escolha da tecnologia.

Se a organização escolhe a ferramenta primeiro e classifica o risco depois, tende a adaptar a governança à solução que já deseja usar. Esse é um caminho perigoso. A ordem correta é inversa: primeiro entender o caso de uso, o impacto e o nível de risco; depois definir a trilha, os controles, os aprovadores e a tecnologia adequada.

A tecnologia deve caber no risco, não o risco ser ignorado pela tecnologia.

Risco não é medo: é uma forma de decidir melhor

Em muitas empresas, a palavra "risco" cria uma reação defensiva. Parece um convite à lentidão, ao bloqueio ou ao excesso de controle. Mas, em governança de IA, risco deve ser entendido de outra forma.

Risco é a possibilidade de algo gerar dano, perda, erro, exposição ou consequência indesejada. Ele não serve para impedir a organização de agir. Serve para que a organização aja sabendo onde está pisando.

Toda inovação relevante envolve risco. Entrar em um novo mercado envolve risco. Lançar um produto envolve risco. Mudar um processo envolve risco. Usar dados envolve risco. Automatizar decisões envolve risco. A questão não é eliminar completamente o risco, porque isso é impossível. A questão é entender se o risco é aceitável, se é proporcional ao valor esperado e se pode ser reduzido por controles adequados.

A régua de risco ajuda a organização a não tomar decisões no escuro.

Ela permite que os executivos discutam de forma objetiva. Não se trata de perguntar se alguém "gosta" ou "não gosta" de IA. Trata-se de avaliar o caso de uso. Que valor ele pode gerar? Que danos pode causar? Quais dados utiliza? Que decisão influencia? Que autonomia possui? Quem será impactado? Que controles existem? Que evidências serão mantidas? Quem responde?

Quando essas perguntas são respondidas, a conversa deixa de ser baseada em opinião e passa a ser baseada em julgamento estruturado.

Governança madura não é aversão a risco. É inteligência sobre risco.

Baixo risco: quando a IA amplia produtividade sem decidir por ninguém

Usos de baixo risco são aqueles em que a IA apoia produtividade individual ou atividades internas sem influenciar decisões relevantes, sem afetar diretamente direitos ou oportunidades de pessoas, sem usar dados sensíveis e sem executar ações autônomas em sistemas críticos.

Um exemplo típico é o colaborador que usa uma ferramenta aprovada para resumir um documento interno não confidencial, organizar ideias para uma apresentação, reescrever um texto, gerar uma pauta de reunião, criar variações de comunicação interna ou apoiar uma pesquisa exploratória. Nesses casos, a IA está ajudando uma pessoa a produzir ou organizar informação. A decisão final continua humana. O impacto de um erro tende a ser limitado, desde que exista revisão.

Isso não significa ausência de governança.

Baixo risco não é risco zero.

Mesmo em usos simples, a organização precisa orientar os colaboradores sobre o que pode e o que não pode ser inserido na ferramenta, como revisar respostas, como evitar uso indevido de dados, como lidar com informações confidenciais e como não transformar uma resposta gerada por IA em verdade automática.

A trilha de baixo risco deve ser leve, rápida e clara. Normalmente, ela exige registro simples do uso, aderência à política corporativa, validação básica de finalidade, orientação de uso responsável e monitoramento proporcional. O objetivo é permitir que a organização capture ganhos de produtividade sem criar um processo desnecessariamente pesado.

A trilha leve deve ser rápida porque o risco é simples, não porque a empresa decidiu ignorá-lo.

Essa distinção é fundamental. Quando a organização chama tudo de baixo risco apenas para acelerar, ela destrói a credibilidade da própria governança. Quando reconhece corretamente que um caso é baixo risco e aplica controles mínimos, ela cria confiança e libera energia para que os esforços mais robustos sejam direcionados aos usos realmente críticos.

Médio risco: quando a IA começa a influenciar processos, clientes e decisões relevantes

Usos de risco médio são aqueles em que a IA influencia processos importantes, indicadores relevantes, experiências de clientes ou decisões operacionais, mas ainda há supervisão humana, impacto limitado ou possibilidade razoável de correção.

Aqui, a IA já não é apenas uma ferramenta individual de produtividade. Ela passa a afetar um fluxo de trabalho. Pode priorizar leads, recomendar ofertas, classificar chamados, sugerir respostas em atendimento, apoiar análise de contratos, detectar anomalias operacionais, prever demanda, orientar manutenção, segmentar clientes, recomendar ações comerciais ou apoiar decisões gerenciais.

O risco aumenta porque a IA começa a direcionar atenção, recursos, prioridades e interações. Mesmo que um humano ainda decida, a recomendação da máquina influencia o comportamento da organização.

Um ranking de clientes, por exemplo, pode fazer com que alguns recebam mais atenção comercial do que outros. Um classificador de chamados pode alterar o tempo de atendimento. Uma sugestão de resposta em um canal de cliente pode afetar a qualidade da experiência. Um modelo de previsão de demanda pode influenciar compras, estoque e disponibilidade. Uma análise automatizada de contratos pode deixar passar cláusulas importantes se for usada sem revisão adequada.

Nesses casos, a organização precisa de mais evidência.

A trilha de risco médio deve exigir dono formal de negócio, responsável técnico, análise dos dados utilizados, critérios de sucesso, testes antes do uso real, revisão de segurança, avaliação de privacidade quando aplicável, documentação mínima, definição de revisão humana e monitoramento de desempenho. Não precisa ser uma investigação pesada como em casos de alto risco, mas também não pode ser uma autorização informal.

A governança aqui deve responder a uma pergunta: a IA está

influenciando um processo relevante de forma controlada, mensurável e corrigível?

Se a resposta for sim, a iniciativa pode avançar. Se a resposta for não, provavelmente precisa de ajustes antes de entrar em operação.

Alto risco: quando a IA pode afetar direitos, acesso, oportunidades ou danos relevantes

Usos de alto risco são aqueles em que a IA pode afetar direitos, acesso, preços, emprego, crédito, saúde, educação, segurança, reputação crítica, tratamento de clientes, elegibilidade, fiscalização, conformidade regulatória ou decisões com impacto significativo sobre pessoas e organizações.

Aqui, a IA não é apenas uma ferramenta de apoio. Ela pode alterar a vida de alguém, restringir uma oportunidade, negar acesso, influenciar renda, afetar reputação, aumentar exclusão, gerar discriminação, causar dano financeiro, produzir orientação sensível ou executar ações difíceis de reverter.

Um sistema que apoia seleção de candidatos exige muito mais cuidado do que um assistente que escreve descrições de vagas. Um modelo que recomenda concessão ou negação de crédito exige muito mais governança do que uma IA que organiza relatórios financeiros internos. Um chatbot que responde dúvidas gerais sobre horário de funcionamento tem risco diferente de um chatbot que orienta clientes sobre temas jurídicos, médicos, trabalhistas ou financeiros. Um agente que agenda reuniões internas tem risco diferente de um agente autorizado a alterar dados de clientes, aprovar transações ou acionar processos operacionais críticos.

Nos casos de alto risco, a governança precisa ser reforçada.

A organização deve exigir avaliação de impacto, análise mais rigorosa de dados, testes de desempenho e robustez, avaliação de vieses, explicabilidade adequada ao contexto, supervisão humana real, trilhas de auditoria, logs, controles de acesso, validação de segurança, avaliação jurídica e de privacidade, governança de fornecedores, plano de contingência, critérios de revisão periódica e aprovação executiva ou de comitê.

A pergunta central passa a ser: a organização consegue demonstrar que entende, controla e monitora os riscos desta IA antes de colocá-la em operação?

Em alto risco, a resposta precisa ser documentada. Não basta confiança verbal. É necessário evidência.

Isso não significa que todo uso de alto risco deva ser proibido. Muitas aplicações de IA de alto impacto podem gerar enorme valor quando bem governadas. Podem reduzir fraudes, melhorar segurança, ampliar acesso, acelerar diagnósticos, reduzir erros humanos, identificar riscos antes invisíveis e apoiar decisões complexas. Mas, justamente por sua relevância, precisam de controles proporcionais.

Alto risco não significa "não". Alto risco significa "prove melhor, controle melhor, monitore melhor e aprove no nível correto".

A zona de não fazer

Além de baixo, médio e alto risco, toda organização deve reconhecer que existem usos que não devem avançar.

Essa é a **zona de não fazer.**

Ela envolve situações em que o risco é incompatível com os valores, o apetite de risco, as obrigações legais ou a responsabilidade ética da organização. Pode envolver usos sem base adequada para tratamento de dados, automações que eliminam revisão humana em decisões sensíveis, sistemas que discriminam pessoas, aplicações que manipulam usuários de forma indevida, ferramentas não aprovadas que expõem informações confidenciais, agentes com permissões amplas demais ou soluções cujo funcionamento não pode ser suficientemente compreendido, monitorado ou contestado.

A zona de não fazer é importante porque nem tudo deve ser transformado em questão de mitigação. Às vezes, **o controle adequado é não seguir.**

Essa decisão não deve ser tratada como fracasso. Pelo contrário: saber interromper um caso inadequado é sinal de maturidade. Uma organização que só sabe aprovar projetos não governa; apenas acelera. Uma organização que sabe aprovar, ajustar, pausar e recusar cria um sistema de decisão mais confiável.

A régua de risco deve incluir essa possibilidade desde o início. Caso contrário, a classificação vira apenas uma formalidade para justificar qualquer iniciativa.

O risco nasce antes dos controles e muda depois deles

Uma régua madura diferencia risco inerente de risco residual.

O risco inerente é o risco do caso de uso antes dos controles. É a exposição natural da iniciativa considerando sua finalidade, seus dados, seu impacto, sua autonomia e seu contexto. Por exemplo, uma IA que influencia concessão de crédito tem risco inerente alto, mesmo que a empresa ainda não tenha decidido quais controles aplicará.

O risco residual é o risco que permanece depois que os controles são implementados. Se a organização aplica revisão humana, testes de viés, explicabilidade, logs, monitoramento, canal de contestação, validação jurídica e segurança robusta, o risco pode ser reduzido. Mas ele não desaparece completamente.

Essa distinção evita dois erros.

O primeiro erro é dizer que um caso de alto impacto virou baixo risco apenas porque existe algum controle. Isso pode ser uma falsa sensação de segurança. Controles reduzem risco, mas não mudam necessariamente a natureza sensível do caso.

O segundo erro é bloquear qualquer iniciativa de alto risco sem avaliar se bons controles poderiam torná-la aceitável. Isso pode impedir aplicações valiosas e responsáveis.

A boa prática é classificar primeiro o risco inerente, definir os controles proporcionais e depois avaliar o risco residual. Se o risco residual estiver dentro do apetite da organização, a iniciativa pode avançar. Se continuar acima do aceitável, deve ser ajustada, pausada ou encerrada.

Governança é essa disciplina de decisão.

A régua deve considerar impacto e autonomia

Duas dimensões ajudam a classificar praticamente qualquer uso de IA: **impacto e autonomia.**

Impacto é o que pode acontecer se a IA errar. O erro pode gerar apenas desconforto interno? Pode causar retrabalho? Pode afetar um cliente? Pode excluir alguém de uma oportunidade? Pode gerar dano financeiro? Pode criar discriminação? Pode afetar saúde, segurança, emprego, crédito, reputação ou acesso a serviços? Quanto maior a consequência, maior o risco.

Autonomia é o grau em que a IA informa, recomenda, decide ou age. Uma IA que apenas organiza informações para uma pessoa decidir tem baixa autonomia. Uma IA que recomenda e ranqueia alternativas tem autonomia intermediária. Uma IA que executa ações, altera registros, envia mensagens, aprova solicitações ou bloqueia transações tem autonomia maior.

Quando impacto e autonomia são baixos, a governança pode ser leve. Quando um deles sobe, a governança precisa subir junto. Quando ambos são altos, a organização está diante de uma iniciativa crítica.

Essa lógica é simples e poderosa. Ela ajuda o negócio a entender por que dois casos de uso com tecnologias parecidas podem ter tratamentos diferentes.

Uma IA generativa usada para rascunhar uma comunicação interna tem baixo impacto e baixa autonomia. A mesma tecnologia usada para responder automaticamente a reclamações sensíveis de clientes tem impacto maior e autonomia maior. Um modelo que classifica documentos para organização interna pode ter risco moderado. Um modelo parecido que classifica pessoas para acesso a oportunidades pode ter risco alto.

O risco não está no nome da tecnologia. Está no que ela faz e no que pode causar.

A trilha leve: velocidade com orientação

A trilha leve existe para permitir que a organização use IA de baixo risco com rapidez e responsabilidade.

Ela deve ser simples. Se for complexa demais, as pessoas deixarão de usá-la. O objetivo é criar um caminho oficial, fácil e seguro para casos de produtividade, apoio interno e experimentação controlada.

Nessa trilha, a organização normalmente exige registro básico, aderência à política de IA, uso apenas de ferramentas aprovadas, proibição de inserir dados sensíveis ou confidenciais quando não autorizado, revisão humana das saídas e monitoramento simples de uso. Em muitos casos, a aprovação pode ser automática ou feita pelo gestor responsável, desde que o caso esteja dentro dos critérios definidos.

A trilha leve funciona como uma via rápida da ponte.

Mas uma via rápida ainda tem regras. Não é um atalho fora da estrada. Ela permite velocidade porque as condições são conhecidas, o risco é limitado e os controles são padronizados.

Esse é o ponto mais importante: a trilha leve não existe para ignorar governança. Ela existe para aplicar a quantidade certa de governança a usos simples.

Quando bem desenhada, ela reduz a IA clandestina. As pessoas deixam de procurar ferramentas paralelas porque encontram um caminho corporativo que não as sufoca.

A trilha intermediária: evidência suficiente para processos relevantes

A trilha intermediária é usada quando a IA começa a influenciar processos importantes, clientes, indicadores de negócio ou decisões operacionais.

Ela exige mais coordenação entre áreas. O dono de negócio precisa explicar o valor esperado e o processo afetado. Tecnologia precisa avaliar viabilidade, integração e sustentação. Dados precisam ser analisados quanto a qualidade, origem e adequação. Segurança precisa validar acessos e arquitetura. Jurídico, privacidade, compliance ou riscos podem ser envolvidos conforme o contexto.

O objetivo dessa trilha não é criar um comitê pesado para tudo. É garantir que a organização tenha evidência suficiente antes de colocar a IA em um processo real.

Um caso de risco médio deve demonstrar que foi testado, que seus dados fazem sentido, que os usuários foram considerados, que existe revisão quando necessária, que há dono formal, que a solução pode ser monitorada e que existe um critério de sucesso.

A pergunta dessa trilha é: temos evidência suficiente para permitir que esta IA influencie um processo relevante sem exposição desnecessária?

Se a resposta for positiva, a iniciativa pode seguir. Se for incompleta, o caminho não precisa ser barrado imediatamente. Pode ser ajustado. Muitas vezes, governança boa não diz "não"; ela diz "complete estes pontos antes de avançar".

A trilha reforçada: controle para usos críticos

A trilha reforçada é reservada para casos de alto risco.

Nela, a organização precisa tratar a IA como um sistema crítico. Isso significa que a avaliação deve ser multidisciplinar, documentada e aprovada no nível adequado. O caso deve ter dono executivo, responsável técnico, avaliação de dados, avaliação de impacto, validação de segurança, análise de privacidade, análise jurídica, critérios de explicabilidade, supervisão humana, logs, monitoramento contínuo, gestão de incidentes e plano de revisão.

Essa trilha deve ser cuidadosa porque o impacto é maior, não porque a organização gosta de burocracia.

Esse ponto precisa ser comunicado com clareza. Se a governança reforçada for percebida apenas como obstáculo, o negócio tentará contorná-la. Mas, se for entendida como proteção proporcional, ela se torna parte da qualidade do produto, do processo e da decisão.

Casos de alto risco normalmente exigem evidências robustas antes da implantação e acompanhamento depois dela. A aprovação inicial não basta. O sistema precisa continuar sendo monitorado, porque dados mudam, usuários mudam, fornecedores mudam, contexto muda e modelos podem degradar.

Em alto risco, governança não é evento. É ciclo de vida.

A classificação deve ser simples o suficiente para ser usada

Uma régua de risco só funciona se as pessoas conseguirem usá-la.

Se a classificação for excessivamente técnica, o negócio dependerá sempre de especialistas para começar qualquer conversa. Se for vaga demais, cada área interpretará de um jeito. Se tiver níveis demais, a organização se perderá em debates improdutivos. Se for binária demais, deixará de capturar nuances importantes.

Na prática, uma régua com três níveis — baixo, médio e alto — costuma funcionar bem como ponto de partida. Algumas organizações podem adicionar uma categoria de uso vedado ou crítico, mas o essencial é que cada nível tenha critérios objetivos, exemplos claros, trilhas definidas, evidências mínimas e aprovadores correspondentes.

A régua precisa ser compreendida por quem propõe casos de uso, não apenas por quem aprova. O ideal é que uma área de negócio consiga fazer uma classificação preliminar antes mesmo de envolver todas as áreas de controle. Depois, a classificação pode ser confirmada ou ajustada pela governança.

Isso acelera a adoção porque cria previsibilidade.

Quando as pessoas sabem que tipo de uso cai em qual trilha, elas conseguem planejar melhor. Sabem quanto tempo pode levar, quem precisa participar, que documentação será exigida e que controles devem ser considerados desde o início.

A pior governança é aquela em que cada caso parece começar do zero.

A régua também educa a organização

A régua de risco não é apenas um instrumento de aprovação. É também uma ferramenta de letramento.

Ao classificar casos de uso, a organização ensina seus líderes e equipes a pensar melhor sobre IA. Aos poucos, as pessoas aprendem que risco não depende apenas da ferramenta, mas do contexto. Aprendem que dados sensíveis mudam o nível de cuidado. Aprendem que autonomia exige controles. Aprendem que impacto sobre pessoas exige revisão. Aprendem que fornecedores não eliminam responsabilidade. Aprendem que casos simples podem seguir rápido, mas casos críticos precisam de evidência.

Essa educação prática é mais poderosa do que uma política lida uma única vez.

Cada classificação vira uma conversa. Cada conversa melhora o julgamento coletivo. Com o tempo, a empresa cria uma cultura de discernimento. As áreas deixam de perguntar apenas "podemos usar IA?" e passam a perguntar "como usamos IA com o nível correto de responsabilidade?".

Esse é um salto de maturidade.

O risco de subestimar usos aparentemente simples

Um cuidado importante é não subestimar usos que parecem simples.

Algumas aplicações começam como apoio interno, mas rapidamente ganham impacto maior. Um assistente usado para redigir e-mails pode passar a produzir comunicações externas. Uma IA usada para resumir currículos pode começar a influenciar triagem de candidatos. Um chatbot interno pode ser conectado a bases sensíveis. Um agente que inicialmente agenda reuniões pode receber permissões para alterar registros, enviar mensagens ou executar tarefas em sistemas corporativos.

O risco muda quando o uso muda.

Por isso, a classificação não deve acontecer apenas uma vez. Toda mudança relevante de escopo, dados, público, autonomia, integração ou finalidade deve provocar reavaliação. Uma solução aprovada como baixo risco pode se tornar média ou alta se passar a usar dados sensíveis, atender clientes, influenciar decisões relevantes ou executar ações autônomas.

A governança precisa acompanhar a evolução do uso real.

Em IA, muitas soluções começam pequenas e crescem rápido. Sem reclassificação, a organização pode continuar aplicando controles leves a uma solução que já não é mais leve.

O risco de exagerar controles em usos simples

O erro oposto também é comum.

Algumas organizações ficam tão preocupadas com IA que tentam submeter qualquer uso a avaliações longas, com múltiplas aprovações, comitês e documentos. Isso pode parecer prudente, mas costuma produzir efeitos ruins.

Primeiro, a inovação desacelera. Segundo, as áreas passam a enxergar governança como inimiga. Terceiro, usuários procuram ferramentas externas ou informais. Quarto, as áreas de controle perdem tempo com casos pequenos e deixam de se dedicar aos realmente críticos. Quinto, a organização cria um discurso de responsabilidade, mas incentiva a clandestinidade.

Governança proporcional evita esse problema.

Ela reconhece que um uso individual de produtividade, sem dados sensíveis e sem impacto decisório, não precisa da mesma análise de um sistema que afeta crédito, emprego, saúde ou segurança. A leveza dos casos simples não é descuido. É foco.

Em governança de IA, excesso de controle também é risco. Porque controle mal calibrado reduz aderência e empurra a organização para fora do sistema formal.

A evidência mínima deve acompanhar o risco

A régua de risco define quanta evidência a organização precisa antes de aprovar, operar ou escalar uma solução.

Em baixo risco, a evidência pode ser simples. A organização precisa saber quem está usando, para qual finalidade, com qual ferramenta aprovada e sob quais limites. Precisa garantir que os usuários conhecem a política e revisam os resultados.

Em médio risco, a evidência precisa demonstrar que o caso tem valor, dono, dados adequados, testes, segurança, revisão proporcional, monitoramento e responsabilidade clara.

Em alto risco, a evidência deve ser robusta. A organização precisa demonstrar que avaliou impacto, dados, vieses, explicabilidade, segurança, privacidade, fornecedor, supervisão humana, logs, incidentes, monitoramento e aprovação executiva.

Essa lógica é importante porque governança não é apenas intenção. É demonstração.

Se a empresa for questionada por um cliente, regulador, auditor, investidor, colaborador ou conselho, precisará mostrar como decidiu. Precisará demonstrar que classificou o risco, aplicou controles proporcionais e acompanhou o uso. Sem evidência, a governança vira discurso.

A pergunta não é apenas "fizemos o certo?". A pergunta também é: conseguimos demonstrar que fizemos o certo?

Fornecedores não reduzem automaticamente o risco

Muitas organizações imaginam que comprar uma solução de um fornecedor reduz o trabalho de governança. Em alguns casos, pode reduzir esforço técnico. Mas não elimina responsabilidade.

Um fornecedor pode oferecer modelo, plataforma, infraestrutura, soberania, latência, suporte e documentação. Ainda assim, a organização precisa avaliar se o uso é adequado ao seu contexto, se os dados serão tratados corretamente, se os termos contratuais são aceitáveis, se a solução é segura, se há explicabilidade suficiente, se existem logs, se o fornecedor usa subcontratados, se os dados serão usados para treinar modelos, se há dependência tecnológica e se o sistema afeta decisões relevantes.

A régua de risco deve ser aplicada também a soluções compradas.

Um software de RH com IA embarcada pode ser alto risco se influenciar contratação ou avaliação. Uma plataforma de marketing pode ser média ou alta dependendo do uso de dados pessoais e do nível de personalização. Um sistema de atendimento pode se tornar crítico se responder clientes em temas sensíveis. Um mecanismo de decisão contratado não deixa de ser responsabilidade da empresa que o utiliza.

Terceirizar tecnologia não é terceirizar accountability.

O nível de avaliação do fornecedor deve acompanhar o nível de risco do caso de uso.

Como a régua deve aparecer no processo de IA

A classificação de risco deve acontecer logo no início do ciclo de vida da iniciativa.

Quando uma área propõe um caso de uso, deve descrever o problema, o valor esperado, os dados envolvidos, o papel da IA, o grau de autonomia, o público impactado e o processo afetado. Com essas informações, a organização realiza uma classificação preliminar de risco.

Essa classificação define a trilha.

Se o caso for baixo risco, segue por um caminho leve. Se for médio risco, exige validações adicionais. Se for alto risco, aciona avaliação reforçada e aprovação adequada. Se cair em zona vedada ou incompatível com o apetite da organização, deve ser interrompido ou redesenhado.

Depois, a classificação deve ser revisitada em momentos-chave: antes do piloto, antes da entrada em produção, quando houver mudança de escopo, quando novos dados forem incorporados, quando a autonomia aumentar, quando o público impactado mudar ou quando houver incidente relevante.

Risco não é uma etiqueta fixa. É uma avaliação contextual.

A solução pode começar em uma categoria e migrar para outra conforme amadurece ou muda de finalidade. A governança precisa estar atenta a isso.

O PAPEL DO NEGÓCIO NA CLASSIFICAÇÃO

O negócio não deve esperar que tecnologia, jurídico ou compliance classifiquem tudo sozinhos.

A área de negócio conhece o processo, o cliente, a operação, a margem, a experiência, as consequências práticas e os impactos de uma decisão errada. Portanto, ela é essencial para avaliar risco.

Muitas vezes, somente o negócio sabe o que realmente acontece se um sistema prioriza mal um cliente, recomenda uma oferta inadequada, erra uma previsão de demanda, classifica incorretamente um chamado ou altera o fluxo de atendimento. A tecnologia pode explicar como o sistema funciona. Mas o negócio precisa explicar o que aquele funcionamento significa na prática.

A governança ideal combina esses olhares.

O negócio descreve impacto e valor. Tecnologia descreve viabilidade e limitações. Dados avaliam qualidade e adequação. Segurança avalia exposição. Jurídico e privacidade avaliam obrigações e restrições. Compliance e riscos avaliam aderência ao apetite da organização. Auditoria pode avaliar evidências e controles. A liderança decide prioridades e aprova riscos relevantes.

A régua funciona melhor quando todos enxergam o mesmo caso por ângulos diferentes.

O PAPEL DO CONSELHO E DA ALTA LIDERANÇA

A alta liderança e o conselho não devem classificar cada caso de uso individualmente. Isso seria inviável e desnecessário. Seu papel é garantir que a régua exista, que seja aplicada, que esteja alinhada ao apetite de risco e que os casos de maior criticidade cheguem ao nível correto de supervisão.

O conselho deve se preocupar com perguntas como: a organização tem inventário de usos de IA? Os casos são classificados por risco? Existe uma trilha clara para baixo, médio e alto risco? Há critérios para usos vedados? Casos de alto risco passam por aprovação adequada? Há monitoramento depois da implantação? Incidentes são reportados? Fornecedores críticos são avaliados? O apetite de risco está claro?

A alta liderança, por sua vez, precisa patrocinar a aplicação da régua. Se executivos pressionam por velocidade ignorando classificação de risco, a governança perde força. Se líderes tratam todos os casos como burocracia, as áreas aprendem a contornar o processo. Se a liderança valoriza decisões bem fundamentadas, a régua se torna parte da cultura.

A régua de risco só funciona quando é respeitada nos momentos difíceis.

É fácil aplicá-la em casos pequenos. O verdadeiro teste ocorre quando há pressão por resultado, urgência comercial, promessa de economia relevante ou entusiasmo com uma solução de fornecedor. Nessas horas, a organização descobre se a governança é real ou apenas decorativa.

. . .

UMA RÉGUA SIMPLES PARA COMEÇAR

Uma organização que está começando não precisa criar uma taxonomia perfeita desde o primeiro dia. Pode começar com uma régua simples, compreensível e aplicável.

Baixo risco é o uso em que a IA apoia produtividade individual ou análise interna, sem dados sensíveis, sem decisão relevante, sem cliente diretamente impactado e sem ação autônoma. A trilha deve ser leve, com política de uso, ferramenta aprovada, revisão humana e registro quando necessário.

Médio risco é o uso em que a IA influencia processos, clientes, indicadores ou decisões operacionais, mas com impacto controlável, supervisão humana e possibilidade de correção. A trilha deve exigir dono formal, análise de dados, testes, segurança, privacidade quando aplicável, documentação e monitoramento.

Alto risco é o uso em que a IA afeta ou pode afetar direitos, oportunidades, acesso, preço, emprego, crédito, saúde, segurança, reputação crítica, obrigações regulatórias ou decisões sensíveis. A trilha deve exigir avaliação de impacto, validação reforçada, supervisão humana real, logs, controles robustos, governança de fornecedores e aprovação executiva.

Essa régua simples já resolve boa parte do problema.

Com o tempo, a organização pode sofisticar os critérios, criar subcategorias, automatizar o registro, desenvolver questionários, integrar a classificação ao portfólio de projetos, criar painéis executivos e conectar a régua ao inventário corporativo de IA.

O importante é começar com algo que as pessoas consigam usar.

Checklist executivo: perguntas para classificar o risco

Antes de definir a trilha de governança, a organização deve responder:

- Qual é a finalidade do uso de IA?
- A IA apenas informa, recomenda, classifica, gera conteúdo, automatiza ou executa ações?
- A solução influencia alguma decisão relevante?

- A solução pode afetar clientes, colaboradores, fornecedores ou terceiros?
- O uso pode afetar direitos, oportunidades, renda, acesso, preço, crédito, emprego, saúde, segurança ou reputação?
- Quais dados serão usados?
- Há dados pessoais, sensíveis, confidenciais, estratégicos ou regulados?
- Os dados são adequados, necessários e proporcionais à finalidade?
- A IA terá autonomia para agir em sistemas ou apenas apoiará uma pessoa?
- Haverá revisão humana real antes de decisões ou ações relevantes?
- O resultado da IA será usado internamente ou comunicado externamente?
- A solução será usada em processo crítico para a organização?
- O erro pode causar dano financeiro, jurídico, operacional, reputacional, regulatório ou humano?
- O erro pode ser percebido e corrigido rapidamente?
- Existe possibilidade de contestação por quem for impactado?
- Há fornecedor envolvido?
- O fornecedor acessará dados da organização ou de clientes?
- A solução poderá ser monitorada depois da implantação?
- A organização consegue registrar evidências de decisão, teste e controle?

Se muitas respostas indicam impacto relevante, dados sensíveis, autonomia, baixa capacidade de correção ou efeito sobre pessoas, o caso deve subir na régua.

Checklist executivo: evidência mínima por trilha

Para casos de baixo risco, a evidência mínima deve incluir:

- Descrição simples do uso pretendido.
- Confirmação de que a ferramenta é aprovada.
- Confirmação de que não serão usados dados sensíveis ou confidenciais não autorizados.
- Orientação de revisão humana das saídas.
- Aderência à política corporativa de IA.
- Registro simples quando o uso for recorrente ou departamental.

Para casos de médio risco, a evidência mínima deve incluir:

- Caso de negócio e métrica de valor.
- Dono de negócio formal.
- Responsável técnico.
- Descrição dos dados utilizados.
- Avaliação básica de privacidade e segurança.
- Testes antes do uso real.
- Critérios de revisão humana.
- Documentação mínima do funcionamento e das limitações.
- Plano de monitoramento.
- Critério de revisão, ajuste ou desligamento.

Para casos de alto risco, a evidência mínima deve incluir:

- Avaliação de impacto.
- Classificação formal de risco.
- Análise de dados, qualidade, finalidade e vieses.
- Avaliação jurídica, privacidade, compliance e segurança.
- Validação técnica reforçada.
- Critérios de explicabilidade adequados ao contexto.
- Supervisão humana real e documentada.
- Logs e trilhas de auditoria.
- Gestão de fornecedor, se aplicável.

- Plano de incidentes e contingência.
- Monitoramento contínuo de valor, desempenho, risco e impacto.
- Aprovação executiva ou de comitê competente.
- Reavaliação periódica.

Essa evidência não deve ser tratada como papelada. Ela é a memória da decisão. É o que permite demonstrar que a organização entendeu o risco e aplicou controles proporcionais.

Checklist executivo: sinais de que o risco pode estar subestimado

A classificação preliminar deve ser revista quando aparecerem sinais como:

- A IA passou a usar dados pessoais ou sensíveis.
- A IA deixou de apoiar uma pessoa e passou a executar uma ação.
- A solução saiu de uso interno e passou a interagir com clientes.
- A resposta da IA passou a ser usada sem revisão humana.
- O caso começou a influenciar preço, acesso, crédito, emprego, atendimento ou elegibilidade.
- O fornecedor terá acesso a dados estratégicos ou confidenciais.
- A solução será integrada a sistemas críticos.
- Usuários começaram a usar a ferramenta para finalidades diferentes das aprovadas.
- A solução passou a operar em escala maior do que a prevista.
- Houve erro, reclamação, incidente, viés percebido ou comportamento inesperado.
- O processo passou a depender da IA para funcionar.

- A organização não consegue explicar ou auditar decisões relevantes.

Quando um desses sinais aparece, a pergunta não é "quem autorizou?". A pergunta correta é: a classificação de risco ainda é válida?

Ponto de decisão

Classifique o risco antes de escolher tecnologia.

A classificação define a trilha de governança, os controles necessários, os aprovadores, a evidência mínima, o nível de supervisão humana, o monitoramento e os critérios de revisão.

Quando a organização faz isso bem, ela ganha velocidade nos casos simples e profundidade nos casos críticos. Esse é o coração da governança proporcional.

RÉGUA DE RISCO SIMULADO

A seguir você encontra um app capaz de te ajudar a classificar o risco de uma iniciativa de IA. Clique no link ou leia o QR para acessar.

https://risk-ruler-app.lovable.app/

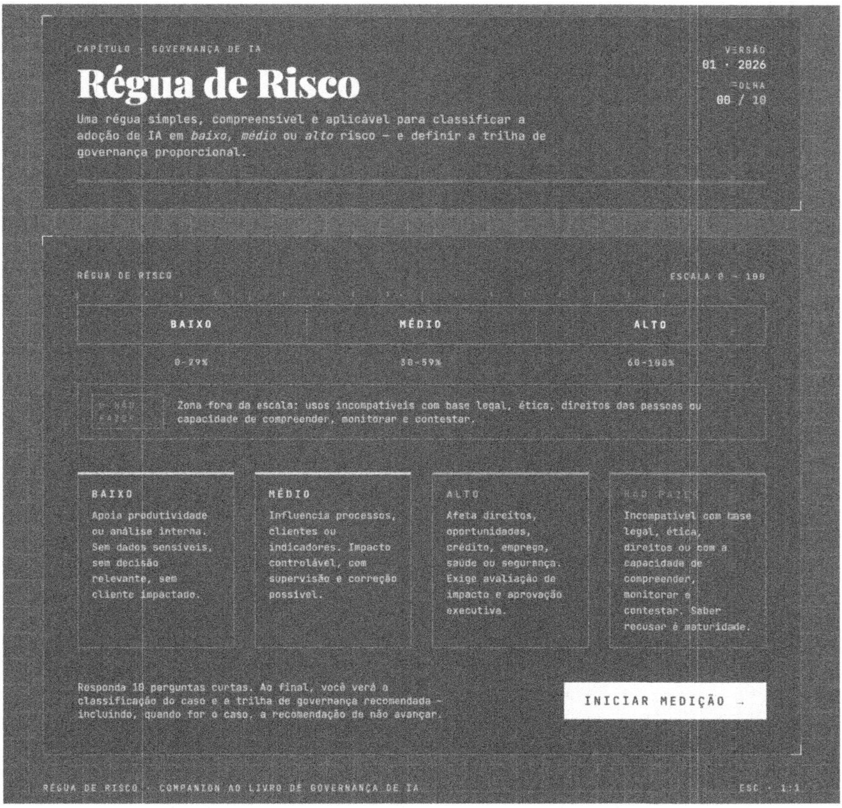
CAPÍTULO · GOVERNANÇA DE IA
Régua de Risco
Uma régua simples, compreensível e aplicável para classificar a adoção de IA em baixo, médio ou alto risco — e definir a trilha de governança proporcional.
VERSÃO
01 · 2026
00 / 10
RÉGUA DE RISCO
ESCALA 0 – 100
BAIXO
MÉDIO
ALTO
0-29%
30-59%
60-100%
Zona fora da escala: usos incompatíveis com base legal, ética, direitos das pessoas ou capacidade de compreender, monitorar e contestar.
BAIXO
Apoia produtividade ou análise interna. Sem dados sensíveis, sem decisão relevante, sem cliente impactado.
MÉDIO
Influencia processos, clientes ou indicadores. Impacto controlável, com supervisão e correção possível.
ALTO
Afeta direitos, oportunidades, crédito, emprego, saúde ou segurança. Exige avaliação de impacto e aprovação executiva.
Incompatível com base legal, ética, direitos ou com a capacidade de compreender, monitorar e contestar. Saber recusar é maturidade.
Responda 10 perguntas curtas. Ao final, você verá a classificação do caso e a trilha de governança recomendada — incluindo, quando for o caso, a recomendação de não avançar.
INICIAR MEDIÇÃO →
RÉGUA DE RISCO · COMPANION AO LIVRO DE GOVERNANÇA DE IA
ESC · 1:1

MIT AI RISK INITIATIVE (M.I.T - REPOSITÓRIO DE RISCO)

O M.I.T possui uma iniciativa pública chamada MIT AI RISK INITIATIVE que mapeia os principais riscos do uso da IA no mundo. É um portal público e diariamente autorizado, sendo o principal repositório e centro de estudos de riscos da IA atualmente (2026).

Acesse o portal e saiba mais: https://airisk.mit.edu/

Read more: airisk.mit.edu

MIT AI Risk Repository - Domain Taxonomy of AI risks

Domain / Subdomain	
1	***Discrimination & Toxicity***
1.1	Unfair discrimination and misrepresentation
1.2	Exposure to toxic content
1.3	Unequal performance across groups
2	***Privacy & Security***
2.1	Compromise of privacy by obtaining, leaking or correctly inferring sensitive information
2.2	AI system security vulnerabilities and attacks
3	***Misinformation***
3.1	False or misleading information
3.2	Pollution of information ecosystem and loss of consensus reality
4	***Malicious actors & Misuse***
4.1	Disinformation, surveillance, and influence at scale
4.2	Cyberattacks, weapon development or use, and mass harm
4.3	Fraud, scams, and targeted manipulation

Domain / Subdomain	
5	***Human-Computer Interaction***
5.1	Overreliance and unsafe use
5.2	Loss of human agency and autonomy
6	***Socioeconomic & Environmental Harms***
6.1	Power centralization and unfair distribution of benefits
6.2	Increased inequality and decline in employment quality
6.3	Economic and cultural devaluation of human effort
6.4	Competitive dynamics
6.5	Governance failure
6.6	Environmental harm
7	***AI system safety, failures, and limitations***
7.1	AI pursuing its own goals in conflict with human goals or values
7.2	AI possessing dangerous capabilities
7.3	Lack of capability or robustness
7.4	Lack of transparency or interpretability
7.5	AI welfare and rights
7.6	Multi-agent risks

CAPÍTULO 7

CICLO DE ADOÇÃO DA IA

O CICLO **DA ADOÇÃO RESPONSÁVEL**

Da ideia ao valor, sem perder o controle

A adoção de inteligência artificial não é um evento. É um ciclo de decisões.

Essa frase parece simples, mas muda profundamente a forma como uma organização lida com IA. Muitas empresas ainda tratam IA como se fosse uma iniciativa pontual: escolher uma ferramenta, fazer um piloto, apresentar resultados e, se tudo parecer interessante, colocar em produção. Essa lógica pode funcionar para algumas tecnologias tradicionais, mas é insuficiente para IA.

A IA muda ao longo do tempo. Os dados mudam. O comportamento dos usuários muda. O contexto de negócio muda. Os fornecedores mudam. Os riscos mudam. O desempenho do modelo pode degradar. A forma como as pessoas usam a solução pode se distanciar da intenção original. Uma aplicação que parecia simples pode se tornar crítica quando passa a influenciar decisões, clientes, processos ou ações em sistemas corporativos.

Por isso, a adoção responsável de IA precisa ser tratada como um ciclo de vida.

Esse ciclo começa antes da tecnologia. Começa com uma pergunta de negócio: qual problema vale a pena resolver? Depois, avança para o enquadramento: quem será afetado, qual é a finalidade, quais dados serão usados, qual risco existe e qual valor se espera gerar. Em seguida, vem o desenho da solução: comprar, construir ou combinar? Depois, o piloto: testar valor, qualidade, adoção, segurança e risco. Só então vem a produção: integrar, treinar, monitorar, medir e sustentar. Por fim, vem a melhoria contínua: ajustar, auditar, aprender, escalar ou, quando necessário, aposentar.

O ciclo parece simples, mas protege a organização contra dois extremos perigosos.

O primeiro extremo é a paralisia. A organização passa meses estudando, criando comitês, escrevendo políticas, avaliando riscos e discutindo possibilidades, mas nunca entrega valor. Tudo parece importante, tudo parece arriscado, tudo exige mais uma análise. A governança vira sinônimo de atraso.

O segundo extremo é a euforia. A organização entrega rápido, contrata ferramentas, libera usos, conecta sistemas, automatiza fluxos e só depois descobre que não sabe quais dados foram usados, quem aprovou, quem responde, qual risco assumiu, como monitorar, como corrigir ou como demonstrar conformidade. A inovação vira exposição.

A governança madura evita os dois extremos.

Ela cria velocidade com direção. Permite avançar rápido nos casos simples, exige profundidade nos casos sensíveis e mantém evidências suficientes para que a organização aprenda, audite e melhore. A boa governança não transforma cada ideia em um processo pesado. Também não permite que qualquer ideia vire operação sem critério. Ela organiza a travessia.

O ciclo começa com o problema, não com a ferramenta

Toda adoção responsável de IA deve começar por uma pergunta anterior à tecnologia: qual problema queremos resolver?

Essa pergunta parece óbvia, mas é frequentemente ignorada.

Muitas iniciativas de IA começam porque uma ferramenta ficou disponível, porque um fornecedor apresentou uma demonstração impressionante, porque um executivo ouviu falar de um caso de sucesso ou porque a concorrência parece estar avançando. O entusiasmo é compreensível. Mas, quando a organização começa pela ferramenta, corre o risco de procurar um problema que justifique a tecnologia.

A lógica correta é inversa.

A empresa deve **começar pela dor de negócio**. Existe uma decisão lenta, cara ou imprecisa? Existe um processo repetitivo que consome tempo? Existe uma experiência de cliente que pode ser melhorada? Existe desperdício operacional? Existe risco que poderia ser detectado antes? Existe uma grande quantidade de documentos, conversas ou dados que humanos não conseguem analisar com velocidade suficiente? Existe uma oportunidade de personalização, previsão, recomendação, automação ou geração de conteúdo?

Quando o problema é claro, a IA deixa de ser uma moda e passa a ser uma hipótese de solução.

Essa distinção é crítica. IA não deve ser usada porque é sofisticada. Deve ser usada porque amplia uma capacidade relevante da organização. Pode ampliar a capacidade de observar, analisar, decidir, produzir, interagir ou executar. Mas, antes de ampliar qualquer capacidade, é preciso saber qual capacidade importa.

A fase de ideação, portanto, não é uma chuva livre de ferramentas. É uma conversa estruturada sobre problemas, valor e prioridade.

Um bom caso de uso nasce quando alguém consegue explicar, em linguagem simples, o que está errado ou incompleto no processo atual, quem sofre com isso, quanto isso custa, que valor pode ser gerado e por que IA pode ser uma alternativa melhor do que uma solução mais simples.

Nem todo problema precisa de IA. Às vezes, a resposta é uma regra melhor, uma integração entre sistemas, um painel de indicadores, uma automação tradicional, uma revisão de processo ou um treinamento. A maturidade está justamente em saber diferenciar.

O ciclo responsável começa quando a organização pergunta: vale tentar IA aqui ou existe um caminho mais simples, barato e controlável?

Da ideia ao enquadramento: transformar entusiasmo em hipótese

Depois que uma ideia surge, ela precisa ser enquadrada.

Enquadrar significa dar contorno à iniciativa antes de investir tempo, dinheiro e reputação nela. É sair da frase genérica "vamos usar IA para melhorar atendimento" e avançar para uma definição mais precisa: qual parte do atendimento será impactada, que tipo de pergunta será respondida, quais clientes estarão envolvidos, quais dados serão usados, qual canal será afetado, que riscos existem, que resultado será medido e quem será responsável.

Sem enquadramento, a ideia continua ampla demais para ser governada.

Essa etapa é o primeiro filtro de maturidade. Muitas ideias parecem excelentes enquanto estão no nível da intenção. Quando a organização começa a perguntar finalidade, dados, impacto, risco, autonomia, usuário e métrica, algumas continuam fortes; outras se mostram vagas, frágeis ou prematuras.

Isso não é ruim. Pelo contrário. Uma das funções da governança é ajudar a organização a matar cedo as ideias ruins, ajustar as incompletas e priorizar as promissoras.

O enquadramento deve responder a algumas perguntas essenciais. Qual é a finalidade da IA? Ela vai informar, recomendar, classificar, gerar conteúdo, conversar, automatizar ou agir? Quem será impactado? Clientes, colaboradores, fornecedores, parceiros ou apenas usuários internos? Quais dados serão necessários? Há dados pessoais, sensíveis, confidenciais ou estratégicos? A solução influenciará alguma decisão relevante? O que acontece se a IA errar? Haverá revisão humana? O uso será interno ou externo? O caso envolve fornecedor? O processo é crítico? O valor esperado é mensurável?

Essas perguntas não existem para bloquear a iniciativa. Elas existem para entender que tipo de iniciativa está diante da organização.

Um assistente interno para apoiar produtividade tem uma trilha. Um sistema que recomenda preços personalizados tem outra. Um chatbot que responde dúvidas simples tem uma trilha. Um agente que executa ações em sistemas corporativos tem outra. Um modelo que apoia triagem de candidatos, crédito, saúde, segurança ou decisões sensíveis exige muito mais cuidado.

A fase de enquadramento conecta o ciclo da adoção responsável à régua de risco.

Antes de escolher tecnologia, a organização precisa entender o risco. Antes de discutir fornecedor, precisa entender o impacto. Antes de desenhar arquitetura, precisa entender finalidade e dados. Antes de fazer piloto, precisa saber que aprendizado será necessário para decidir se vale escalar.

Essa é a passagem do entusiasmo para a hipótese.

A ideia diz: "isso pode ser interessante".

O enquadramento pergunta: "interessante para resolver qual problema, com qual risco e com qual evidência esperada?"

A avaliação: risco, dados, ética, segurança e viabilidade

Depois de enquadrar o caso, a organização precisa avaliar se ele deve seguir.

Essa avaliação não precisa ter sempre o mesmo peso. Casos de baixo risco podem passar por uma validação simples. Casos de médio risco exigem mais evidência. Casos de alto risco pedem uma avaliação reforçada. O ponto central é que toda iniciativa precisa ser analisada antes de avançar para piloto ou produção.

A avaliação combina **cinco dimensões.**

A **primeira é valor**. A organização precisa entender se o caso de uso tem relevância suficiente. A IA resolverá uma dor real ou apenas criará uma demonstração interessante? O benefício esperado é claro? Existe uma métrica de sucesso? O valor será medido em produtividade, receita, custo, qualidade, experiência, risco, velocidade ou capacidade estratégica?

A **segunda é dados.** Toda IA depende de dados, mesmo quando usa modelos prontos. A organização precisa saber quais informações serão usadas, de onde vêm, se são necessárias, se têm qualidade, se estão atualizadas, se são representativas, se podem ser usadas para aquela finalidade e se estão protegidas. Quando há dados pessoais, sensíveis, estratégicos ou regulados, o nível de cuidado aumenta.

A **terceira é risco e ética**. A organização precisa avaliar quem pode ser prejudicado, de que forma e com qual gravidade. O caso pode gerar discriminação, exclusão, erro relevante, manipulação indevida, exposição de dados, dano reputacional ou impacto sobre direitos e oportunidades? Existe possibilidade de contestação? Há revisão humana real? O sistema será compreensível o suficiente para o contexto?

A **quarta é segurança.** IA pode criar novas superfícies de ataque, especialmente quando envolve IA generativa, agentes, APIs, integrações, bases internas, embeddings, logs, credenciais ou execução de ações. A solução precisa ser avaliada quanto a acesso, proteção de dados, ambientes, fornecedores, integrações, permissões, monitoramento e resposta a incidentes.

A **quinta é viabilidade operacional.** Uma solução pode ser desejável e tecnicamente possível, mas inviável no contexto real da empresa. Pode depender de dados que não existem, de integração complexa demais, de usuários que não têm tempo para revisar, de orçamento não previsto, de suporte inexistente ou de um processo que ainda não está maduro. A avaliação precisa olhar para a operação, não apenas para o modelo.

Essa etapa é onde a governança começa a produzir valor antes mesmo da IA entrar em funcionamento.

Ela evita que a empresa invista em casos frágeis. Evita que riscos apareçam tarde. Evita que fornecedores sejam escolhidos sem critérios. Evita que pilotos sejam feitos com dados inadequados. Evita que áreas de controle sejam chamadas apenas no final. Evita que a empresa confunda possibilidade técnica com prontidão organizacional.

A pergunta desta fase é: **temos valor suficiente, dados adequados, risco compreendido e viabilidade mínima para avançar?**

Comprar, construir ou combinar

Uma vez que o caso de uso faz sentido, surge uma decisão importante: comprar, construir ou combinar.

Essa decisão não é apenas técnica. É estratégica, econômica, operacional e de governança.

Comprar pode ser o caminho mais rápido quando o problema é comum, o mercado já oferece soluções maduras e a organização não precisa diferenciar profundamente aquele processo. Ferramentas de produtividade, copilotos, automação de atendimento, análise documental, detecção de fraude, plataformas de marketing, soluções de RH e sistemas com IA embarcada podem ser adquiridos de fornecedores. A vantagem é velocidade. O risco é dependência, baixa transparência, limitações contratuais, uso de dados pelo fornecedor, dificuldade de customização e integração com processos internos.

Construir pode ser adequado quando o caso de uso é estratégico, diferenciado, sensível ou profundamente conectado ao modelo de negócio. Nesse caminho, a organização tem mais controle sobre dados, arquitetura, modelo, explicabilidade, integração e evolução. A vantagem é diferenciação e controle. O risco é custo, tempo, necessidade de talentos, complexidade de sustentação e responsabilidade integral pela operação.

Combinar costuma ser o caminho mais realista para muitas organizações. A empresa usa modelos, plataformas ou APIs de mercado, mas cria camadas próprias de dados, contexto, regras, integração, segurança, monitoramento e experiência do usuário. Esse modelo permite acelerar sem abrir mão de controle. Também exige boa arquitetura e clareza sobre responsabilidades.

A escolha entre comprar, construir ou combinar deve ser guiada por perguntas práticas. O caso é estratégico ou comum? A solução pronta atende ao processo real? Os dados envolvidos são sensíveis? O fornecedor é confiável? A organização precisa de explicabilidade? Há risco de dependência excessiva? A solução precisa se integrar a sistemas críticos? O custo total faz sentido? A empresa tem capacidade de sustentar o que pretende construir?

Em IA, essa decisão também deve considerar governança de fornecedores. Comprar uma solução não elimina accountability. Se uma ferramenta de terceiros influencia decisões da empresa, a responsabilidade pelo uso continua sendo da organização. O fornecedor pode operar a tecnologia, mas a empresa continua responsável pela finalidade, pelos dados, pelo impacto, pela comunicação com clientes, pela conformidade e pela resposta a problemas.

Por isso, a pergunta não é apenas "qual solução funciona melhor?". A pergunta é: qual arranjo tecnológico nos permite gerar valor com controle suficiente?

O piloto: aprender antes de escalar

O piloto é uma etapa essencial do ciclo, mas precisa ser entendido corretamente.

Um piloto de IA não deve ser apenas uma demonstração. Deve ser um experimento de decisão. Ele existe para reduzir incerteza e produzir evidência suficiente para que a organização escolha entre escalar, ajustar, pausar ou encerrar.

A pergunta do piloto não é "conseguimos fazer funcionar?". Muitas vezes, sim, é possível fazer funcionar em ambiente controlado. A pergunta mais importante é: aprendemos o suficiente para decidir se vale escalar?

Um bom piloto testa valor, qualidade, adoção, custo, risco e viabilidade de escala. Ele observa se a IA melhora uma métrica relevante, se os dados sustentam a solução, se os usuários conseguem incorporar a ferramenta à rotina, se os erros são aceitáveis, se os controles funcionam, se a revisão humana é viável, se a segurança é adequada e se a organização consegue operar a solução depois.

O piloto deve ter escopo limitado, mas não deve ser artificial ao ponto de esconder a realidade. Se ele usa apenas dados perfeitos, usuários altamente engajados e situações sem exceção, talvez prove pouco sobre a adoção real. Por outro lado, se tenta testar tudo ao mesmo tempo, pode se tornar lento, caro e inconclusivo.

O equilíbrio está em desenhar um piloto mínimo governado.

Mínimo porque tem escopo reduzido, prazo definido, usuários delimitados e hipóteses claras. Governado porque já respeita limites de dados, segurança, risco, revisão humana, responsabilidade e registro de evidências.

Essa é uma diferença importante. Um piloto não precisa ter todos os controles de uma solução crítica em produção, mas precisa ter governança suficiente para não gerar risco desnecessário e para produzir aprendizado confiável.

Ao final do piloto, a organização deve evitar a armadilha da apresentação bonita. A apresentação pode ser útil para comunicar aprendizados, mas não deve ser o produto final. O produto final do piloto é uma decisão.

Se o valor foi demonstrado, os riscos são controláveis e há caminho de escala, a decisão pode ser escalar. Se a hipótese continua promissora, mas existem ajustes necessários, a decisão pode ser redesenhar. Se faltam condições estruturais, como dados, arquitetura, patrocínio ou orçamento, a decisão pode ser pausar. Se a solução não gera valor suficiente ou cria risco incompatível, a decisão deve ser encerrar.

Encerrar um piloto com base em evidência não é fracasso. É governança funcionando.

A entrada em produção: quando a IA passa a fazer parte da empresa

Colocar uma IA em produção é muito diferente de testá-la.

Na produção, a solução passa a lidar com usuários reais, dados reais, pressão real, exceções reais, custos reais e responsabilidades reais. Ela deixa de ser uma experiência controlada e passa a integrar o sistema operacional da organização.

Essa transição exige cuidado.

A entrada em produção deve confirmar que o caso tem dono de negócio, responsável técnico, arquitetura definida, controles aplicados, usuários treinados, métricas estabelecidas, suporte preparado, documentação mínima e rotina de monitoramento. Também deve confirmar que a classificação de risco continua válida. Às vezes, uma solução testada como risco médio pode se tornar alto risco quando muda de escopo, público, autonomia ou dados.

Produção não é apenas "ligar a ferramenta".

É integrar a IA a um processo de trabalho. É definir quem faz o quê. É preparar pessoas. É criar rotas de exceção. É estabelecer limites. É registrar decisões. É saber quando a IA deve encaminhar para um humano. É garantir que os usuários saibam revisar respostas. É definir o que acontece quando o sistema erra. É preparar suporte. É medir valor e risco.

Essa etapa também exige atenção à mudança organizacional.

Muitos projetos de IA falham não porque o modelo é ruim, mas porque a solução não se encaixa na rotina. Se o usuário precisa sair de seu fluxo normal, copiar dados, interpretar uma resposta longa, revisar tudo manualmente e depois retornar ao sistema original, talvez a promessa de produtividade desapareça. Se o usuário não entende como a recomendação foi produzida, pode desconfiar. Se confia demais, pode aceitar respostas sem julgamento. Se sente que a IA ameaça seu papel, pode resistir. Se não recebe treinamento, pode usar mal.

A adoção responsável exige que a empresa trate IA como mudança de trabalho, não apenas como implantação de tecnologia.

A pergunta da entrada em produção é: esta solução está pronta para operar com segurança, utilidade e responsabilidade no fluxo real da empresa?

Operar: monitorar valor, risco e comportamento

Depois que a IA entra em produção, a governança não termina. Na verdade, uma parte importante da governança começa.

Sistemas de IA precisam ser monitorados porque podem mudar de comportamento ou de relevância ao longo do tempo. O modelo pode degradar. Os dados podem se desviar. O contexto pode mudar. Usuários podem adotar a solução de forma diferente da prevista.

Fornecedores podem alterar funcionalidades. Custos podem crescer. Riscos podem aparecer. A solução pode deixar de gerar valor.

A operação responsável deve monitorar pelo menos quatro dimensões.

A primeira é valor. A IA está entregando o benefício esperado? Está reduzindo tempo, custo, erro, retrabalho ou risco? Está aumentando conversão, produtividade, satisfação, qualidade ou velocidade? O valor medido confirma o business case ou apenas a intenção inicial?

A segunda é qualidade. As saídas continuam corretas, úteis, consistentes e adequadas ao contexto? O modelo mantém desempenho? As respostas geradas são revisadas? As recomendações estão sendo aceitas? Há aumento de erros, exceções ou reclamações?

A terceira é risco. Surgiram vieses, incidentes, usos indevidos, vazamentos, reclamações, decisões contestadas, problemas de segurança ou desvios em relação à política? A revisão humana continua funcionando? Os logs são suficientes? Há evidência de controle?

A quarta é uso. As pessoas realmente utilizam a solução? Usam da forma prevista? Estão contornando o sistema? Estão confiando demais? Estão ignorando recomendações? Estão usando a ferramenta para finalidades não aprovadas?

Essa visão é essencial porque uma IA pode estar tecnicamente disponível e, ainda assim, não gerar valor. Também pode estar gerando valor e, ao mesmo tempo, acumulando risco. Pode estar sendo usada, mas de forma diferente da prevista. Pode estar produzindo ganhos em um indicador e perdas em outro.

Monitorar IA não é apenas acompanhar acurácia. É acompanhar o sistema vivo.

A pergunta da operação é: a IA continua funcionando como deveria, gerando valor dentro dos limites de risco definidos?

Melhorar, auditar, aprender e aposentar

A última fase do ciclo é a melhoria contínua.

Toda IA em operação deve ter uma rotina de revisão. Essa revisão pode ser simples nos casos de baixo risco e robusta nos casos críticos.

O importante é que a organização não trate a aprovação inicial como uma autorização permanente e imutável.

Com o tempo, a solução pode precisar de ajustes. O modelo pode ser recalibrado. A base de conhecimento pode ser atualizada. Os prompts podem ser refinados. As regras de negócio podem mudar. Os controles podem ser reforçados. A interface pode ser melhorada. O treinamento dos usuários pode ser ampliado. O fornecedor pode precisar ser reavaliado. A documentação pode ser atualizada. A classificação de risco pode mudar.

Também pode ser necessário auditar.

Auditar não significa apenas procurar erro. Significa verificar se o sistema está operando conforme foi aprovado, se os controles existem, se as evidências estão registradas, se as métricas são acompanhadas, se os riscos permanecem dentro do apetite definido e se a organização consegue demonstrar responsabilidade.

A melhoria contínua também inclui aprender com incidentes e quase incidentes. Um erro detectado cedo pode evitar dano maior. Uma reclamação pode revelar viés. Um uso não previsto pode indicar falta de treinamento. Uma queda de desempenho pode revelar mudança nos dados. Uma falha de fornecedor pode expor dependência excessiva.

Finalmente, a organização precisa aceitar que algumas soluções devem ser aposentadas.

Aposentar uma IA pode ser necessário quando ela deixa de gerar valor, quando o risco residual se torna alto demais, quando os dados não sustentam mais o uso, quando o fornecedor não atende requisitos, quando a tecnologia fica obsoleta, quando o processo muda ou quando uma solução melhor substitui a anterior.

Desligar uma IA também é governança.

Muitas empresas sabem iniciar projetos, mas não sabem encerrar. Mantêm modelos, automações e ferramentas funcionando sem clareza de uso, dono ou valor. Isso cria custo, risco e complexidade. Uma solução sem dono, sem métrica e sem revisão é um ativo degradado. Em IA, pode ser também uma fonte silenciosa de dano.

A pergunta da melhoria contínua é: devemos manter, ajustar, escalar, restringir ou aposentar esta IA?

O ciclo como sistema de decisão

O ciclo da adoção responsável pode ser entendido como um sistema de decisões progressivas.

No início, a decisão é se vale explorar. A organização ainda não precisa ter todas as respostas, mas precisa ter problema, hipótese de valor e enquadramento mínimo.

Na avaliação, a decisão é se vale investir em desenho ou piloto. A organização precisa entender risco, dados, viabilidade e controles iniciais.

No piloto, a decisão é se existe evidência suficiente para avançar. A organização precisa aprender com o teste, não apenas celebrar a demonstração.

Na produção, a decisão é se a solução está pronta para operar no mundo real. A organização precisa garantir integração, treinamento, controles e responsáveis.

Na operação, a decisão é contínua: manter, ajustar, escalar ou reduzir. A organização precisa monitorar valor e risco.

Na melhoria contínua, a decisão pode ser evoluir ou aposentar. A organização precisa reconhecer que nem toda IA deve durar para sempre.

Esse encadeamento evita que a empresa trate IA como um salto único do entusiasmo para a produção. Cada fase reduz um tipo de incerteza. A ideação reduz incerteza sobre o problema. O enquadramento reduz incerteza sobre finalidade e risco. A avaliação reduz incerteza sobre viabilidade. O piloto reduz incerteza sobre valor e adoção. A produção reduz incerteza sobre operação. O monitoramento reduz incerteza sobre continuidade. A revisão reduz incerteza sobre permanência.

Governança é o que transforma essas incertezas em evidências.

O que deve ficar registrado

A governança deve ser simples, mas não invisível.

Essa frase é fundamental. Muitas organizações tentam simplificar tanto a governança que deixam de registrar o mínimo necessário. O resultado é que, meses depois, ninguém sabe por que a solução foi aprovada, qual risco foi aceito, quais dados foram avaliados, quais controles foram definidos, quem era o responsável, quais testes foram feitos ou qual métrica justificou a escala.

O que não fica registrado não pode ser aprendido, auditado nem melhorado.

Registro não precisa significar papelada excessiva. O nível de documentação deve ser proporcional ao risco. Casos simples pedem registros simples. Casos críticos pedem documentação robusta. Mas alguma memória da decisão precisa existir.

No mínimo, a organização deve conseguir recuperar a finalidade do uso, o dono de negócio, o responsável técnico, a classificação de risco, os dados utilizados, os controles aplicados, a decisão de aprovação, as métricas de valor, os critérios de monitoramento e as revisões realizadas.

Essa memória tem várias funções. Ajuda novos líderes a entenderem decisões passadas. Ajuda auditoria a verificar controles. Ajuda compliance a demonstrar responsabilidade. Ajuda tecnologia a manter a solução. Ajuda o negócio a medir valor. Ajuda a organização a aprender com erros e acertos.

Sem registro, a governança depende de pessoas específicas. Com registro, a governança vira capacidade institucional.

Não pule etapas, mas ajuste a profundidade

O ciclo da adoção responsável não deve ser interpretado como burocracia rígida.

A organização não precisa aplicar o mesmo nível de profundidade para todos os casos. Um uso de baixo risco pode atravessar o ciclo rapidamente. Uma iniciativa crítica precisa de mais tempo, evidência e aprovação. O ponto não é tornar tudo lento. O ponto é não tornar a governança invisível.

Não pule a ideia, porque sem problema claro a IA vira solução procurando uso.

Não pule o enquadramento, porque sem finalidade, impacto e dados definidos a organização não sabe o que está aprovando.

Não pule a avaliação, porque riscos descobertos tarde custam mais caro.

Não pule o piloto, quando houver incerteza relevante, porque escalar sem aprender transforma hipótese em aposta.

Não pule a preparação para produção, porque uma demonstração não é operação.

Não pule o monitoramento, porque IA pode degradar, desviar ou ser usada de forma diferente da prevista.

Não pule a revisão, porque soluções que já foram adequadas podem deixar de ser.

A boa governança não exige que todas as etapas sejam longas. Exige que todas sejam conscientes.

O papel das áreas no ciclo

A adoção responsável depende de **corresponsabilidade.**

O **negócio é dono do problema**, do valor e da mudança no processo. Sem negócio, a IA vira experimento técnico. Tecnologia é dona da arquitetura, integração, sustentação e viabilidade técnica. Sem tecnologia, a solução pode ser frágil, insegura ou impossível de escalar. Dados garantem qualidade, origem, finalidade, acesso e governança informacional. Sem dados adequados, a IA apenas sofisticará problemas antigos.

Segurança protege acessos, integrações, ambientes, credenciais, logs e superfícies de ataque. Jurídico e privacidade avaliam obrigações legais, contratos, bases de uso e direitos de titulares. Compliance e riscos ajudam a alinhar a iniciativa ao apetite da organização e às exigências internas. Auditoria verifica se o processo é demonstrável. RH e gestão da mudança preparam usuários para usar IA com responsabilidade. A liderança define prioridade, recursos e accountability.

Nenhuma dessas áreas deve atuar apenas no fim.

Quando entram cedo, ajudam a desenhar melhor. Quando entram tarde, parecem bloqueadoras. O ciclo responsável traz as áreas certas no momento certo, com profundidade proporcional ao risco.

Essa é uma das maiores diferenças entre governança burocrática e governança habilitadora. A primeira cria pedágios. A segunda cria travessias.

Checklist executivo: antes de iniciar uma iniciativa de IA

Antes de avançar com uma iniciativa de IA, a organização deve conseguir responder:

- Qual problema de negócio queremos resolver?
- Por que IA é uma boa candidata para esse problema?
- Existe alternativa mais simples, barata ou controlável?
- Qual valor esperamos gerar?
- Como esse valor será medido?
- Quem é o dono de negócio?
- Quem será impactado pela solução?
- A IA vai informar, recomendar, classificar, gerar, conversar, automatizar ou agir?
- Quais dados serão necessários?
- Há dados pessoais, sensíveis, confidenciais ou estratégicos?
- Qual é a classificação preliminar de risco?
- O caso exige piloto antes de produção?
- Que decisão esperamos tomar ao final do piloto ou avaliação?

Checklist executivo: antes de colocar IA em produção

Antes de colocar uma solução de IA em operação real, a organização deve validar:

- O valor foi demonstrado ou a hipótese foi suficientemente validada.
- A classificação de risco foi confirmada ou atualizada.

- Os dados foram avaliados quanto a qualidade, finalidade e segurança.
- A arquitetura de produção está definida.
- O fornecedor foi avaliado, se houver fornecedor.
- Os controles proporcionais ao risco foram implementados.
- A revisão humana está definida quando necessária.
- Os usuários foram treinados.
- Há dono de negócio e responsável técnico.
- Há métricas de valor, qualidade, risco e uso.
- Há logs ou evidências suficientes.
- Há processo de suporte, incidente e correção.
- Há critérios para revisão, ajuste ou desligamento.

Checklist executivo: durante a operação

Depois que a IA entra em operação, a organização deve acompanhar:

- A solução continua gerando o valor esperado?
- Os usuários estão adotando corretamente?
- As saídas continuam úteis, corretas e adequadas?
- Há erros recorrentes, reclamações ou exceções?
- Surgiram indícios de viés ou tratamento inadequado?
- Os dados mudaram de qualidade, perfil ou finalidade?
- O custo continua compatível com o benefício?
- O fornecedor continua atendendo aos requisitos?
- Os controles continuam funcionando?
- A revisão humana continua sendo real, e não apenas formal?
- A classificação de risco ainda é válida?
- A solução deve ser mantida, ajustada, escalada, restringida ou aposentada?

Cada fase tem uma pergunta própria.

- No início: vale tentar?
- Na avaliação: é viável e aceitável?
- No piloto: aprendemos o suficiente?
- Na produção: está pronto para operar?
- Na operação: continua funcionando com segurança?
- Na revisão: devemos manter, ajustar, escalar ou aposentar?

A maturidade está em saber qual pergunta deve ser respondida em cada momento.

Ponto de decisão

A governança deve ser simples, mas não invisível.

O ciclo da adoção responsável não existe para criar etapas formais sem valor. Ele existe para garantir que cada iniciativa de IA avance com problema claro, risco compreendido, dados adequados, solução viável, usuários preparados, valor medido, controles proporcionais e responsabilidade definida.

- O que não fica registrado não pode ser aprendido.
- O que não pode ser aprendido não pode ser melhorado.
- O que não pode ser demonstrado dificilmente pode ser governado.

CAPÍTULO 8

AS 9 ÁREAS DE CONHECIMENTO

AS NOVE ÁREAS **DE CONHECIMENTO QUE TRANSFORMAM IA EM SISTEMA DE DECISÃO**

A segunda parte é o núcleo do livro. A ponte da Governança de IA é formada por Papéis e Responsabilidades, Priorização, Políticas, Rituais de Decisão, Métricas Comuns, Gestão de Risco, Compliance e Ética, Roadmap Integrado e Alinhamento Estratégico. Cada área responde a uma pergunta essencial. Juntas, elas permitem que Tecnologia e Negócios atravessem a mesma ponte com clareza, controle e valor.

ÁREA 1 - PAPÉIS E RESPONSABILIDADES

Quem responde pela IA

A primeira pergunta da governança é simples e incômoda: se esta IA errar amanhã, quem será chamado para explicar? Muitas organizações evitam essa pergunta porque a resposta costuma revelar uma lacuna. Há patrocinadores, fornecedores, usuários, desenvolvedores, áreas de controle e executivos interessados, mas nem sempre existe um dono real. O projeto é de todos durante a empolgação e de ninguém durante o incidente.

O princípio simples desta área é: Responsabilidade não pode ser genérica. **Toda IA precisa de dono de valor, dono técnico e responsáveis claros pelos riscos que assume.**

Quando papéis e responsabilidades falham, a IA vira órfã. O negócio afirma que a solução era técnica. Tecnologia afirma que apenas implementou uma demanda. O fornecedor afirma que a configuração era responsabilidade do cliente. Jurídico diz que foi acionado tarde. Segurança diz que não avaliou a integração. Compliance diz que não recebeu evidência. Auditoria pergunta onde está a aprovação. O cliente ou colaborador afetado não quer saber dessa fragmentação; **ele enxerga a organização como responsável.**

Essa área existe porque a IA muda a natureza da decisão organizacional. Em sistemas tradicionais, muitas responsabilidades eram delimitadas pelo processo, pela aplicação ou pelo departamento. Em IA, a solução pode atravessar dados, modelos, usuários, fornecedores, decisões e canais. A fronteira fica mais porosa. Por isso, a organização precisa transformar uma preocupação ampla em decisões observáveis.

Na ponte do framework, esta área funciona como um bloco estrutural. Ela não substitui Tecnologia nem Negócios. Ela cria uma forma para que os dois lados conversem sobre o mesmo caso sem perder suas responsabilidades. Quando essa área é bem tratada, a iniciativa ganha clareza. Quando é ignorada, o projeto pode até avançar, mas carrega uma fragilidade que aparecerá no piloto, na escala ou no incidente.

O que Negócios precisa decidir

Negócios precisa decidir quem é o dono do benefício. Esse dono responde pelo problema, pelo valor esperado, pela adoção no processo, pela mudança de rotina e pela decisão de continuidade. Ele não precisa saber programar, mas precisa saber explicar por que a IA existe, qual métrica será acompanhada, quem será impactado, que risco é aceitável e quando a solução deve ser ajustada ou desligada. Sem dono de negócio, a IA pode até funcionar, mas dificilmente gerará valor recorrente.

Negócios também precisa reconhecer que governança não é transferência de responsabilidade. Ao propor uma iniciativa de IA, a área de negócio assume que existe uma decisão a melhorar, um processo a transformar ou um resultado a perseguir. Se esse vínculo com valor não é claro, a iniciativa não deveria avançar para escala. Em fase exploratória, a resposta pode ser hipótese. Em produção, precisa ser compromisso.

O que Tecnologia precisa entregar

Tecnologia precisa entregar um responsável técnico claro. Esse responsável não é apenas quem codifica. Ele responde por arquitetura, integração, segurança técnica, confiabilidade, observabilidade, suporte, performance, custo de escala e sustentação. Também precisa explicar ao negócio quais dependências existem e quais limites técnicos afetam a decisão. Se a solução depende de fornecedor, tecnologia precisa esclarecer o que é responsabilidade interna e o que fica com o fornecedor.

A entrega técnica precisa ser traduzida em linguagem executiva. Não basta apresentar termos técnicos que só especialistas entendem. A ponte exige que limitações, dependências e alternativas sejam expressas como impacto em prazo, custo, risco, qualidade, experiência do usuário e capacidade de escala. Quando a restrição técnica não é traduzida, o negócio interpreta como obstáculo. Quando é traduzida, vira elemento de decisão.

O que Governança precisa conectar

Governança conecta essas responsabilidades em uma matriz simples. Ela define quem propõe, quem aprova, quem executa, quem revisa, quem monitora, quem responde a incidentes e quem decide sobre escala ou desligamento. Em casos simples, essa matriz pode ser leve. Em casos críticos, precisa ser formal e rastreável. A função da matriz não é criar burocracia; é impedir responsabilidade difusa.

Governança atua como mecanismo de compatibilidade. Ela transforma perguntas dispersas em fluxo. Garante que o caso não avance apenas porque alguém tem urgência, nem pare apenas porque alguém tem receio. A governança define a trilha proporcional ao risco e garante que as áreas certas participem no momento certo.

Controles que não travam

O controle que não trava é a exigência de dono antes da escala.

Um piloto pode começar com papéis provisórios, mas uma IA em produção não pode. A organização deve exigir que todo caso tenha dono de negócio, responsável técnico e responsáveis por dados, segurança, risco, compliance, privacidade e fornecedor quando aplicável. Para baixo risco, o registro é simples. Para alto risco, a aprovação deve confirmar que cada papel tem autoridade, tempo e competência.

Controle bom deve responder a quatro perguntas. **Que erro queremos evitar? Que evidência precisamos manter? Quem deve aprovar? Em que momento do ciclo de vida?** Se ninguém sabe que decisão o controle melhora, o controle virou ritual vazio. A solução não é eliminar controle, mas reescrevê-lo em linguagem de risco e valor.

Evidências mínimas

A evidência mínima é a matriz de responsabilidade associada ao caso de uso. Ela deve registrar quem é o dono de negócio, quem é o responsável técnico, quais áreas revisaram o caso, quem aprova o risco, quem monitora indicadores, quem recebe incidentes e quem decide revisão ou desligamento. Essa evidência precisa ser atualizada quando o escopo muda ou quando pessoas saem da organização.

A evidência deve ser proporcional ao risco. Em baixo risco, pode ser registro simples. Em alto risco, precisa ser documentação robusta. O que não muda é a necessidade de memória decisória. Sem registro, a organização não aprende, não audita e não demonstra responsabilidade. O que não fica registrado depende de lembranças individuais e desaparece quando pessoas mudam de função.

Rituais e artefatos

O ritual principal é a confirmação de responsabilidade em cada porta de decisão. No intake, confirma-se quem propõe. Antes do piloto, confirma-se quem responde pela hipótese. Antes da produção, confirma-se quem responde pela operação. Na revisão periódica, confirma-se se o dono continua válido. Em incidentes, a matriz orienta quem deve agir e quem deve comunicar.

O artefato desta área deve ser simples o suficiente para ser usado e robusto o suficiente para sustentar decisão. Um bom artefato não é aquele que impressiona pela complexidade. É aquele que ajuda a sala a decidir. Ele deve caber no fluxo de trabalho, ser atualizado quando necessário e servir como referência para auditoria, aprendizado e prestação de contas.

Antipadrões

O antipadrão mais comum é o dono simbólico. Alguém aparece no documento, mas não tem autoridade sobre o processo, não acompanha a métrica e não responde pela adoção. Outro antipadrão é confundir patrocinador com dono. O patrocinador abre portas; o dono entrega valor. Há ainda o antipadrão da responsabilidade terceirizada, quando a empresa acredita que contratar fornecedor elimina accountability. Não elimina.

Os antipadrões são úteis porque mostram como a governança falha na prática. Raramente a falha começa como grande erro. Ela começa como atalho razoável, exceção conveniente, urgência justificável ou decisão sem registro. Em IA, pequenos atalhos podem ganhar escala. Por isso, a organização precisa reconhecer esses padrões cedo.

Aplicação prática na reunião executiva

Em uma reunião executiva, esta área deve entrar como pergunta direta, não como discussão abstrata. O facilitador deve apresentar o caso de uso e perguntar qual lacuna existe em relação a esta dimensão da ponte. A resposta deve orientar uma decisão concreta. Avançar, ajustar, pausar, encerrar ou pedir evidência adicional. Se a discussão termina apenas em opinião, a área não cumpriu seu papel.

A pergunta de bolso para levar à reunião é: ***Se esta IA errar amanhã, quem será chamado para explicar?***

A IA pode apoiar decisões, mas ***a responsabilidade continua humana e organizacional.***

Aprofundamento prático da área

Para aplicar Papéis e Responsabilidades sem cair em burocracia, a organização deve tratar esta área como uma conversa recorrente de decisão. Não se trata de criar mais uma camada documental, mas de garantir que a pergunta central esteja presente no momento certo.

Em um caso de baixo risco, a resposta pode ser simples e registrada em poucas linhas. Em um caso de alto impacto, a resposta precisa ser formal, revisada e acompanhada ao longo do ciclo de vida.

O primeiro nível de maturidade em Papéis e Responsabilidades **é visibilidade**. A organização passa a enxergar a lacuna. Antes, a lacuna ficava escondida no entusiasmo do projeto. Depois, ela aparece como pergunta de governança. Essa visibilidade já muda o comportamento, porque obriga as áreas a reconhecerem o que ainda não sabem. Uma empresa que sabe o que não sabe decide melhor do que uma empresa que presume que tudo está resolvido.

O segundo nível de maturidade é padronização. A organização cria um modo comum de tratar Papéis e Responsabilidades. O padrão não precisa ser pesado. Pode começar com um modelo simples, um campo no inventário, um rito de revisão ou uma pergunta obrigatória no intake. O importante é evitar que cada área reinvente a resposta. Padrão é o que permite escala sem transformar cada iniciativa em exceção.

O terceiro nível de maturidade é integração. Neste estágio, Papéis e Responsabilidades deixa de ser uma etapa isolada e passa a se conectar com as demais áreas da ponte. A resposta sobre papéis influencia métricas. A resposta sobre risco influencia políticas. A resposta sobre roadmap influencia priorização. A resposta sobre compliance influencia desenho técnico. A governança amadurece quando essas conexões passam a ser naturais.

Um modo prático de testar a maturidade é escolher três casos de IA em estágios diferentes: uma ideia, um piloto e uma solução em operação. Para cada um, pergunte como Papéis e Responsabilidades aparece. Se a resposta for clara apenas para o piloto mais visível, a organização ainda depende de atenção pontual. Se a resposta for clara para todos os casos relevantes, a área já começou a virar capacidade institucional.

Em uma reunião de conselho, Papéis e Responsabilidades deve ser traduzido em supervisão, não em microgestão. O conselho não precisa examinar detalhes operacionais de todos os casos. Precisa saber se a organização tem um processo consistente para lidar com esta área, se casos críticos recebem tratamento adequado, se há indicadores de maturidade e se decisões relevantes chegam ao nível correto de governança.

Em um comitê executivo, Papéis e Responsabilidades deve aparecer como critério de decisão. A pergunta não é se todos concordam em princípio. A pergunta é se o caso diante da mesa está pronto para avançar de fase. Avançar sem essa clareza pode parecer velocidade, mas aumenta a chance de retrabalho, exposição ou valor não capturado. A governança madura transforma a área em critério de passagem.

Em uma squad ou equipe de produto, Papéis e Responsabilidades deve aparecer como parte do desenho. Isso significa que a equipe não espera a revisão final para descobrir o que precisa fazer. Ela incorpora a pergunta desde o início, desenha a solução considerando os limites e registra evidências proporcionais ao risco. Assim, a governança deixa de ser inspeção posterior e vira qualidade de projeto.

O erro mais comum é tratar Papéis e Responsabilidades como uma responsabilidade de outra área. A área de negócio imagina que tecnologia resolverá. Tecnologia imagina que compliance validará. Compliance imagina que o negócio explicará. A ponte existe para impedir esse jogo de empurra. Cada área contribui, mas a decisão precisa ser integrada.

A implementação em trinta dias pode começar com um diagnóstico simples. A organização escolhe os dez casos de IA mais relevantes, aplica a pergunta central de Papéis e Responsabilidades e identifica lacunas. Em sessenta dias, cria um artefato mínimo para padronizar a resposta. Em noventa dias, incorpora esse artefato ao rito de intake, piloto ou produção. Essa progressão evita esperar a perfeição e cria maturidade por uso real.

A melhor evidência de que Papéis e Responsabilidades está funcionando é a redução de ambiguidade. As pessoas sabem o que precisam responder. As áreas sabem quando participar. Os executivos sabem que decisão tomar. Os usuários sabem os limites do uso.

A governança deixa de depender de heróis individuais e passa a funcionar como sistema.

No fim, Papéis e Responsabilidades é uma das pedras da ponte. Sozinha, não resolve a adoção de IA. Mas sem ela, a travessia fica instável. A organização pode até avançar por algum tempo, mas em algum momento a lacuna aparece como piloto perdido, risco não visto, valor não capturado ou decisão sem responsável.

ÁREA 2 - PRIORIZAÇÃO

Quais casos merecem atenção, investimento e escala

Ter muitas ideias de IA não significa ter estratégia de IA. Em empresas maduras e imaturas, a explosão de possibilidades cria a mesma confusão: cada área quer sua automação, seu copiloto, seu chatbot, seu modelo preditivo, sua ferramenta de análise. Fornecedores chegam com promessas. Executivos pedem pilotos. Times técnicos testam. A empresa se movimenta, mas nem sempre progride.

O princípio simples desta área é: A prioridade de IA **não deve ser definida pela ferramenta** mais impressionante, **mas pelo problema** mais relevante, viável e governável.

Quando a priorização falha, o portfólio vira lista de desejos. A organização aprova casos por entusiasmo, pressão política ou facilidade técnica. Quick wins consomem todo o orçamento. Casos estratégicos ficam parados porque dependem de dados ou arquitetura. Projetos de baixo valor ocupam especialistas. Casos de alto risco avançam sem trilha reforçada. No fim, a empresa tem muitos pilotos, mas pouca transformação.

Essa área existe porque a IA muda a natureza da decisão organizacional. Em sistemas tradicionais, muitas responsabilidades eram delimitadas pelo processo, pela aplicação ou pelo departamento. Em IA, a solução pode atravessar dados, modelos, usuários, fornecedores, decisões e canais. A fronteira fica mais porosa. Por isso, a organização precisa transformar uma preocupação ampla em decisões observáveis.

Na ponte do framework, esta área funciona como um bloco estrutural. Ela não substitui Tecnologia nem Negócios. Ela cria uma forma para que os dois lados conversem sobre o mesmo caso sem perder suas responsabilidades. Quando essa área é bem tratada, a iniciativa ganha clareza. Quando é ignorada, o projeto pode até avançar, mas carrega uma fragilidade que aparecerá no piloto, na escala ou no incidente.

O que Negócios precisa decidir

Negócios precisa declarar o problema, o valor esperado e a urgência. Precisa dizer por que esse caso importa agora, que métrica provará valor, qual baseline existe, quem será beneficiado e qual risco aceita assumir. Também precisa aceitar que priorizar é escolher. Ao escolher um caso, a organização adia outros. Essa decisão deve ser explícita, não resultado de quem gritou mais alto.

Negócios também precisa reconhecer que governança não é transferência de responsabilidade. Ao propor uma iniciativa de IA, a área de negócio assume que existe uma decisão a melhorar, um processo a transformar ou um resultado a perseguir. Se esse vínculo com valor não é claro, a iniciativa não deveria avançar para escala. Em fase exploratória, a resposta pode ser hipótese. Em produção, precisa ser compromisso.

O que Tecnologia precisa entregar

Tecnologia precisa estimar viabilidade. Isso inclui dados disponíveis, qualidade das bases, integração, esforço, arquitetura, segurança, custo, fornecedor, manutenção e caminho de escala. A resposta técnica não deve ser apenas viável ou inviável. Deve mostrar condições: viável para piloto, dependente de saneamento de dados, adequado apenas com revisão humana, recomendável via fornecedor, ou não recomendado no estágio atual.

A entrega técnica precisa ser traduzida em linguagem executiva. Não basta apresentar termos técnicos que só especialistas entendem. A ponte exige que limitações, dependências e alternativas sejam expressas como impacto em prazo, custo, risco, qualidade, experiência do usuário e capacidade de escala. Quando a restrição técnica não é traduzida, o negócio interpreta como obstáculo. Quando é traduzida, vira elemento de decisão.

O que Governança precisa conectar

Governança conecta valor, viabilidade, risco e prontidão de adoção. Ela impede que a priorização considere apenas benefício prometido. Um caso de alto valor e alto risco pode avançar, mas por trilha reforçada. Um caso de alto valor e baixa viabilidade pode entrar no roadmap fundacional. Um caso de baixo valor e alto risco deve ser descartado. Um caso simples e útil pode virar quick win, desde que não consuma energia estratégica desproporcional.

Governança atua como mecanismo de compatibilidade. Ela transforma perguntas dispersas em fluxo. Garante que o caso não avance apenas porque alguém tem urgência, nem pare apenas porque alguém tem receio. A governança define a trilha proporcional ao risco e garante que as áreas certas participem no momento certo.

Controles que não travam

O controle que não trava é o business case simples antes do piloto e a matriz de priorização antes da escala. O business case deve caber em uma página e responder problema, valor, métrica, dono e risco preliminar. A matriz deve comparar os casos por valor esperado, viabilidade técnica, risco e prontidão de adoção. O objetivo não é fazer análise financeira pesada para tudo, mas impedir que a empresa invista em iniciativas sem racional claro.

Controle bom deve responder a quatro perguntas. Que erro queremos evitar? Que evidência precisamos manter? Quem deve aprovar? Em que momento do ciclo de vida? Se ninguém sabe que decisão o controle melhora, o controle virou ritual vazio. A solução não é eliminar controle, mas reescrevê-lo em linguagem de risco e valor.

Evidências mínimas

A evidência mínima é o registro do caso no portfólio. Esse registro deve conter problema, área, dono, métrica, baseline, tipo de IA, dados envolvidos, risco preliminar, status, decisão esperada e dependências.

Sem esse registro, a liderança não gerencia portfólio; apenas acompanha narrativas.

A evidência deve ser proporcional ao risco. Em baixo risco, pode ser registro simples. Em alto risco, precisa ser documentação robusta. O que não muda é a necessidade de memória decisória. Sem registro, a organização não aprende, não audita e não demonstra responsabilidade. O que não fica registrado depende de lembranças individuais e desaparece quando pessoas mudam de função.

Rituais e artefatos

O ritual central é a revisão periódica de portfólio. O fórum não deve discutir todos os detalhes técnicos, mas decidir quais casos entram, quais seguem para piloto, quais escalam, quais pausam e quais encerram. A cadência pode ser mensal ou bimestral. O importante é que o portfólio tenha decisões, não apenas atualizações.

O artefato desta área deve ser simples o suficiente para ser usado e robusto o suficiente para sustentar decisão. Um bom artefato não é aquele que impressiona pela complexidade. É aquele que ajuda a sala a decidir. Ele deve caber no fluxo de trabalho, ser atualizado quando necessário e servir como referência para auditoria, aprendizado e prestação de contas.

Antipadrões

O antipadrão clássico é o piloto por encanto, criado porque a demonstração impressionou. Outro é o portfólio por demanda, onde cada área leva seu caso sem comparação comum. Há também o valor presumido, quando todos acreditam que a IA trará produtividade, mas ninguém define como medir. O pior antipadrão é a escala automática, em que um piloto vira produção porque foi bem apresentado, não porque gerou evidência.

Os antipadrões são úteis porque mostram como a governança falha na prática. Raramente a falha começa como grande erro. Ela começa como atalho razoável, exceção conveniente, urgência justificável ou decisão sem registro. Em IA, pequenos atalhos podem ganhar escala. Por isso, a organização precisa reconhecer esses padrões cedo.

Aplicação prática na reunião executiva

Em uma reunião executiva, esta área deve entrar como pergunta direta, não como discussão abstrata. O facilitador deve apresentar o caso de uso e perguntar qual lacuna existe em relação a esta dimensão da ponte. A resposta deve orientar uma decisão concreta. Avançar, ajustar, pausar, encerrar ou pedir evidência adicional. Se a discussão termina apenas em opinião, a área não cumpriu seu papel.

A pergunta de bolso para levar à reunião é: **Este caso merece IA agora ou apenas parece interessante porque a tecnologia é nova?**

Aprofundamento prático da área

Para aplicar Priorização sem cair em burocracia, a organização deve tratar esta área como uma conversa recorrente de decisão. Não se trata de criar mais uma camada documental, mas de garantir que a pergunta central esteja presente no momento certo. Em um caso de baixo risco, a resposta pode ser simples e registrada em poucas linhas. Em um caso de alto impacto, a resposta precisa ser formal, revisada e acompanhada ao longo do ciclo de vida.

O primeiro nível de maturidade em Priorização é visibilidade. A organização passa a enxergar a lacuna. Antes, a lacuna ficava escondida no entusiasmo do projeto. Depois, ela aparece como pergunta de governança. Essa visibilidade já muda o comportamento, porque obriga as áreas a reconhecerem o que ainda não sabem. Uma empresa que sabe o que não sabe decide melhor do que uma empresa que presume que tudo está resolvido.

O segundo nível de maturidade é padronização. A organização cria um modo comum de tratar Priorização. O padrão não precisa ser pesado. Pode começar com um modelo simples, um campo no inventário, um rito de revisão ou uma pergunta obrigatória no intake. O importante é evitar que cada área reinvente a resposta. Padrão é o que permite escala sem transformar cada iniciativa em exceção.

O terceiro nível de maturidade é integração. Neste estágio, Priorização deixa de ser uma etapa isolada e passa a se conectar com as demais áreas da ponte. A resposta sobre papéis influencia métricas. A resposta sobre risco influencia políticas. A resposta sobre roadmap influencia priorização. A resposta sobre compliance influencia desenho técnico. A governança amadurece quando essas conexões passam a ser naturais.

Um modo prático de testar a maturidade é escolher três casos de IA em estágios diferentes: uma ideia, um piloto e uma solução em operação. Para cada um, pergunte como Priorização aparece. Se a resposta for clara apenas para o piloto mais visível, a organização ainda depende de atenção pontual. Se a resposta for clara para todos os casos relevantes, a área já começou a virar capacidade institucional.

Em uma reunião de conselho, Priorização deve ser traduzido em supervisão, não em microgestão. O conselho não precisa examinar detalhes operacionais de todos os casos. Precisa saber se a organização tem um processo consistente para lidar com esta área, se casos críticos recebem tratamento adequado, se há indicadores de maturidade e se decisões relevantes chegam ao nível correto de governança.

Em um comitê executivo, Priorização deve aparecer como critério de decisão. A pergunta não é se todos concordam em princípio. A pergunta é se o caso diante da mesa está pronto para avançar de fase. Avançar sem essa clareza pode parecer velocidade, mas aumenta a chance de retrabalho, exposição ou valor não capturado. A governança madura transforma a área em critério de passagem.

Em uma squad ou equipe de produto, Priorização deve aparecer como parte do desenho. Isso significa que a equipe não espera a revisão final para descobrir o que precisa fazer. Ela incorpora a pergunta desde o início, desenha a solução considerando os limites e registra evidências proporcionais ao risco. Assim, a governança deixa de ser inspeção posterior e vira qualidade de projeto.

O erro mais comum é tratar Priorização como uma responsabilidade de outra área. A área de negócio imagina que tecnologia resolverá. Tecnologia imagina que compliance validará. Compliance imagina que o negócio explicará. A ponte existe para impedir esse jogo de empurra. Cada área contribui, mas a decisão precisa ser integrada.

A implementação em trinta dias pode começar com um diagnóstico simples. A organização escolhe os dez casos de IA mais relevantes, aplica a pergunta central de Priorização e identifica lacunas. Em sessenta dias, cria um artefato mínimo para padronizar a resposta. Em noventa dias, incorpora esse artefato ao rito de intake, piloto ou produção. Essa progressão evita esperar a perfeição e cria maturidade por uso real.

A melhor evidência de que Priorização está funcionando é a redução de ambiguidade. As pessoas sabem o que precisam responder. As áreas sabem quando participar. Os executivos sabem que decisão tomar. Os usuários sabem os limites do uso. A governança deixa de depender de heróis individuais e passa a funcionar como sistema.

No fim, Priorização é uma das pedras da ponte. Sozinha, não resolve a adoção de IA. Mas sem ela, a travessia fica instável. A organização pode até avançar por algum tempo, mas em algum momento a lacuna aparece como piloto perdido, risco não visto, valor não capturado ou decisão sem responsável.

ÁREA 3 - POLÍTICAS

Regras que permitem velocidade sem improviso

A política é frequentemente vista como documento jurídico que ninguém lê. Em IA, essa visão é insuficiente e perigosa. Política boa não existe para ocupar uma pasta corporativa. Ela **existe para reduzir ambiguidade** no dia a dia. A pergunta prática é se uma pessoa comum dentro da organização sabe o que pode fazer com IA, que dados pode inserir, que ferramenta pode usar, quando precisa pedir aprovação e que usos são proibidos.

O princípio simples desta área é: **Políticas de IA devem**

dizer claramente o que é permitido, o que exige aprovação, o que é restrito e o que é proibido.

Quando políticas falham, a empresa cria **dois comportamentos ruins** ao mesmo tempo. Algumas **áreas avançam sem controle**, usando ferramentas públicas, dados confidenciais, fornecedores não avaliados e automações improvisadas. **Outras áreas param por medo**, porque não sabem o que é permitido. A organização fica simultaneamente exposta e lenta. A ausência de política não gera liberdade; gera interpretações locais e risco distribuído.

Essa área existe porque a IA muda a natureza da decisão organizacional. Em sistemas tradicionais, muitas responsabilidades eram delimitadas pelo processo, pela aplicação ou pelo departamento. Em IA, a solução pode atravessar dados, modelos, usuários, fornecedores, decisões e canais. A fronteira fica mais porosa. Por isso, a organização precisa transformar uma preocupação ampla em decisões observáveis.

Na ponte do framework, esta área funciona como um bloco estrutural. Ela não substitui Tecnologia nem Negócios. Ela cria uma forma para que os dois lados conversem sobre o mesmo caso sem perder suas responsabilidades. Quando essa área é bem tratada, a iniciativa ganha clareza. Quando é ignorada, o projeto pode até avançar, mas carrega uma fragilidade que aparecerá no piloto, na escala ou no incidente.

O que Negócios precisa decidir

Negócios precisa decidir quais usos quer habilitar com velocidade e quais usos exigem cuidado. Não basta pedir uma política genérica. É preciso definir se a empresa quer liberar IA generativa para produtividade interna, se permite comunicação externa gerada por IA, se aceita chatbots com clientes, se autoriza agentes a executar ações, se permite uso de dados de clientes e em quais condições. Política é decisão de apetite operacional.

Negócios também precisa reconhecer que governança não é transferência de responsabilidade. Ao propor uma iniciativa de IA, a área de negócio assume que existe uma decisão a melhorar, um processo a transformar ou um resultado a perseguir. Se esse vínculo com valor não é claro, a iniciativa não deveria avançar para escala.

Em fase exploratória, a resposta pode ser hipótese. Em produção, precisa ser compromisso.

O que Tecnologia precisa entregar

Tecnologia precisa traduzir a política em ferramentas, acessos e ambientes. Se a política proíbe inserir dados sensíveis em ferramentas públicas, tecnologia precisa oferecer alternativas aprovadas. Se a política exige logs, a arquitetura precisa gerá-los. Se a política limita agentes, as permissões precisam refletir esse limite. Política sem implementação técnica vira intenção.

A entrega técnica precisa ser traduzida em linguagem executiva. Não basta apresentar termos técnicos que só especialistas entendem. A ponte exige que limitações, dependências e alternativas sejam expressas como impacto em prazo, custo, risco, qualidade, experiência do usuário e capacidade de escala. Quando a restrição técnica não é traduzida, o negócio interpreta como obstáculo. Quando é traduzida, vira elemento de decisão.

O que Governança precisa conectar

Governança conecta a regra ao uso real. Ela garante que políticas sejam compreensíveis, proporcionais e atualizadas. Também define como exceções serão tratadas. A política deve orientar sem sufocar. Casos de baixo risco precisam de caminho simples. Casos de alto risco precisam de aprovação. Usos vedados precisam ser claros. A ponte funciona quando a política reduz perguntas desnecessárias e acelera decisões recorrentes.

Governança atua como mecanismo de compatibilidade. Ela transforma perguntas dispersas em fluxo. Garante que o caso não avance apenas porque alguém tem urgência, nem pare apenas porque alguém tem receio. A governança define a trilha proporcional ao risco e garante que as áreas certas participem no momento certo.

Controles que não travam

O controle que não trava é a **política mínima viável**. Em vez de tentar escrever a política perfeita antes de qualquer uso, a organização define guardrails iniciais: usos permitidos, usos permitidos com aprovação, usos restritos, usos proibidos, dados que não podem ser inseridos, regras para fornecedores, revisão humana, logs e comunicação externa. A política evolui com a maturidade.

Controle bom deve responder a quatro perguntas. **Que erro queremos evitar? Que evidência precisamos manter? Quem deve aprovar? Em que momento do ciclo de vida?** Se ninguém sabe que decisão o controle melhora, o controle virou ritual vazio. A solução não é eliminar controle, mas reescrevê-lo em linguagem de risco e valor.

Evidências mínimas

A evidência mínima é a versão vigente da política, o registro de exceções aprovadas e a comunicação aos usuários. Em casos relevantes, também deve haver registro de que a solução aderiu à política aplicável. Se uma exceção foi concedida, a organização precisa registrar por que, por quem, com quais controles e por quanto tempo.

A evidência deve ser proporcional ao risco. Em baixo risco, pode ser registro simples. Em alto risco, precisa ser documentação robusta. O que não muda é a necessidade de memória decisória. Sem registro, a organização não aprende, não audita e não demonstra responsabilidade. O que não fica registrado depende de lembranças individuais e desaparece quando pessoas mudam de função.

Rituais e artefatos

O ritual principal é a revisão de política. Ela deve ocorrer periodicamente e também após incidentes, mudanças de tecnologia, mudanças regulatórias ou expansão relevante de uso. Outro ritual importante é o onboarding de usuários, que transforma política em comportamento. Política sem treinamento é ruído. Treinamento sem política é opinião.

O artefato desta área deve ser simples o suficiente para ser usado e robusto o suficiente para sustentar decisão. Um bom artefato não é aquele que impressiona pela complexidade. É aquele que ajuda a sala a decidir. Ele deve caber no fluxo de trabalho, ser atualizado quando necessário e servir como referência para auditoria, aprendizado e prestação de contas.

Antipadrões

O antipadrão mais comum é a **política proibitiva**, que tenta bloquear quase tudo e empurra usuários para a clandestinidade. Outro é a política abstrata, cheia de princípios nobres, mas sem orientação prática. Há também a política invisível, aprovada em algum comitê, mas desconhecida pelos usuários. Por fim, existe a política sem ferramenta, que manda usar soluções aprovadas sem disponibilizá-las.

Os antipadrões são úteis porque mostram como a governança falha na prática. Raramente a falha começa como grande erro. Ela começa como atalho razoável, exceção conveniente, urgência justificável ou decisão sem registro. Em IA, pequenos atalhos podem ganhar escala. Por isso, a organização precisa reconhecer esses padrões cedo.

Aplicação prática na reunião executiva

Em uma reunião executiva, esta área deve entrar como pergunta direta, não como discussão abstrata. O facilitador deve apresentar o caso de uso e perguntar qual lacuna existe em relação a esta dimensão da ponte. A resposta deve orientar uma decisão concreta. Avançar, ajustar, pausar, encerrar ou pedir evidência adicional. Se a discussão termina apenas em opinião, a área não cumpriu seu papel.

A pergunta de bolso para levar à reunião é: **As pessoas sabem o que podem fazer com IA sem pedir permissão e quando precisam pedir?**

Aprofundamento prático da área

Para aplicar Políticas sem cair em burocracia, a organização deve tratar esta área como uma conversa recorrente de decisão. Não se trata de criar mais uma camada documental, mas de garantir que a pergunta central esteja presente no momento certo. Em um caso de baixo risco, a resposta pode ser simples e registrada em poucas linhas. Em um caso de alto impacto, a resposta precisa ser formal, revisada e acompanhada ao longo do ciclo de vida.

O primeiro nível de maturidade em Políticas é **visibilidade**. A organização passa a enxergar a lacuna. Antes, a lacuna ficava escondida no entusiasmo do projeto. Depois, ela aparece como pergunta de governança. Essa visibilidade já muda o comportamento, porque obriga as áreas a reconhecerem o que ainda não sabem. Uma empresa que sabe o que não sabe decide melhor do que uma empresa que presume que tudo está resolvido.

O segundo nível de maturidade é **padronização**. A organização cria um modo comum de tratar Políticas. O padrão não precisa ser pesado. Pode começar com um modelo simples, um campo no inventário, um rito de revisão ou uma pergunta obrigatória no intake. O importante é evitar que cada área reinvente a resposta. Padrão é o que permite escala sem transformar cada iniciativa em exceção.

O terceiro nível de maturidade é **integração**. Neste estágio, Políticas deixa de ser uma etapa isolada e passa a se conectar com as demais áreas da ponte. A resposta sobre papéis influencia métricas. A resposta sobre risco influencia políticas. A resposta sobre roadmap influencia priorização. A resposta sobre compliance influencia desenho técnico. A governança amadurece quando essas conexões passam a ser naturais.

Um modo prático de testar a maturidade é escolher três casos de IA em estágios diferentes: uma ideia, um piloto e uma solução em operação. Para cada um, pergunte como Políticas aparece. Se a resposta for clara apenas para o piloto mais visível, a organização ainda depende de atenção pontual. Se a resposta for clara para todos os casos relevantes, a área já começou a virar capacidade institucional.

Em uma reunião de conselho, Políticas deve ser traduzido em supervisão, não em microgestão. O conselho não precisa examinar detalhes operacionais de todos os casos. Precisa saber se a organização tem um processo consistente para lidar com esta área, se casos críticos recebem tratamento adequado, se há indicadores de maturidade e se decisões relevantes chegam ao nível correto de governança.

Em um comitê executivo, Políticas deve aparecer como critério de decisão. A pergunta não é se todos concordam em princípio. A pergunta é se o caso diante da mesa está pronto para avançar de fase. Avançar sem essa clareza pode parecer velocidade, mas aumenta a chance de retrabalho, exposição ou valor não capturado. A governança madura transforma a área em critério de passagem.

Em uma squad ou equipe de produto, Políticas deve aparecer como parte do desenho. Isso significa que a equipe não espera a revisão final para descobrir o que precisa fazer. Ela incorpora a pergunta desde o início, desenha a solução considerando os limites e registra evidências proporcionais ao risco. Assim, a governança deixa de ser inspeção posterior e vira qualidade de projeto.

O erro mais comum é tratar Políticas como uma responsabilidade de outra área. A área de negócio imagina que tecnologia resolverá. Tecnologia imagina que compliance validará. Compliance imagina que o negócio explicará. A ponte existe para impedir esse jogo de empurra. Cada área contribui, mas a decisão precisa ser integrada.

A implementação em trinta dias pode começar com um diagnóstico simples. A organização escolhe os dez casos de IA mais relevantes, aplica a pergunta central de Políticas e identifica lacunas. Em sessenta dias, cria um artefato mínimo para padronizar a resposta. Em noventa dias, incorpora esse artefato ao rito de intake, piloto ou produção. Essa progressão evita esperar a perfeição e cria maturidade por uso real.

A melhor evidência de que Políticas está funcionando é a redução de ambiguidade. As pessoas sabem o que precisam responder. As áreas sabem quando participar. Os executivos sabem que decisão tomar. Os usuários sabem os limites do uso. A governança deixa de depender de heróis individuais e passa a funcionar como sistema.

No fim, Políticas é uma das pedras da ponte. Sozinha, não resolve a adoção de IA. Mas sem ela, a travessia fica instável. A organização pode até avançar por algum tempo, mas em algum momento a lacuna aparece como piloto perdido, risco não visto, valor não capturado ou decisão sem responsável.

ÁREA 4 - RITUAIS DE DECISÃO

Quando avançar, ajustar, pausar ou encerrar

Governança não vive em documentos. Ela vive em rituais. Uma organização pode ter boas políticas, bons princípios e boas intenções, mas ainda assim decidir mal se não tiver momentos claros para discutir evidências, riscos e próximos passos. Sem rituais, decisões acontecem em conversas paralelas, pressões de urgência, reuniões sem critério ou aprovações informais.

O princípio simples desta área é: **A IA precisa de pontos claros de decisão ao longo do ciclo de vida**: intake, priorização, piloto, produção, monitoramento e revisão.

Quando rituais falham, a IA avança por inércia. O caso entra porque alguém pediu. O piloto começa porque a ferramenta estava disponível. A produção acontece porque a demonstração foi convincente. A revisão não ocorre porque ninguém marcou. O incidente é tratado como exceção, não como aprendizado. O resultado é uma governança que existe no papel, mas não orienta o fluxo real.

Essa área existe porque a IA muda a natureza da decisão organizacional. Em sistemas tradicionais, muitas responsabilidades eram delimitadas pelo processo, pela aplicação ou pelo departamento. Em IA, a solução pode atravessar dados, modelos, usuários, fornecedores, decisões e canais. A fronteira fica mais porosa. Por isso, a organização precisa transformar uma preocupação ampla em decisões observáveis.

Na ponte do framework, esta área funciona como um bloco estrutural. Ela não substitui Tecnologia nem Negócios. Ela cria uma forma para que os dois lados conversem sobre o mesmo caso sem perder suas responsabilidades. Quando essa área é bem tratada, a iniciativa ganha clareza. Quando é ignorada, o projeto pode até avançar, mas carrega uma fragilidade que aparecerá no piloto, na escala ou no incidente.

O que Negócios precisa decidir

Negócios precisa saber qual decisão está pedindo em cada fase. **Na ideação**, pede autorização para explorar. **No piloto**, pede autorização para testar uma hipótese. **Na escala**, pede autorização para mudar um processo real. **Na operação**, pede manutenção ou ajuste. **Na revisão**, pode pedir ampliação ou desligamento. Essa clareza evita que um teste exploratório seja vendido como produção disfarçada.

Negócios também precisa reconhecer que governança não é transferência de responsabilidade. Ao propor uma iniciativa de IA, a área de negócio assume que existe uma decisão a melhorar, um processo a transformar ou um resultado a perseguir. Se esse vínculo com valor não é claro, a iniciativa não deveria avançar para escala. Em fase exploratória, a resposta pode ser hipótese. Em produção, precisa ser compromisso.

O que Tecnologia precisa entregar

Tecnologia precisa preparar evidência adequada para cada ritual. No intake, informa viabilidade inicial. No design review, mostra arquitetura, dados, integrações e segurança. No go/no-go de piloto, indica ambiente e limites. No go/no-go de produção, demonstra requisitos de escala, monitoramento e suporte. Na revisão, apresenta performance, custo, incidentes e estabilidade.

A entrega técnica precisa ser traduzida em linguagem executiva. Não basta apresentar termos técnicos que só especialistas entendem. A ponte exige que limitações, dependências e alternativas sejam expressas como impacto em prazo, custo, risco, qualidade, experiência do usuário e capacidade de escala. Quando a restrição técnica não é traduzida, o negócio interpreta como obstáculo. Quando é traduzida, vira elemento de decisão.

O que Governança precisa conectar

Governança conecta fase, decisão, evidência e autoridade. **Ela define quem decide o quê e em que momento.** Nem todo caso precisa de comitê. Mas todo caso precisa de uma próxima decisão clara. Para baixo risco, a decisão pode ser do gestor responsável. Para médio risco, pode envolver fórum de portfólio. Para alto risco, deve envolver instância multidisciplinar ou executiva.

Governança atua como mecanismo de compatibilidade. Ela transforma perguntas dispersas em fluxo. Garante que o caso não avance apenas porque alguém tem urgência, nem pare apenas porque alguém tem receio. A governança define a trilha proporcional ao risco e garante que as áreas certas participem no momento certo.

Controles que não travam

O controle que não trava é o mapa de rituais. Ele mostra as portas de decisão e as evidências mínimas de cada porta. O objetivo é impedir que a organização rediscuta tudo do zero a cada caso. Quando a cadência é conhecida, a velocidade aumenta. As áreas sabem quando serão chamadas, o negócio sabe o que precisa preparar e tecnologia sabe o que precisa demonstrar.

Controle bom deve responder a quatro perguntas. Que erro queremos evitar? Que evidência precisamos manter? Quem deve aprovar? Em que momento do ciclo de vida? Se ninguém sabe que decisão o controle melhora, o controle virou ritual vazio. A solução não é eliminar controle, mas reescrevê-lo em linguagem de risco e valor.

Evidências mínimas

A evidência mínima é a ata ou registro de decisão. Ela deve dizer qual decisão foi tomada, com base em que evidências, por quem, com quais condições e qual é a próxima revisão. Não é necessário escrever longos documentos para tudo. Mas uma decisão sem registro não gera aprendizado, nem presta contas.

A evidência deve ser proporcional ao risco. Em baixo risco, pode ser registro simples. Em alto risco, precisa ser documentação robusta. O que não muda é a necessidade de memória decisória. Sem registro, a organização não aprende, não audita e não demonstra responsabilidade. O que não fica registrado depende de lembranças individuais e desaparece quando pessoas mudam de função.

Rituais e artefatos

Os principais rituais são intake, triagem de risco, priorização de portfólio, revisão de desenho, aprovação de piloto, aprovação de produção, revisão de métricas, revisão de incidentes e reporte executivo. Cada ritual deve ter uma pergunta de decisão. Sem pergunta, vira reunião de status. Reuniões de status informam. Rituais de governança decidem.

O artefato desta área deve ser simples o suficiente para ser usado e robusto o suficiente para sustentar decisão. Um bom artefato não é aquele que impressiona pela complexidade. É aquele que ajuda a sala a decidir. Ele deve caber no fluxo de trabalho, ser atualizado quando necessário e servir como referência para auditoria, aprendizado e prestação de contas.

Antipadrões

O antipadrão recorrente é o comitê sem critério, que reúne muita gente para discutir pouco. Outro é o rito tardio, em que governança só aparece quando a solução já foi desenhada. Há também o ritual decorativo, em que todos aprovam porque ninguém quer bloquear. O rito só tem valor se melhora a decisão.

Os antipadrões são úteis porque mostram como a governança falha na prática. Raramente a falha começa como grande erro. Ela começa como atalho razoável, exceção conveniente, urgência justificável ou decisão sem registro. Em IA, pequenos atalhos podem ganhar escala. Por isso, a organização precisa reconhecer esses padrões cedo.

Aplicação prática na reunião executiva

Em uma reunião executiva, esta área deve entrar como pergunta direta, não como discussão abstrata. O facilitador deve apresentar o caso de uso e perguntar qual lacuna existe em relação a esta dimensão da ponte. A resposta deve orientar uma decisão concreta. Avançar, ajustar, pausar, encerrar ou pedir evidência adicional. Se a discussão termina apenas em opinião, a área não cumpriu seu papel.

A pergunta de bolso para levar à reunião é: **Qual é a próxima decisão desta iniciativa e quem tem autoridade para tomá-la?**

Aprofundamento prático da área

Para aplicar Rituais de Decisão sem cair em burocracia, a organização deve tratar esta área como uma conversa recorrente de decisão. Não se trata de criar mais uma camada documental, mas de garantir que a pergunta central esteja presente no momento certo. Em um caso de baixo risco, a resposta pode ser simples e registrada em poucas linhas. Em um caso de alto impacto, a resposta precisa ser formal, revisada e acompanhada ao longo do ciclo de vida.

O **primeiro nível de maturidade** em Rituais de Decisão **é a visibilidade**. A organização passa a enxergar a lacuna. Antes, a lacuna ficava escondida no entusiasmo do projeto. Depois, ela aparece como pergunta de governança. Essa visibilidade já muda o comportamento, porque obriga as áreas a reconhecerem o que ainda não sabem. Uma empresa que sabe o que não sabe decide melhor do que uma empresa que presume que tudo está resolvido.

O **segundo nível de maturidade é padronização**. A organização cria um modo comum de tratar Rituais de Decisão. O padrão não precisa ser pesado. Pode começar com um modelo simples, um campo no inventário, um rito de revisão ou uma pergunta obrigatória no intake. O importante é evitar que cada área reinvente a resposta. Padrão é o que permite escala sem transformar cada iniciativa em exceção.

O **terceiro nível de maturidade é integração**. Neste estágio, Rituais de Decisão deixa de ser uma etapa isolada e passa a se conectar com as demais áreas da ponte. A resposta sobre papéis influencia métricas. A resposta sobre risco influencia políticas. A resposta sobre roadmap influencia priorização. A resposta sobre compliance influencia desenho técnico. A governança amadurece quando essas conexões passam a ser naturais.

Um modo prático de testar a maturidade é escolher três casos de IA em estágios diferentes: uma ideia, um piloto e uma solução em operação. Para cada um, pergunte como Rituais de Decisão aparece. Se a resposta for clara apenas para o piloto mais visível, a organização ainda depende de atenção pontual. Se a resposta for clara para todos os casos relevantes, a área já começou a virar capacidade institucional.

Em uma reunião de conselho, Rituais de Decisão deve ser traduzido em supervisão, não em microgestão. O conselho não precisa examinar detalhes operacionais de todos os casos. Precisa saber se a organização tem um processo consistente para lidar com esta área, se casos críticos recebem tratamento adequado, se há indicadores de maturidade e se decisões relevantes chegam ao nível correto de governança.

Em um comitê executivo, Rituais de Decisão deve aparecer como critério de decisão. A pergunta não é se todos concordam em princípio. A pergunta é se o caso diante da mesa está pronto para avançar de fase. Avançar sem essa clareza pode parecer velocidade, mas aumenta a chance de retrabalho, exposição ou valor não capturado. A governança madura transforma a área em critério de passagem.

Em uma squad ou equipe de produto, Rituais de Decisão deve aparecer como parte do desenho. Isso significa que a equipe não espera a revisão final para descobrir o que precisa fazer. Ela incorpora a pergunta desde o início, desenha a solução considerando os limites e registra evidências proporcionais ao risco. Assim, a governança deixa de ser inspeção posterior e vira qualidade de projeto.

O erro mais comum é tratar Rituais de Decisão como uma responsabilidade de outra área. A área de negócio imagina que tecnologia resolverá. Tecnologia imagina que compliance validará. Compliance imagina que o negócio explicará. A ponte existe para impedir esse jogo de empurra. Cada área contribui, mas a decisão precisa ser integrada.

A implementação em trinta dias pode começar com um diagnóstico simples. A organização escolhe os dez casos de IA mais relevantes, aplica a pergunta central de Rituais de Decisão e identifica lacunas. Em sessenta dias, cria um artefato mínimo para padronizar a resposta. Em noventa dias, incorpora esse artefato ao rito de intake, piloto ou produção. Essa progressão evita esperar a perfeição e cria maturidade por uso real.

A melhor evidência de que Rituais de Decisão está funcionando é a redução de ambiguidade. As pessoas sabem o que precisam responder. As áreas sabem quando participar. Os executivos sabem que decisão tomar. Os usuários sabem os limites do uso. A governança deixa de depender de heróis individuais e passa a funcionar como sistema.

No fim, Rituais de Decisão é uma das pedras da ponte. Sozinha, não resolve a adoção de IA. Mas sem ela, a travessia fica instável. A organização pode até avançar por algum tempo, mas em algum momento a lacuna aparece como piloto perdido, risco não visto, valor não capturado ou decisão sem responsável.

ÁREA 5 - MÉTRICAS COMUNS

Como saber se a IA está funcionando de verdade

Cada área mede aquilo que conhece. Tecnologia mede performance, latência, disponibilidade, custo por chamada, taxa de erro e estabilidade. **Negócios mede** receita, margem, produtividade, conversão, satisfação, eficiência e resultado. **Governança mede** risco, incidentes, aderência à política, revisão humana, compliance, evidência e auditoria. Todas essas medidas são importantes, mas isoladas podem enganar.

O princípio simples desta área é: **IA governada mede valor, qualidade, risco e adoção ao mesmo tempo.**

Quando métricas comuns falham, a organização comemora resultados parciais. Um modelo apresenta boa acurácia, mas não muda decisão. Um chatbot responde rápido, mas piora a experiência. Uma automação reduz custo, mas aumenta risco. Uma ferramenta é muito usada, mas gera respostas não revisadas. Um caso gera valor em uma área e custo oculto em outra. Sem métricas comuns, cada lado escolhe o indicador que confirma sua narrativa.

Essa área existe porque a IA muda a natureza da decisão organizacional. Em sistemas tradicionais, muitas responsabilidades eram delimitadas pelo processo, pela aplicação ou pelo departamento. Em IA, a solução pode atravessar dados, modelos, usuários, fornecedores, decisões e canais. A fronteira fica mais porosa. Por isso, a organização precisa transformar uma preocupação ampla em decisões observáveis.

Na ponte do framework, esta área funciona como um bloco estrutural. Ela não substitui Tecnologia nem Negócios. Ela cria uma forma para que os dois lados conversem sobre o mesmo caso sem perder suas responsabilidades. Quando essa área é bem tratada, a iniciativa ganha clareza. Quando é ignorada, o projeto pode até avançar, mas carrega uma fragilidade que aparecerá no piloto, na escala ou no incidente.

O que Negócios precisa decidir

Negócios precisa definir a métrica de valor e o baseline. Se a promessa é reduzir tempo, o tempo atual precisa ser conhecido. Se a promessa é aumentar conversão, a conversão atual precisa ser medida. Se a promessa é melhorar experiência, o indicador precisa estar definido. Valor sem baseline vira percepção. Métrica sem dono vira decoração.

Negócios também precisa reconhecer que governança não é transferência de responsabilidade. Ao propor uma iniciativa de IA, a área de negócio assume que existe uma decisão a melhorar, um processo a transformar ou um resultado a perseguir. Se esse vínculo com valor não é claro, a iniciativa não deveria avançar para escala. Em fase exploratória, a resposta pode ser hipótese. Em produção, precisa ser compromisso.

O que Tecnologia precisa entregar

Tecnologia precisa traduzir métricas técnicas em impacto de uso. Acurácia não basta; é preciso explicar que tipo de erro ocorre. Latência não basta; é preciso explicar se o usuário sentirá demora. Custo computacional não basta; é preciso mostrar custo por processo, por atendimento, por documento ou por cliente. Disponibilidade não basta; é preciso mostrar impacto em continuidade operacional.

A entrega técnica precisa ser traduzida em linguagem executiva. Não basta apresentar termos técnicos que só especialistas entendem. A ponte exige que limitações, dependências e alternativas sejam expressas como impacto em prazo, custo, risco, qualidade, experiência do usuário e capacidade de escala. Quando a restrição técnica não é traduzida, o negócio interpreta como obstáculo. Quando é traduzida, vira elemento de decisão.

O que Governança precisa conectar

Governança conecta as métricas em um painel único. O dashboard de IA deve mostrar se a solução gera valor, se a qualidade técnica permanece adequada, se os riscos estão dentro do apetite e se os usuários adotam corretamente. O painel não precisa ser complexo no início. Precisa ser equilibrado. Uma IA que só aparece pelo valor pode esconder risco. Uma IA que só aparece pelo risco pode esconder oportunidade.

Governança atua como mecanismo de compatibilidade. Ela transforma perguntas dispersas em fluxo. Garante que o caso não avance apenas porque alguém tem urgência, nem pare apenas porque alguém tem receio. A governança define a trilha proporcional ao risco e garante que as áreas certas participem no momento certo.

Controles que não travam

O controle que não trava é exigir métrica antes do piloto e monitoramento antes da produção. O piloto pode testar hipótese, mas precisa saber o que está testando. A produção pode começar pequena, mas precisa saber o que será acompanhado. Para baixo risco, métricas simples bastam. Para alto risco, métricas devem incluir qualidade, erro crítico, revisão humana, incidentes, contestação e impacto por grupo quando aplicável.

Controle bom deve responder a quatro perguntas. Que erro queremos evitar? Que evidência precisamos manter? Quem deve aprovar? Em que momento do ciclo de vida? Se ninguém sabe que decisão o controle melhora, o controle virou ritual vazio. A solução não é eliminar controle, mas reescrevê-lo em linguagem de risco e valor.

Evidências mínimas

A evidência mínima é o registro de métricas definidas, baseline, resultado do piloto e plano de monitoramento. Quando a solução opera, a evidência inclui evolução dos indicadores, incidentes, revisões e decisões tomadas com base nos dados. Métrica sem decisão é apenas painel. Métrica boa orienta a ação.

A evidência deve ser proporcional ao risco. Em baixo risco, pode ser registro simples. Em alto risco, precisa ser documentação robusta. O que não muda é a necessidade de memória decisória. Sem registro, a organização não aprende, não audita e não demonstra responsabilidade. O que não fica registrado depende de lembranças individuais e desaparece quando pessoas mudam de função.

Rituais e artefatos

O ritual principal é a revisão de métricas. Ela deve acontecer com cadência proporcional ao risco e ao volume de uso. Em casos simples, pode ser mensal ou trimestral. Em casos críticos, precisa ser mais frequente. O importante é que a revisão responda se a IA deve ser mantida, ajustada, escalada, restringida ou encerrada.

O artefato desta área deve ser simples o suficiente para ser usado e robusto o suficiente para sustentar decisão. Um bom artefato não é aquele que impressiona pela complexidade. É aquele que ajuda a sala a decidir. Ele deve caber no fluxo de trabalho, ser atualizado quando necessário e servir como referência para auditoria, aprendizado e prestação de contas.

Antipadrões

O antipadrão comum é medir apenas tecnologia. Outro é medir apenas valor prometido, sem acompanhar risco. Há também a métrica vaidosa, como número de usuários ou número de prompts, que mostra atividade, mas não impacto. Outro erro é medir tudo e decidir nada. Métricas comuns servem para governar, não para decorar dashboard. Métricas de vaidade também expõe o modelo.

Os antipadrões são úteis porque mostram como a governança falha na prática. Raramente a falha começa como grande erro. Ela começa como atalho razoável, exceção conveniente, urgência justificável ou decisão sem registro. Em IA, pequenos atalhos podem ganhar escala. Por isso, a organização precisa reconhecer esses padrões cedo.

Aplicação prática na reunião executiva

Em uma reunião executiva, esta área deve entrar como pergunta direta, não como discussão abstrata. O facilitador deve apresentar o caso de uso e perguntar qual lacuna existe em relação a esta dimensão da ponte. A resposta deve orientar uma decisão concreta. Avançar, ajustar, pausar, encerrar ou pedir evidência adicional. Se a discussão termina apenas em opinião, a área não cumpriu seu papel.

A pergunta de bolso para levar à reunião é: **Estamos medindo apenas se a IA funciona ou também se ela gera valor com risco aceitável?**

Aprofundamento prático da área

Para aplicar Métricas Comuns sem cair em burocracia, a organização deve tratar esta área como uma conversa recorrente de decisão. Não se trata de criar mais uma camada documental, mas de garantir que a pergunta central esteja presente no momento certo. Em um caso de baixo risco, a resposta pode ser simples e registrada em poucas linhas. Em um caso de alto impacto, a resposta precisa ser formal, revisada e acompanhada ao longo do ciclo de vida.

O **primeiro nível de maturidade** em Métricas Comuns **é a visibilidade**. A organização passa a enxergar a lacuna. Antes, a lacuna ficava escondida no entusiasmo do projeto. Depois, ela aparece como pergunta de governança. Essa visibilidade já muda o comportamento, porque obriga as áreas a reconhecerem o que ainda não sabem. Uma empresa que sabe o que não sabe decide melhor do que uma empresa que presume que tudo está resolvido.

O **segundo nível de maturidade é padronização**. A organização cria um modo comum de tratar Métricas Comuns. O padrão não precisa ser pesado. Pode começar com um modelo simples, um campo no inventário, um rito de revisão ou uma pergunta obrigatória no intake. O importante é evitar que cada área reinvente a resposta. Padrão é o que permite escala sem transformar cada iniciativa em exceção.

O **terceiro nível de maturidade é integração**. Neste estágio, Métricas Comuns deixa de ser uma etapa isolada e passa a se conectar com as demais áreas da ponte. A resposta sobre papéis influencia métricas. A resposta sobre risco influencia políticas. A resposta sobre roadmap influencia priorização. A resposta sobre compliance influencia desenho técnico. A governança amadurece quando essas conexões passam a ser naturais.

Um modo prático de testar a maturidade é escolher três casos de IA em estágios diferentes: uma ideia, um piloto e uma solução em operação. Para cada um, pergunte como Métricas Comuns aparece. Se a resposta for clara apenas para o piloto mais visível, a organização ainda depende de atenção pontual. Se a resposta for clara para todos os casos relevantes, a área já começou a virar capacidade institucional.

Em uma reunião de conselho, Métricas Comuns deve ser traduzido em supervisão, não em microgestão. O conselho não precisa examinar detalhes operacionais de todos os casos. Precisa saber se a organização tem um processo consistente para lidar com esta área, se casos críticos recebem tratamento adequado, se há indicadores de maturidade e se decisões relevantes chegam ao nível correto de governança.

Em um comitê executivo, Métricas Comuns deve aparecer como critério de decisão. A pergunta não é se todos concordam em princípio. A pergunta é se o caso diante da mesa está pronto para avançar de fase. Avançar sem essa clareza pode parecer velocidade, mas aumenta a chance de retrabalho, exposição ou valor não capturado. A governança madura transforma a área em critério de passagem.

Em uma squad ou equipe de produto, Métricas Comuns deve aparecer como parte do desenho. Isso significa que a equipe não espera a revisão final para descobrir o que precisa fazer. Ela incorpora a pergunta desde o início, desenha a solução considerando os limites e registra evidências proporcionais ao risco. Assim, a governança deixa de ser inspeção posterior e vira qualidade de projeto.

O erro mais comum é tratar Métricas Comuns como uma responsabilidade de outra área. A área de negócio imagina que tecnologia resolverá. Tecnologia imagina que compliance validará. Compliance imagina que o negócio explicará. A ponte existe para impedir esse jogo de empurra. Cada área contribui, mas a decisão precisa ser integrada.

A implementação em trinta dias pode começar com um diagnóstico simples. A organização escolhe os dez casos de IA mais relevantes, aplica a pergunta central de Métricas Comuns e identifica lacunas. Em sessenta dias, cria um artefato mínimo para padronizar a resposta. Em noventa dias, incorpora esse artefato ao rito de intake, piloto ou produção. Essa progressão evita esperar a perfeição e cria maturidade por uso real.

A melhor evidência de que Métricas Comuns está funcionando é a redução de ambiguidade. As pessoas sabem o que precisam responder. As áreas sabem quando participar. Os executivos sabem que decisão tomar. Os usuários sabem os limites do uso. A governança deixa de depender de heróis individuais e passa a funcionar como sistema.

No fim, Métricas Comuns é uma das pedras da ponte. Sozinha, não resolve a adoção de IA. Mas sem ela, a travessia fica instável. A organização pode até avançar por algum tempo, mas em algum momento a lacuna aparece como piloto perdido, risco não visto, valor não capturado ou decisão sem responsável.

ÁREA 6 - GESTÃO DE RISCO

Governança proporcional para usos diferentes de IA

Nem todo uso de IA pede o mesmo peso de governança. Essa frase parece simples, mas muitas organizações ainda operam em extremos. Ou tratam tudo como risco crítico, criando lentidão e incentivando atalhos, ou tratam tudo como ferramenta de produtividade, ignorando impacto em clientes, colaboradores, decisões e reputação. A gestão de risco cria proporcionalidade.

O princípio simples desta área é: **Baixo risco pede orientação, médio risco pede evidência, alto risco pede prova, supervisão e accountability.**

Quando gestão de risco falha, casos simples ficam presos em processos pesados e casos críticos avançam por trilha leve. Um assistente interno de baixa criticidade recebe exigências exageradas, enquanto um sistema que influencia crédito, preço, emprego ou atendimento sensível é tratado como inovação comum. A organização perde velocidade onde poderia avançar e perde controle onde deveria aprofundar.

Essa área existe porque a IA muda a natureza da decisão organizacional. Em sistemas tradicionais, muitas responsabilidades eram delimitadas pelo processo, pela aplicação ou pelo departamento. Em IA, a solução pode atravessar dados, modelos, usuários, fornecedores, decisões e canais. A fronteira fica mais porosa. Por isso, a organização precisa transformar uma preocupação ampla em decisões observáveis.

Na ponte do framework, esta área funciona como um bloco estrutural. Ela não substitui Tecnologia nem Negócios. Ela cria uma forma para que os dois lados conversem sobre o mesmo caso sem perder suas responsabilidades. Quando essa área é bem tratada, a iniciativa ganha clareza. Quando é ignorada, o projeto pode até avançar, mas carrega uma fragilidade que aparecerá no piloto, na escala ou no incidente.

O que Negócios precisa decidir

Negócios precisa explicar impacto. Se a IA errar, quem pode ser prejudicado? O dano seria financeiro, operacional, reputacional, jurídico, regulatório ou humano? O erro pode ser corrigido? O usuário saberá contestar? A decisão afeta acesso, preço, emprego, crédito, saúde, segurança, educação ou oportunidade? Essas respostas vêm do conhecimento do processo, não apenas da tecnologia.

Negócios também precisa reconhecer que governança não é transferência de responsabilidade. Ao propor uma iniciativa de IA, a área de negócio assume que existe uma decisão a melhorar, um processo a transformar ou um resultado a perseguir. Se esse vínculo com valor não é claro, a iniciativa não deveria avançar para escala. Em fase exploratória, a resposta pode ser hipótese. Em produção, precisa ser compromisso.

O que Tecnologia precisa entregar

Tecnologia precisa explicar autonomia, dados, integração e limites. A IA apenas informa ou executa ação? Usa dados sensíveis? Conecta-se a sistemas críticos? Há logs? Há controle de acesso? Pode ser desligada? O modelo é monitorável? O fornecedor acessa dados? O custo de erro aumenta com escala? Essas informações ajudam a classificar risco e definir controles.

A entrega técnica precisa ser traduzida em linguagem executiva. Não basta apresentar termos técnicos que só especialistas entendem. A ponte exige que limitações, dependências e alternativas sejam expressas como impacto em prazo, custo, risco, qualidade, experiência do usuário e capacidade de escala. Quando a restrição técnica não é traduzida, o negócio interpreta como obstáculo. Quando é traduzida, vira elemento de decisão.

O que Governança precisa conectar

Governança conecta impacto e autonomia em uma régua. A classificação deve considerar risco inerente antes dos controles e risco residual depois dos controles. Controles reduzem risco, mas não apagam a natureza do caso. Um sistema que influencia crédito continua sensível mesmo com revisão humana. A pergunta é se o risco residual está dentro do apetite da organização.

Governança atua como mecanismo de compatibilidade. Ela transforma perguntas dispersas em fluxo. Garante que o caso não avance apenas porque alguém tem urgência, nem pare apenas porque alguém tem receio. A governança define a trilha proporcional ao risco e garante que as áreas certas participem no momento certo.

Controles que não travam

O controle que não trava é a régua de risco no início do ciclo. Baixo risco segue por trilha leve, com orientação, registro simples e revisão humana básica. Médio risco exige evidência adicional, análise de dados, testes, segurança, dono formal e monitoramento. Alto risco exige avaliação de impacto, supervisão humana real, validação reforçada, logs, aprovação executiva, plano de incidente e revisão periódica. Usos vedados devem ser recusados ou redesenhados.

Controle bom deve responder a quatro perguntas. Que erro queremos evitar? Que evidência precisamos manter? Quem deve aprovar? Em que momento do ciclo de vida? Se ninguém sabe que decisão o controle melhora, o controle virou ritual vazio. A solução não é eliminar controle, mas reescrevê-lo em linguagem de risco e valor.

Evidências mínimas

A evidência mínima é a classificação de risco, o racional da classificação, os controles aplicados, o risco residual e a aprovação correspondente. Em alto risco, a evidência precisa incluir avaliação de impacto, análise de dados e vieses, explicabilidade suficiente, revisão humana, logs, monitoramento e plano de contingência.

A evidência deve ser proporcional ao risco. Em baixo risco, pode ser registro simples. Em alto risco, precisa ser documentação robusta. O que não muda é a necessidade de memória decisória. Sem registro, a organização não aprende, não audita e não demonstra responsabilidade. O que não fica registrado depende de lembranças individuais e desaparece quando pessoas mudam de função.

Rituais e artefatos

O ritual principal é a triagem de risco. Ela ocorre no intake e é revisitada antes do piloto, antes da produção e quando o escopo muda. Risco não é etiqueta permanente. Uma solução pode começar como apoio interno e se tornar crítica quando passa a interagir com clientes, usar dados sensíveis ou executar ações.

O artefato desta área deve ser simples o suficiente para ser usado e robusto o suficiente para sustentar decisão. Um bom artefato não é aquele que impressiona pela complexidade. É aquele que ajuda a sala a decidir. Ele deve caber no fluxo de trabalho, ser atualizado quando necessário e servir como referência para auditoria, aprendizado e prestação de contas.

Antipadrões

O antipadrão é subestimar usos aparentemente simples. Um assistente de texto pode virar comunicação externa. Um classificador interno pode influenciar pessoas. Um agente administrativo pode ganhar permissões críticas. O outro antipadrão é exagerar controle em usos simples, empurrando usuários para ferramentas não aprovadas. Risco mal calibrado gera exposição ou clandestinidade.

Os antipadrões são úteis porque mostram como a governança falha na prática. Raramente a falha começa como grande erro. Ela começa como atalho razoável, exceção conveniente, urgência justificável ou decisão sem registro. Em IA, pequenos atalhos podem ganhar escala. Por isso, a organização precisa reconhecer esses padrões cedo.

Aplicação prática na reunião executiva

Em uma reunião executiva, esta área deve entrar como pergunta direta, não como discussão abstrata. O facilitador deve apresentar o caso de uso e perguntar qual lacuna existe em relação a esta dimensão da ponte. A resposta deve orientar uma decisão concreta. Avançar, ajustar, pausar, encerrar ou pedir evidência adicional. Se a discussão termina apenas em opinião, a área não cumpriu seu papel.

A pergunta de bolso para levar à reunião é: **Se esta IA errar, quem ou o quê pode ser prejudicado, com qual gravidade e com que chance de correção?**

Aprofundamento prático da área

Para aplicar Gestão de Risco sem cair em burocracia, a organização deve tratar esta área como uma conversa recorrente de decisão. Não se trata de criar mais uma camada documental, mas de garantir que a pergunta central esteja presente no momento certo. Em um caso de baixo risco, a resposta pode ser simples e registrada em poucas linhas. Em um caso de alto impacto, a resposta precisa ser formal, revisada e acompanhada ao longo do ciclo de vida.

O **primeiro nível de maturidade em Gestão de Risco é visibilidade**. A organização passa a enxergar a lacuna. Antes, a lacuna ficava escondida no entusiasmo do projeto. Depois, ela aparece como pergunta de governança. Essa visibilidade já muda o comportamento, porque obriga as áreas a reconhecerem o que ainda não sabem. Uma empresa que sabe o que não sabe decide melhor do que uma empresa que presume que tudo está resolvido.

O **segundo nível de maturidade é padronização**. A organização cria um modo comum de tratar Gestão de Risco. O padrão não precisa ser pesado. Pode começar com um modelo simples, um campo no inventário, um rito de revisão ou uma pergunta obrigatória no intake. O importante é evitar que cada área reinvente a resposta. Padrão é o que permite escala sem transformar cada iniciativa em exceção.

O **terceiro nível de maturidade é integração**. Neste estágio, Gestão de Risco deixa de ser uma etapa isolada e passa a se conectar com as demais áreas da ponte. A resposta sobre papéis influencia métricas. A resposta sobre risco influencia políticas. A resposta sobre roadmap influencia priorização. A resposta sobre compliance influencia desenho técnico. A governança amadurece quando essas conexões passam a ser naturais.

Um modo prático de testar a maturidade é escolher três casos de IA em estágios diferentes: uma ideia, um piloto e uma solução em operação. Para cada um, pergunte como Gestão de Risco aparece. Se a resposta for clara apenas para o piloto mais visível, a organização ainda depende de atenção pontual. Se a resposta for clara para todos os casos relevantes, a área já começou a virar capacidade institucional.

Em uma reunião de conselho, Gestão de Risco deve ser traduzido em supervisão, não em microgestão. O conselho não precisa examinar detalhes operacionais de todos os casos. Precisa saber se a organização tem um processo consistente para lidar com esta área, se casos críticos recebem tratamento adequado, se há indicadores de maturidade e se decisões relevantes chegam ao nível correto de governança.

Em um comitê executivo, Gestão de Risco deve aparecer como critério de decisão. A pergunta não é se todos concordam em princípio. A pergunta é se o caso diante da mesa está pronto para avançar de fase. Avançar sem essa clareza pode parecer velocidade, mas aumenta a chance de retrabalho, exposição ou valor não capturado. A governança madura transforma a área em critério de passagem.

Em uma squad ou equipe de produto, Gestão de Risco deve aparecer como parte do desenho. Isso significa que a equipe não espera a revisão final para descobrir o que precisa fazer. Ela incorpora a pergunta desde o início, desenha a solução considerando os limites e registra evidências proporcionais ao risco. Assim, a governança deixa de ser inspeção posterior e vira qualidade de projeto.

O erro mais comum é tratar Gestão de Risco como uma responsabilidade de outra área. A área de negócio imagina que tecnologia resolverá. Tecnologia imagina que compliance validará. Compliance imagina que o negócio explicará. A ponte existe para impedir esse jogo de empurra. Cada área contribui, mas a decisão precisa ser integrada.

A implementação em trinta dias pode começar com um diagnóstico simples. A organização escolhe os dez casos de IA mais relevantes, aplica a pergunta central de Gestão de Risco e identifica lacunas. Em sessenta dias, cria um artefato mínimo para padronizar a resposta. Em noventa dias, incorpora esse artefato ao rito de intake, piloto ou produção. Essa progressão evita esperar a perfeição e cria maturidade por uso real.

A melhor evidência de que Gestão de Risco está funcionando é a redução de ambiguidade. As pessoas sabem o que precisam responder. As áreas sabem quando participar. Os executivos sabem que decisão tomar. Os usuários sabem os limites do uso. A governança deixa de depender de heróis individuais e passa a funcionar como sistema.

No fim, Gestão de Risco é uma das pedras da ponte. Sozinha, não resolve a adoção de IA. Mas sem ela, a travessia fica instável. A organização pode até avançar por algum tempo, mas em algum momento a lacuna aparece como piloto perdido, risco não visto, valor não capturado ou decisão sem responsável.

ÁREA 7 - COMPLIANCE E ÉTICA

Uso legal, legítimo, justo, transparente e defensável

IA torna visíveis escolhas que antes ficavam diluídas nos processos. Quais dados usamos, que grupos são representados, que erro aceitamos, que decisão automatizamos, que explicação oferecemos, que revisão humana preservamos e que impacto geramos. **Compliance e ética entram para garantir que a adoção de IA seja legal, legítima, justa, transparente e defensável.**

O princípio simples desta área é: **A pergunta ética não é apenas se podemos fazer. É se devemos fazer deste modo, com estes dados, afetando estas pessoas, sob estes controles.**

Quando compliance e ética falham, a empresa pode produzir dano mesmo com uma tecnologia funcional. Pode usar dados sem finalidade adequada, discriminar grupos, negar oportunidades, publicar conteúdo inadequado, expor informações confidenciais, automatizar decisões sensíveis sem revisão, manipular comportamento de clientes ou depender de fornecedor sem garantias. O problema aparece como incidente, crise reputacional, questionamento regulatório ou perda de confiança.

Essa área existe porque a IA muda a natureza da decisão organizacional. Em sistemas tradicionais, muitas responsabilidades eram delimitadas pelo processo, pela aplicação ou pelo departamento. Em IA, a solução pode atravessar dados, modelos, usuários, fornecedores, decisões e canais. A fronteira fica mais porosa. Por isso, a organização precisa transformar uma preocupação ampla em decisões observáveis.

Na ponte do framework, esta área funciona como um bloco estrutural. Ela não substitui Tecnologia nem Negócios. Ela cria uma forma para que os dois lados conversem sobre o mesmo caso sem perder suas responsabilidades. Quando essa área é bem tratada, a iniciativa ganha clareza. Quando é ignorada, o projeto pode até avançar, mas carrega uma fragilidade que aparecerá no piloto, na escala ou no incidente.

O que Negócios precisa decidir

Negócios precisa reconhecer que nem todo valor aparente é aceitável. Uma personalização pode aumentar conversão e ainda assim ser invasiva. Uma triagem pode reduzir tempo e ainda assim excluir pessoas injustamente. Uma recomendação pode otimizar margem e ainda assim prejudicar confiança. O negócio deve decidir que usos são coerentes com a marca, os valores, o apetite de risco e a relação que deseja manter com clientes e colaboradores.

Negócios também precisa reconhecer que governança não é transferência de responsabilidade. Ao propor uma iniciativa de IA, a área de negócio assume que existe uma decisão a melhorar, um processo a transformar ou um resultado a perseguir. Se esse vínculo com valor não é claro, a iniciativa não deveria avançar para escala. Em fase exploratória, a resposta pode ser hipótese. Em produção, precisa ser compromisso.

O que Tecnologia precisa entregar

Tecnologia precisa oferecer meios para cumprir esses limites. Isso inclui minimização de dados, controle de acesso, explicabilidade suficiente, logs, revisão humana, segregação de ambientes, gestão de fornecedores, rastreabilidade de outputs e mecanismos de contestação quando necessários. Ética sem implementação técnica vira discurso. Compliance sem arquitetura vira carimbo frágil.

A entrega técnica precisa ser traduzida em linguagem executiva. Não basta apresentar termos técnicos que só especialistas entendem. A ponte exige que limitações, dependências e alternativas sejam expressas como impacto em prazo, custo, risco, qualidade, experiência do usuário e capacidade de escala. Quando a restrição técnica não é traduzida, o negócio interpreta como obstáculo. Quando é traduzida, vira elemento de decisão.

O que Governança precisa conectar

Governança conecta legalidade, legitimidade e evidência. Ela define quando jurídico, privacidade, compliance, riscos e ética entram no desenho. Também garante que as decisões fiquem registradas. O objetivo não é transformar toda discussão em parecer jurídico. É identificar cedo quando finalidade, dados, impacto humano ou automação exigem análise mais profunda.

Governança atua como mecanismo de compatibilidade. Ela transforma perguntas dispersas em fluxo. Garante que o caso não avance apenas porque alguém tem urgência, nem pare apenas porque alguém tem receio. A governança define a trilha proporcional ao risco e garante que as áreas certas participem no momento certo.

Controles que não travam

O controle que não trava é a avaliação ética e de compliance proporcional ao risco. Em usos simples, ela pode ser uma checagem de finalidade, dados e revisão. Em usos sensíveis, precisa avaliar impacto humano, transparência, explicabilidade, não discriminação, base de dados, propriedade intelectual, comunicação ao usuário, direito de revisão, fornecedor e plano de contestação.

Controle bom deve responder a quatro perguntas. Que erro queremos evitar? Que evidência precisamos manter? Quem deve aprovar? Em que momento do ciclo de vida? Se ninguém sabe que decisão o controle melhora, o controle virou ritual vazio. A solução não é eliminar controle, mas reescrevê-lo em linguagem de risco e valor.

Evidências mínimas

A evidência mínima é o registro de finalidade, dados, base de uso, impacto potencial, revisão humana, comunicação necessária, avaliação de fornecedor e aprovações aplicáveis. Em alto risco, a evidência precisa ser robusta o suficiente para que a organização consiga explicar e defender publicamente a decisão.

A evidência deve ser proporcional ao risco. Em baixo risco, pode ser registro simples. Em alto risco, precisa ser documentação robusta. O que não muda é a necessidade de memória decisória. Sem registro, a organização não aprende, não audita e não demonstra responsabilidade. O que não fica registrado depende de lembranças individuais e desaparece quando pessoas mudam de função.

Rituais e artefatos

O ritual principal é a revisão de uso aceitável. Ela deve acontecer antes do piloto para casos sensíveis e antes da produção para qualquer caso que envolva clientes, colaboradores, dados pessoais, comunicação externa ou decisão relevante. Também deve ocorrer após incidentes, reclamações ou mudanças de escopo.

O artefato desta área deve ser simples o suficiente para ser usado e robusto o suficiente para sustentar decisão. Um bom artefato não é aquele que impressiona pela complexidade. É aquele que ajuda a sala a decidir. Ele deve caber no fluxo de trabalho, ser atualizado quando necessário e servir como referência para auditoria, aprendizado e prestação de contas.

Antipadrões

O antipadrão é chamar compliance no final. Quando entra tarde, compliance parece obstáculo. Quando entra cedo, ajuda a desenhar. Outro antipadrão é confundir ética com intenção. Ter boas intenções não basta. É preciso verificar impacto, dados, transparência e possibilidade de correção. Há também o compliance decorativo, em que a aprovação existe, mas ninguém consegue explicar o uso em linguagem simples.

Os antipadrões são úteis porque mostram como a governança falha na prática. Raramente a falha começa como grande erro. Ela começa como atalho razoável, exceção conveniente, urgência justificável ou decisão sem registro. Em IA, pequenos atalhos podem ganhar escala. Por isso, a organização precisa reconhecer esses padrões cedo.

Aplicação prática na reunião executiva

Em uma reunião executiva, esta área deve entrar como pergunta direta, não como discussão abstrata. O facilitador deve apresentar o caso de uso e perguntar qual lacuna existe em relação a esta dimensão da ponte. A resposta deve orientar uma decisão concreta. Avançar, ajustar, pausar, encerrar ou pedir evidência adicional. Se a discussão termina apenas em opinião, a área não cumpriu seu papel.

A pergunta de bolso para levar à reunião é: **Conseguiríamos explicar e defender publicamente este uso de IA se ele fosse questionado?**

Aprofundamento prático da área

Para aplicar Compliance e Ética sem cair em burocracia, a organização deve tratar esta área como uma conversa recorrente de decisão. Não se trata de criar mais uma camada documental, mas de garantir que a pergunta central esteja presente no momento certo. Em um caso de baixo risco, a resposta pode ser simples e registrada em poucas linhas. Em um caso de alto impacto, a resposta precisa ser formal, revisada e acompanhada ao longo do ciclo de vida.

O primeiro nível de maturidade em Compliance e Ética é visibilidade. A organização passa a enxergar a lacuna. Antes, a lacuna ficava escondida no entusiasmo do projeto. Depois, ela aparece como pergunta de governança. Essa visibilidade já muda o comportamento, porque obriga as áreas a reconhecerem o que ainda não sabem. Uma empresa que sabe o que não sabe decide melhor do que uma empresa que presume que tudo está resolvido.

O segundo nível de maturidade é padronização. A organização cria um modo comum de tratar Compliance e Ética. O padrão não precisa ser pesado. Pode começar com um modelo simples, um campo no inventário, um rito de revisão ou uma pergunta obrigatória no intake. O importante é evitar que cada área reinvente a resposta. Padrão é o que permite escala sem transformar cada iniciativa em exceção.

O terceiro nível de maturidade é integração. Neste estágio, Compliance e Ética deixa de ser uma etapa isolada e passa a se conectar com as demais áreas da ponte. A resposta sobre papéis influencia métricas. A resposta sobre risco influencia políticas. A resposta sobre roadmap influencia priorização. A resposta sobre compliance influencia desenho técnico. A governança amadurece quando essas conexões passam a ser naturais.

Um modo prático de testar a maturidade é escolher três casos de IA em estágios diferentes: uma ideia, um piloto e uma solução em operação. Para cada um, pergunte como Compliance e Ética aparece. Se a resposta for clara apenas para o piloto mais visível, a organização ainda depende de atenção pontual. Se a resposta for clara para todos os casos relevantes, a área já começou a virar capacidade institucional.

Em uma reunião de conselho, Compliance e Ética deve ser traduzido em supervisão, não em microgestão. O conselho não precisa examinar detalhes operacionais de todos os casos. Precisa saber se a organização tem um processo consistente para lidar com esta área, se casos críticos recebem tratamento adequado, se há indicadores de maturidade e se decisões relevantes chegam ao nível correto de governança.

Em um comitê executivo, Compliance e Ética deve aparecer como critério de decisão. A pergunta não é se todos concordam em princípio. A pergunta é se o caso diante da mesa está pronto para avançar de fase. Avançar sem essa clareza pode parecer velocidade, mas aumenta a chance de retrabalho, exposição ou valor não capturado. A governança madura transforma a área em critério de passagem.

Em uma squad ou equipe de produto, Compliance e Ética deve aparecer como parte do desenho. Isso significa que a equipe não espera a revisão final para descobrir o que precisa fazer. Ela incorpora a pergunta desde o início, desenha a solução considerando os limites e registra evidências proporcionais ao risco. Assim, a governança deixa de ser inspeção posterior e vira qualidade de projeto.

O erro mais comum é tratar Compliance e Ética como uma responsabilidade de outra área. A área de negócio imagina que tecnologia resolverá. Tecnologia imagina que compliance validará. Compliance imagina que o negócio explicará. A ponte existe para impedir esse jogo de empurra. Cada área contribui, mas a decisão precisa ser integrada.

A implementação em trinta dias pode começar com um diagnóstico simples. A organização escolhe os dez casos de IA mais relevantes, aplica a pergunta central de Compliance e Ética e identifica lacunas. Em sessenta dias, cria um artefato mínimo para padronizar a resposta. Em noventa dias, incorpora esse artefato ao rito de intake, piloto ou produção. Essa progressão evita esperar a perfeição e cria maturidade por uso real.

A melhor evidência de que Compliance e Ética está funcionando é a redução de ambiguidade. As pessoas sabem o que precisam responder. As áreas sabem quando participar. Os executivos sabem que decisão tomar. Os usuários sabem os limites do uso. A governança deixa de depender de heróis individuais e passa a funcionar como sistema.

No fim, Compliance e Ética é uma das pedras da ponte. Sozinha, não resolve a adoção de IA. Mas sem ela, a travessia fica instável. A organização pode até avançar por algum tempo, mas em algum momento a lacuna aparece como piloto perdido, risco não visto, valor não capturado ou decisão sem responsável.

O CASO DO BONDE (ENTENDENDO SOBRE A ÉTICA EM IA)

Imagine que você está sentado no banco do passageiro de um veículo autônomo de última geração. O interior é silencioso, o volante gira sozinho com precisão cirúrgica e você confia plenamente na tecnologia.

Até que algo inesperado acontece.

O Fantasma nos Trilhos: 1967

Nossa história começa muito antes dos computadores processarem bilhões de dados por segundo. Em 1967, a filósofa **Philippa Foot** publicou um artigo intitulado *"The Problem of Abortion and the Doctrine of the Double Effect"*. Nele, ela não falava de sensores ou lasers, mas de um bonde desgovernado.

Imagine a cena: o bonde corre em direção a cinco trabalhadores nos trilhos. Você está diante de uma alavanca. Se puxá-la, o bonde desvia para um trilho lateral onde há apenas uma pessoa. O que você faz? A maioria de nós, movida pelo **Utilitarismo** (a busca pelo bem maior para o maior número de pessoas), puxaria a alavanca. Afinal, cinco vidas valem mais que uma, certo?

Mas a filosofia é um labirinto. Pouco depois, **Judith Jarvis Thomson** refinou essa história no paper *"The Trolley Problem"* (1985), introduzindo dilemas onde a ação direta — como empurrar alguém de uma ponte para parar o bonde — nos causa repulsa. Aqui, a **Deontologia** (a ética do dever e das normas absolutas) sussurra em nosso ouvido: "Não matarás, independentemente do resultado".

A Máquina Ganha Vida

Por décadas, esses dilemas foram apenas exercícios mentais para estudantes de filosofia em salas empoeiradas. Mas então, a Inteligência Artificial saiu dos laboratórios e ganhou as ruas.

Quando um engenheiro programa um **carro autônomo**, ele está, pela primeira vez na história, "congelando" uma decisão moral em linhas de código. O carro não tem o "instinto de sobrevivência" ou o "pânico" de um motorista humano que desvia por reflexo. O algoritmo executa uma escolha calculada em milissegundos.

Em 2016, o mundo da tecnologia foi sacudido pelo paper **"The Social Dilemma of Autonomous Vehicles"**, publicado na revista *Science*. Os pesquisadores Bonnefon, Shariff e Rahwan descobriram algo perturbador: o ser humano é um hipócrita ético. Adoramos a ideia de carros utilitaristas que salvam a multidão, desde que seja o carro *dos outros*. Para o *nosso* carro, queremos proteção total ao passageiro, custe o que custar.

O Mapa da Moralidade: Moral Machine

A história se complica quando percebemos que a "ética" não fala uma única língua. O projeto **Moral Machine**, liderado pelo MIT e publicado na *Nature* em 2018, coletou 40 milhões de decisões de pessoas em todo o mundo.

Eles descobriram que o "algoritmo do bonde" mudaria dependendo de onde o carro estivesse circulando. Na França, talvez o carro priorizasse crianças acima de tudo. Em países orientais, a tendência seria proteger os mais velhos, refletindo um profundo respeito cultural pela ancestralidade. Como uma empresa global pode criar um "agente moral" que funcione em culturas com bússolas éticas tão diferentes?

O Desfecho: O Peso do Código

Hoje, quando falamos de **IA Agentica**, o "Bonde de Philippa Foot" não é mais um problema de trilhos e alavancas. É um problema de **responsabilidade**. Se o agente toma uma decisão baseada em um paper de 1967 e o resultado é uma tragédia, quem responde por isso? O programador que escreveu o código? O CEO da montadora? Ou a própria IA, por ter agido de forma autônoma?

Neste módulo, aprenderemos que a tecnologia é o corpc, mas a filosofia é a alma da IA. Sem entender o dilema do bonde, corremos o risco de construir máquinas extremamente inteligentes, mas profundamente injustas.

Clique no link abaixo e faça você o teste proposto pelo estudo.

https://ethical-ai-mirror.lovable.app

ÁREA 8 - ROADMAP INTEGRADO

Como conectar casos, capacidades e maturidade

Muitas empresas começam a adoção de IA como uma sequência de iniciativas locais. Marketing testa geração de conteúdo. Atendimento testa chatbot. Jurídico testa análise documental. RH testa triagem. Operações testa previsão. Tecnologia testa ferramentas. Cada caso resolve suas próprias dependências, negocia seus próprios fornecedores, cria suas próprias métricas e descobre seus próprios riscos. O resultado é dispersão.

O princípio simples desta área é: **IA não escala por acúmulo de pilotos. Escala quando casos de uso, dados, arquitetura, políticas, pessoas e governança evoluem juntos.**

Quando o roadmap não é integrado, a organização acumula pilotos sem escala. Casos diferentes dependem dos mesmos dados, mas cada um trata a base de forma isolada. Várias áreas contratam ferramentas semelhantes. Segurança revisa soluções repetidas vezes. Políticas são criadas depois dos problemas. Treinamentos chegam tarde. Métricas não se conversam. A empresa aprende, mas não institucionaliza o aprendizado.

Essa área existe porque a IA muda a natureza da decisão organizacional. Em sistemas tradicionais, muitas responsabilidades eram delimitadas pelo processo, pela aplicação ou pelo departamento. Em IA, a solução pode atravessar dados, modelos, usuários, fornecedores, decisões e canais. A fronteira fica mais porosa. Por isso, a organização precisa transformar uma preocupação ampla em decisões observáveis.

Na ponte do framework, esta área funciona como um bloco estrutural. Ela não substitui Tecnologia nem Negócios. Ela cria uma forma para que os dois lados conversem sobre o mesmo caso sem perder suas responsabilidades. Quando essa área é bem tratada, a iniciativa ganha clareza. Quando é ignorada, o projeto pode até avançar, mas carrega uma fragilidade que aparecerá no piloto, na escala ou no incidente.

O que Negócios precisa decidir

Negócios precisa enxergar a jornada além do caso individual. Alguns casos geram valor rápido. Outros são estratégicos e exigem maturidade. Outros são fundacionais e destravam vários usos. O negócio precisa aceitar que nem todo investimento em IA aparecerá como caso de uso imediato. Dados, arquitetura, política, capacitação e governança são capacidades que aumentam a velocidade futura.

Negócios também precisa reconhecer que governança não é transferência de responsabilidade. Ao propor uma iniciativa de IA, a área de negócio assume que existe uma decisão a melhorar, um processo a transformar ou um resultado a perseguir. Se esse vínculo com valor não é claro, a iniciativa não deveria avançar para escala. Em fase exploratória, a resposta pode ser hipótese. Em produção, precisa ser compromisso.

O que Tecnologia precisa entregar

Tecnologia precisa mapear dependências compartilhadas. Quais casos dependem da mesma base de clientes? Quais exigem integração com CRM, ERP, canais digitais ou data lake? Quais precisam de ambiente seguro de IA generativa? Quais demandam logs, observabilidade, base vetorial, API gateway, gestão de identidade ou avaliação de fornecedor? Essas dependências formam a espinha dorsal do roadmap.

A entrega técnica precisa ser traduzida em linguagem executiva. Não basta apresentar termos técnicos que só especialistas entendem. A ponte exige que limitações, dependências e alternativas sejam expressas como impacto em prazo, custo, risco, qualidade, experiência do usuário e capacidade de escala. Quando a restrição técnica não é traduzida, o negócio interpreta como obstáculo. Quando é traduzida, vira elemento de decisão.

O que Governança precisa conectar

Governança conecta casos, capacidades e cadência. Ela garante que o roadmap não seja apenas lista de projetos, mas mapa de evolução. O roadmap integrado deve mostrar ondas de adoção, capacidades fundacionais, políticas necessárias, rituais, métricas, responsáveis e decisões esperadas. Também deve mostrar o que não será feito agora.

Governança atua como mecanismo de compatibilidade. Ela transforma perguntas dispersas em fluxo. Garante que o caso não avance apenas porque alguém tem urgência, nem pare apenas porque alguém tem receio. A governança define a trilha proporcional ao risco e garante que as áreas certas participem no momento certo.

Controles que não travam

O controle que não trava é exigir que cada caso relevante indique suas dependências de escala. Antes de aprovar produção, a organização deve saber se o caso depende de dados, arquitetura, fornecedor, política, treinamento, suporte ou mudança de processo. Essa informação alimenta o roadmap integrado e evita que cada projeto descubra sozinho os mesmos obstáculos.

Controle bom deve responder a quatro perguntas. Que erro queremos evitar? Que evidência precisamos manter? Quem deve aprovar? Em que momento do ciclo de vida? Se ninguém sabe que decisão o controle melhora, o controle virou ritual vazio. A solução não é eliminar controle, mas reescrevê-lo em linguagem de risco e valor.

Evidências mínimas

A evidência mínima é o roadmap de IA com casos priorizados, capacidades fundacionais, dependências, responsáveis, marcos de decisão e indicadores. O roadmap deve ser revisado periodicamente e conectado ao portfólio. Ele não precisa prever tudo, mas precisa mostrar a lógica de evolução.

A evidência deve ser proporcional ao risco. Em baixo risco, pode ser registro simples. Em alto risco, precisa ser documentação robusta. O que não muda é a necessidade de memória decisória. Sem registro, a organização não aprende, não audita e não demonstra responsabilidade. O que não fica registrado depende de lembranças individuais e desaparece quando pessoas mudam de função.

Rituais e artefatos

O ritual principal é a revisão integrada de roadmap. Ela deve reunir visão de negócio, tecnologia, dados, segurança, governança e mudança organizacional. A discussão não deve ser apenas status de projetos. Deve perguntar quais capacidades precisam ser construídas para que a próxima onda de IA escale com menos atrito.

O artefato desta área deve ser simples o suficiente para ser usado e robusto o suficiente para sustentar decisão. Um bom artefato não é aquele que impressiona pela complexidade. É aquele que ajuda a sala a decidir. Ele deve caber no fluxo de trabalho, ser atualizado quando necessário e servir como referência para auditoria, aprendizado e prestação de contas.

Antipadrões

O antipadrão é o roadmap de vitrines, cheio de casos sedutores e sem capacidades fundacionais. Outro é o roadmap técnico, que investe em plataforma sem conexão com valor. Há também o roadmap infinito, que adia qualquer entrega até que a base ideal exista. Um roadmap bom combina quick wins, apostas estratégicas e fundações.

Os antipadrões são úteis porque mostram como a governança falha na prática. Raramente a falha começa como grande erro. Ela começa como atalho razoável, exceção conveniente, urgência justificável ou decisão sem registro. Em IA, pequenos atalhos podem ganhar escala. Por isso, a organização precisa reconhecer esses padrões cedo.

Aplicação prática na reunião executiva

Em uma reunião executiva, esta área deve entrar como pergunta direta, não como discussão abstrata. O facilitador deve apresentar o caso de uso e perguntar qual lacuna existe em relação a esta dimensão da ponte. A resposta deve orientar uma decisão concreta. Avançar, ajustar, pausar, encerrar ou pedir evidência adicional. Se a discussão termina apenas em opinião, a área não cumpriu seu papel.

A pergunta de bolso para levar à reunião é: **Estamos escalando IA de forma coordenada ou apenas acumulando iniciativas desconectadas?**

Aprofundamento prático da área

Para aplicar Roadmap Integrado sem cair em burocracia, a organização deve tratar esta área como uma conversa recorrente de decisão. Não se trata de criar mais uma camada documental, mas de garantir que a pergunta central esteja presente no momento certo. Em um caso de baixo risco, a resposta pode ser simples e registrada em poucas linhas. Em um caso de alto impacto, a resposta precisa ser formal, revisada e acompanhada ao longo do ciclo de vida.

O primeiro nível de maturidade em Roadmap Integrado é visibilidade. A organização passa a enxergar a lacuna. Antes, a lacuna ficava escondida no entusiasmo do projeto. Depois, ela aparece como pergunta de governança. Essa visibilidade já muda o comportamento, porque obriga as áreas a reconhecerem o que ainda não sabem. Uma empresa que sabe o que não sabe decide melhor do que uma empresa que presume que tudo está resolvido.

O segundo nível de maturidade é padronização. A organização cria um modo comum de tratar Roadmap Integrado. O padrão não precisa ser pesado. Pode começar com um modelo simples, um campo no inventário, um rito de revisão ou uma pergunta obrigatória no intake. O importante é evitar que cada área reinvente a resposta. Padrão é o que permite escala sem transformar cada iniciativa em exceção.

O terceiro nível de maturidade é integração. Neste estágio, Roadmap Integrado deixa de ser uma etapa isolada e passa a se conectar com as demais áreas da ponte. A resposta sobre papéis influencia métricas. A resposta sobre risco influencia políticas. A resposta sobre roadmap influencia priorização. A resposta sobre compliance influencia desenho técnico. A governança amadurece quando essas conexões passam a ser naturais.

Um modo prático de testar a maturidade é escolher três casos de IA em estágios diferentes: uma ideia, um piloto e uma solução em operação. Para cada um, pergunte como Roadmap Integrado aparece. Se a resposta for clara apenas para o piloto mais visível, a organização ainda depende de atenção pontual. Se a resposta for clara para todos os casos relevantes, a área já começou a virar capacidade institucional.

Em uma reunião de conselho, Roadmap Integrado deve ser traduzido em supervisão, não em microgestão. O conselho não precisa examinar detalhes operacionais de todos os casos. Precisa saber se a organização tem um processo consistente para lidar com esta área, se casos críticos recebem tratamento adequado, se há indicadores de maturidade e se decisões relevantes chegam ao nível correto de governança.

Em um comitê executivo, Roadmap Integrado deve aparecer como critério de decisão. A pergunta não é se todos concordam em princípio. A pergunta é se o caso diante da mesa está pronto para avançar de fase. Avançar sem essa clareza pode parecer velocidade, mas aumenta a chance de retrabalho, exposição ou valor não capturado. A governança madura transforma a área em critério de passagem.

Em uma squad ou equipe de produto, Roadmap Integrado deve aparecer como parte do desenho. Isso significa que a equipe não espera a revisão final para descobrir o que precisa fazer. Ela incorpora a pergunta desde o início, desenha a solução considerando os limites e registra evidências proporcionais ao risco. Assim, a governança deixa de ser inspeção posterior e vira qualidade de projeto.

O erro mais comum é tratar Roadmap Integrado como uma responsabilidade de outra área. A área de negócio imagina que tecnologia resolverá. Tecnologia imagina que compliance validará. Compliance imagina que o negócio explicará. A ponte existe para impedir esse jogo de empurra. Cada área contribui, mas a decisão precisa ser integrada.

A implementação em trinta dias pode começar com um diagnóstico simples. A organização escolhe os dez casos de IA mais relevantes, aplica a pergunta central de Roadmap Integrado e identifica lacunas. Em sessenta dias, cria um artefato mínimo para padronizar a resposta. Em noventa dias, incorpora esse artefato ao rito de intake, piloto ou produção. Essa progressão evita esperar a perfeição e cria maturidade por uso real.

A melhor evidência de que Roadmap Integrado está funcionando é a redução de ambiguidade. As pessoas sabem o que precisam responder. As áreas sabem quando participar. Os executivos sabem que decisão tomar. Os usuários sabem os limites do uso. A governança deixa de depender de heróis individuais e passa a funcionar como sistema.

No fim, Roadmap Integrado é uma das pedras da ponte. Sozinha, não resolve a adoção de IA. Mas sem ela, a travessia fica instável. A organização pode até avançar por algum tempo, mas em algum momento a lacuna aparece como piloto perdido, risco não visto, valor não capturado ou decisão sem responsável.

ÁREA 9 - ALINHAMENTO ESTRATÉGICO

Como manter a IA conectada à estratégia da organização

A IA se espalha rápido. Isso é bom porque aumenta aprendizado, mas perigoso porque pode fragmentar a organização. Sem alinhamento estratégico, a empresa pode ter muitos usos, muitas ferramentas, muitos pilotos e pouco impacto transformador. A pergunta deixa de ser se a empresa usa IA e passa a ser se usa IA para aquilo que realmente importa.

O princípio simples desta área é: **IA alinhada à estratégia deixa de ser ferramenta e passa a ser capacidade corporativa.**

Quando o alinhamento estratégico falha, a IA responde a demandas locais, não a prioridades corporativas. Áreas avançam em direções diferentes. O conselho recebe histórias isoladas. O C-level não enxerga portfólio. Orçamento é pulverizado. Capacidades críticas ficam sem dono. O apetite de risco não é traduzido para decisões. A empresa se sente moderna, mas não necessariamente mais competitiva.

Essa área existe porque a IA muda a natureza da decisão organizacional. Em sistemas tradicionais, muitas responsabilidades eram delimitadas pelo processo, pela aplicação ou pelo departamento. Em IA, a solução pode atravessar dados, modelos, usuários, fornecedores, decisões e canais. A fronteira fica mais porosa. Por isso, a organização precisa transformar uma preocupação ampla em decisões observáveis.

Na ponte do framework, esta área funciona como um bloco estrutural. Ela não substitui Tecnologia nem Negócios. Ela cria uma forma para que os dois lados conversem sobre o mesmo caso sem perder suas responsabilidades. Quando essa área é bem tratada, a iniciativa ganha clareza. Quando é ignorada, o projeto pode até avançar, mas carrega uma fragilidade que aparecerá no piloto, na escala ou no incidente.

O que Negócios precisa decidir

Negócios precisa conectar IA aos objetivos estratégicos. A empresa quer usar IA para produtividade, crescimento, experiência do cliente, eficiência operacional, redução de risco, inovação de produto, inteligência comercial ou todas essas frentes em alguma combinação? A resposta precisa orientar portfólio, investimento, metas e patrocínio executivo. Sem direção, qualquer caso parece bom.

Negócios também precisa reconhecer que governança não é transferência de responsabilidade. Ao propor uma iniciativa de IA, a área de negócio assume que existe uma decisão a melhorar, um processo a transformar ou um resultado a perseguir. Se esse vínculo com valor não é claro, a iniciativa não deveria avançar para escala. Em fase exploratória, a resposta pode ser hipótese. Em produção, precisa ser compromisso.

O que Tecnologia precisa entregar

Tecnologia precisa alinhar capacidades à ambição. Se a estratégia exige personalização em escala, dados de cliente e integração serão críticos. Se exige automação operacional, arquitetura e processos serão críticos. Se exige IA generativa corporativa, ambientes seguros, governança de prompts, bases de conhecimento e gestão de acesso serão críticos. Se exige agentes, permissões, logs e controles de ação serão indispensáveis.

A entrega técnica precisa ser traduzida em linguagem executiva. Não basta apresentar termos técnicos que só especialistas entendem. A ponte exige que limitações, dependências e alternativas sejam expressas como impacto em prazo, custo, risco, qualidade, experiência do usuário e capacidade de escala. Quando a restrição técnica não é traduzida, o negócio interpreta como obstáculo. Quando é traduzida, vira elemento de decisão.

O que Governança precisa conectar

Governança conecta ambição, apetite de risco e sistema de gestão. Ela garante que o conselho e a alta liderança tenham visibilidade sobre inventário, portfólio, riscos, métricas, incidentes, roadmap e valor. Também garante que a organização não confunda descentralização com descontrole. O modelo pode ser federado, centralizado ou híbrido, mas precisa ter accountability.

Governança atua como mecanismo de compatibilidade. Ela transforma perguntas dispersas em fluxo. Garante que o caso não avance apenas porque alguém tem urgência, nem pare apenas porque alguém tem receio. A governança define a trilha proporcional ao risco e garante que as áreas certas participem no momento certo.

Controles que não travam

O controle que não trava é o mapa de alinhamento estratégico. Ele conecta objetivos corporativos, temas prioritários de IA, casos de uso, capacidades necessárias, riscos e métricas executivas. Esse mapa permite que a liderança veja se a IA está avançando a estratégia ou apenas respondendo a demandas locais.

Controle bom deve responder a quatro perguntas. Que erro queremos evitar? Que evidência precisamos manter? Quem deve aprovar? Em que momento do ciclo de vida? Se ninguém sabe que decisão o controle melhora, o controle virou ritual vazio. A solução não é eliminar controle, mas reescrevê-lo em linguagem de risco e valor.

Evidências mínimas

A evidência mínima é o portfólio consolidado de IA, conectado a objetivos estratégicos e revisado pela liderança. Para organizações com uso relevante de IA, o conselho deve receber uma visão periódica de onde a IA é usada, quais riscos existem, quais controles estão aplicados, que valor foi gerado e quais decisões precisam de supervisão.

A evidência deve ser proporcional ao risco. Em baixo risco, pode ser registro simples. Em alto risco, precisa ser documentação robusta. O que não muda é a necessidade de memória decisória. Sem registro, a organização não aprende, não audita e não demonstra responsabilidade. O que não fica registrado depende de lembranças individuais e desaparece quando pessoas mudam de função.

Rituais e artefatos

O ritual principal é a revisão executiva de IA. Ela deve ocorrer com cadência adequada à maturidade e relevância do tema. Não é reunião técnica. É reunião de direção, risco e valor. O conselho pode receber reporte trimestral ou semestral, dependendo da exposição e do estágio da organização.

O artefato desta área deve ser simples o suficiente para ser usado e robusto o suficiente para sustentar decisão. Um bom artefato não é aquele que impressiona pela complexidade. É aquele que ajuda a sala a decidir. Ele deve caber no fluxo de trabalho, ser atualizado quando necessário e servir como referência para auditoria, aprendizado e prestação de contas.

Antipadrões

O antipadrão é a IA pulverizada, em que cada área adota ferramentas sem conexão comum. Outro é a ambição sem capacidade, quando a liderança declara prioridade em IA, mas não investe em dados, arquitetura, pessoas e governança. Há também o alinhamento apenas no slide, sem tradução para portfólio, orçamento e métricas.

Os antipadrões são úteis porque mostram como a governança falha na prática. Raramente a falha começa como grande erro. Ela começa como atalho razoável, exceção conveniente, urgência justificável ou decisão sem registro. Em IA, pequenos atalhos podem ganhar escala. Por isso, a organização precisa reconhecer esses padrões cedo.

Aplicação prática na reunião executiva

Em uma reunião executiva, esta área deve entrar como pergunta direta, não como discussão abstrata. O facilitador deve apresentar o caso de uso e perguntar qual lacuna existe em relação a esta dimensão da ponte. A resposta deve orientar uma decisão concreta. Avançar, ajustar, pausar, encerrar ou pedir evidência adicional. Se a discussão termina apenas em opinião, a área não cumpriu seu papel.

A pergunta de bolso para levar à reunião é: **A IA que estamos adotando está avançando a estratégia da empresa ou apenas respondendo a demandas locais?**

Aprofundamento prático da área

Para aplicar Alinhamento Estratégico sem cair em burocracia, a organização deve tratar esta área como uma conversa recorrente de decisão. Não se trata de criar mais uma camada documental, mas de garantir que a pergunta central esteja presente no momento certo. Em um caso de baixo risco, a resposta pode ser simples e registrada em poucas linhas. Em um caso de alto impacto, a resposta precisa ser formal, revisada e acompanhada ao longo do ciclo de vida.

O primeiro nível de maturidade em Alinhamento Estratégico é visibilidade. A organização passa a enxergar a lacuna. Antes, a lacuna ficava escondida no entusiasmo do projeto. Depois, ela aparece como pergunta de governança. Essa visibilidade já muda o comportamento, porque obriga as áreas a reconhecerem o que ainda não sabem. Uma empresa que sabe o que não sabe decide melhor do que uma empresa que presume que tudo está resolvido.

O segundo nível de maturidade é padronização. A organização cria um modo comum de tratar Alinhamento Estratégico. O padrão não precisa ser pesado. Pode começar com um modelo simples, um campo no inventário, um rito de revisão ou uma pergunta obrigatória no intake. O importante é evitar que cada área reinvente a resposta. Padrão é o que permite escala sem transformar cada iniciativa em exceção.

O terceiro nível de maturidade é integração. Neste estágio, Alinhamento Estratégico deixa de ser uma etapa isolada e passa a se conectar com as demais áreas da ponte. A resposta sobre papéis influencia métricas. A resposta sobre risco influencia políticas. A resposta sobre roadmap influencia priorização. A resposta sobre compliance influencia desenho técnico. A governança amadurece quando essas conexões passam a ser naturais.

Um modo prático de testar a maturidade é escolher três casos de IA em estágios diferentes: uma ideia, um piloto e uma solução em operação. Para cada um, pergunte como Alinhamento Estratégico aparece. Se a resposta for clara apenas para o piloto mais visível, a organização ainda depende de atenção pontual. Se a resposta for clara para todos os casos relevantes, a área já começou a virar capacidade institucional.

Em uma reunião de conselho, Alinhamento Estratégico deve ser traduzido em supervisão, não em microgestão. O conselho não precisa examinar detalhes operacionais de todos os casos. Precisa saber se a organização tem um processo consistente para lidar com esta área, se casos críticos recebem tratamento adequado, se há indicadores de maturidade e se decisões relevantes chegam ao nível correto de governança.

Em um comitê executivo, Alinhamento Estratégico deve aparecer como critério de decisão. A pergunta não é se todos concordam em princípio. A pergunta é se o caso diante da mesa está pronto para avançar de fase. Avançar sem essa clareza pode parecer velocidade, mas aumenta a chance de retrabalho, exposição ou valor não capturado. A governança madura transforma a área em critério de passagem.

Em uma squad ou equipe de produto, Alinhamento Estratégico deve aparecer como parte do desenho. Isso significa que a equipe não espera a revisão final para descobrir o que precisa fazer. Ela incorpora a pergunta desde o início, desenha a solução considerando os limites e registra evidências proporcionais ao risco. Assim, a governança deixa de ser inspeção posterior e vira qualidade de projeto.

O erro mais comum é tratar Alinhamento Estratégico como uma responsabilidade de outra área. A área de negócio imagina que tecnologia resolverá. Tecnologia imagina que compliance validará. Compliance imagina que o negócio explicará. A ponte existe para impedir esse jogo de empurra. Cada área contribui, mas a decisão precisa ser integrada.

A implementação em trinta dias pode começar com um diagnóstico simples. A organização escolhe os dez casos de IA mais relevantes, aplica a pergunta central de Alinhamento Estratégico e identifica lacunas. Em sessenta dias, cria um artefato mínimo para padronizar a resposta. Em noventa dias, incorpora esse artefato ao rito de intake, piloto ou produção. Essa progressão evita esperar a perfeição e cria maturidade por uso real.

A melhor evidência de que Alinhamento Estratégico está funcionando é a redução de ambiguidade. As pessoas sabem o que precisam responder. As áreas sabem quando participar. Os executivos sabem que decisão tomar. Os usuários sabem os limites do uso. A governança deixa de depender de heróis individuais e passa a funcionar como sistema.

No fim, Alinhamento Estratégico é uma das pedras da ponte. Sozinha, não resolve a adoção de IA. Mas sem ela, a travessia fica instável. A organização pode até avançar por algum tempo, mas em algum momento a lacuna aparece como piloto perdido, risco não visto, valor não capturado ou decisão sem responsável.

CAPÍTULO 9

QUANDO A PONTE ESTÁ PRONTA

OS QUATRO EFEITOS organizacionais do framework

A ponte não existe para produzir documentos. Ela existe para gerar efeitos concretos: mais alinhamento, menos retrabalho, decisão mais rápida e maior valor gerado. A terceira parte mostra por que esses efeitos aparecem quando as nove áreas de conhecimento funcionam de forma integrada.

MAIS ALINHAMENTO

Quando Tecnologia, Negócios e Governança passam a falar a mesma língua

O primeiro efeito da ponte é mais alinhamento. Alinhamento não significa unanimidade, nem significa que todas as áreas passam a falar da mesma forma. Significa que cada área entende seu papel, sua contribuição e seus limites. **Negócios sabe formular problemas. Tecnologia sabe traduzir capacidade. Governança sabe definir trilhas, controles e evidências. A liderança sabe decidir. O conselho sabe supervisionar.**

Sem alinhamento, a IA vira disputa de território. O negócio acha que tecnologia complica. Tecnologia acha que o negócio improvisa.

Compliance acha que entra tarde. Segurança acha que ninguém a escuta. Jurídico acha que é chamado para resolver decisões já tomadas. Usuários acham que a ferramenta foi imposta. O conselho recebe narrativas fragmentadas.

Com alinhamento, a conversa muda. O caso de uso entra com problema claro. Tecnologia responde com viabilidade e dependências. Governança classifica risco. Métricas conectam valor e qualidade. Políticas reduzem ambiguidade. Rituais definem próximos passos. Ninguém precisa dominar tudo, porque todos sabem onde sua contribuição se conecta.

Esse alinhamento também reduz ruído emocional. Muitas discussões sobre IA são carregadas de entusiasmo ou medo. A ponte substitui emoção por método. Não elimina julgamento executivo, mas organiza o julgamento. Em vez de perguntar se a IA é boa ou ruim, a organização pergunta se aquele uso, naquele processo, com aqueles dados, sob aqueles controles, gera valor suficiente para avançar.

Mais alinhamento também muda o papel do conselho e da alta liderança. Em vez de pedir uma lista de ferramentas, o conselho pergunta pelo sistema de governança. Existe inventário? Existem papéis? Existe régua de risco? Existem métricas? Existem políticas? Casos críticos chegam ao nível correto? A organização sabe o que está aprendendo? Essas perguntas aumentam a qualidade da supervisão sem exigir que conselheiros virem técnicos.

Alinhamento é especialmente importante em organizações grandes, onde áreas podem adotar IA em ritmos diferentes. Um modelo federado permite velocidade, mas só funciona com guardrails comuns. A ponte oferece esses guardrails. Ela preserva autonomia local sem abrir mão de padrões corporativos.

Quando há alinhamento, a organização deixa de perguntar de quem é a IA. A pergunta passa a ser qual valor estamos construindo juntos. Essa mudança é cultural. Ela transforma IA de disputa entre áreas em disciplina compartilhada de gestão.

Alinhamento é quando Tecnologia, Negócios e Governança deixam de disputar território e passam a compartilhar propósito.

Aprofundamento executivo - Como medir alinhamento

Alinhamento pode ser observado por sinais concretos. Casos entram com problema claro. Tecnologia traduz dependências sem precisar ser provocada. Governança participa cedo. As áreas de controle são acionadas por critério, não por relacionamento pessoal. O conselho recebe visão integrada, não histórias soltas. A organização sabe explicar por que certos casos foram priorizados e outros pausados. Esses sinais mostram que a ponte deixou de ser metáfora e virou prática.

Para transformar esse efeito em rotina, a liderança deve acompanhar indicadores simples. Não apenas número de casos de IA, mas quantos têm dono, quantos têm métrica, quantos têm risco classificado, quantos passaram por política aplicável, quantos estão em produção com monitoramento e quantos foram encerrados por falta de valor. Esses indicadores revelam maturidade melhor do que slogans sobre inovação.

O importante é lembrar que a ponte não é um projeto que termina. Ela é uma disciplina de gestão. À medida que a IA evolui, a ponte precisa evoluir. Novos agentes, novos fornecedores, novos riscos, novos modelos e novos usos exigirão ajustes. A organização madura não busca uma governança estática. Busca uma governança capaz de aprender.

MENOS RETRABALHO

O valor de descobrir cedo o que sairia caro descobrir tarde

O segundo efeito da ponte é menos retrabalho. Retrabalho é um dos custos mais invisíveis da adoção de IA. Ele aparece quando perguntas importantes são feitas tarde. Tarde demais para descobrir que não havia métrica. Tarde demais para descobrir que os dados não podiam ser usados. Tarde demais para descobrir que a arquitetura não escalava. Tarde demais para descobrir que o fornecedor não atendia requisitos. Tarde demais para descobrir que o usuário não adotaria.

Governança boa antecipa conversas difíceis. Ela não faz isso para atrasar. Faz para evitar que a equipe avance em uma direção que terá que ser refeita. Uma classificação de risco no intake pode mudar o desenho do piloto. Uma política clara pode evitar uso indevido de dados. Uma métrica definida antes do piloto pode impedir uma escala baseada em percepção. Um dono formal pode evitar que a solução vire órfã.

O retrabalho também aparece quando cada projeto resolve sozinho problemas compartilhados. Um caso cria sua própria integração. Outro cria seu próprio fornecedor. Outro cria sua própria forma de medir. Outro negocia sua própria política. O roadmap integrado reduz esse desperdício porque identifica dependências comuns e constrói capacidades reutilizáveis.

Menos retrabalho não significa menos experimentação. Significa melhor experimentação. O piloto continua sendo espaço de aprendizagem, mas nasce com hipótese, limite, risco e decisão esperada. Se o piloto mostra que a ideia não vale seguir, isso não é retrabalho. É aprendizado. Retrabalho é quando a organização descobre que o piloto nunca teve condições de virar produção.

O retrabalho é também político. Projetos de IA geram expectativa. Quando a solução precisa ser redesenhada por falta de dados, risco tardio ou falha de integração, a confiança entre áreas diminui. O negócio passa a achar que tecnologia está atrasando. Tecnologia passa a achar que o negócio não escuta. Áreas de controle passam a ser vistas como bloqueadoras. A ponte reduz esse desgaste porque torna as dependências visíveis desde o início.

O melhor momento para discutir risco é antes do entusiasmo se tornar compromisso. O melhor momento para discutir dados é antes do modelo. O melhor momento para discutir escala é antes do piloto ser vendido como quase pronto. O melhor momento para discutir adoção é antes de treinar usuários. O melhor momento para discutir desligamento é antes de colocar a IA em produção.

Governança reduz retrabalho porque melhora o momento das perguntas. Ela não promete que tudo será previsto. Promete que as perguntas essenciais não serão esquecidas.

Governança boa não atrasa a IA; ela evita que a organização acelere na direção errada.

Aprofundamento executivo - Como reduzir retrabalho de forma sistêmica

Retrabalho diminui quando a organização cria padrões reutilizáveis. Um modelo de business case simples evita pilotos sem métrica. Uma régua de risco evita trilhas erradas. Uma política mínima evita dúvidas repetidas. Um roadmap integrado evita que cada projeto reconstrua a mesma infraestrutura. Um RACI evita órfãos. Cada artefato reduz uma categoria específica de desperdício. O ganho aparece em menos idas e vindas, menos exceções, menos rediscussão e menos projetos que morrem sem decisão.

Para transformar esse efeito em rotina, a liderança deve acompanhar indicadores simples. Não apenas número de casos de IA, mas quantos têm dono, quantos têm métrica, quantos têm risco classificado, quantos passaram por política aplicável, quantos estão em produção com monitoramento e quantos foram encerrados por falta de valor. Esses indicadores revelam maturidade melhor do que slogans sobre inovação.

O importante é lembrar que a ponte não é um projeto que termina. Ela é uma disciplina de gestão. À medida que a IA evolui, a ponte precisa evoluir. Novos agentes, novos fornecedores, novos riscos, novos modelos e novos usos exigirão ajustes. A organização madura não busca uma governança estática. Busca uma governança capaz de aprender.

DECISÃO MAIS RÁPIDA

Velocidade nasce de clareza, não de improviso

O terceiro efeito da ponte é decisão mais rápida. Essa afirmação parece contraintuitiva para quem associa governança a lentidão. Mas a lentidão não nasce do controle em si. Nasce da ambiguidade, da falta de papéis, da ausência de critérios, da rediscussão permanente e do retrabalho. Uma organização sem governança parece rápida no começo, mas fica lenta quando as dúvidas aparecem.

A governança proporcional acelera porque cria trilhas. Casos de baixo risco seguem por caminho leve. Casos de médio risco recebem evidência estruturada. Casos de alto risco passam por avaliação reforçada. Usos vedados são recusados ou redesenhados. A organização não precisa discutir tudo do zero. Ela sabe qual caminho seguir.

Decisão mais rápida também depende de rituais claros. Quando existe intake, triagem, priorização, aprovação de piloto, aprovação de produção e revisão periódica, cada caso sabe sua próxima porta. Sem rituais, as equipes ficam esperando respostas informais, procurando patrocinadores, repetindo apresentações e tentando descobrir quem tem autoridade.

Métricas comuns também aceleram decisões. Em vez de debates intermináveis sobre se o piloto foi bom, a equipe compara resultado ao baseline. Em vez de discutir se a solução é segura em abstrato, avalia incidentes, logs, revisão humana e risco residual. Em vez de decidir por entusiasmo, decide por evidência. Evidência não elimina julgamento, mas reduz ruído.

Políticas aceleram porque reduzem dúvidas recorrentes. Se todos sabem quais usos são permitidos, quais exigem aprovação e quais são proibidos, menos tempo é gasto perguntando o óbvio. A política transforma exceção em exceção, e não em rotina. O processo fica mais rápido porque fica mais previsível.

Papéis aceleram porque eliminam a pergunta de quem decide. Priorização acelera porque permite comparar casos. Gestão de risco acelera porque define trilha. Compliance e ética aceleram quando entram cedo. Roadmap acelera porque constrói capacidades reutilizáveis. Alinhamento estratégico acelera porque evita dispersão. Cada área da ponte contribui para velocidade porque reduz ambiguidade.

Velocidade madura é diferente de pressa. Pressa ignora sinais. Velocidade madura sabe quais sinais importam. A organização rápida não é aquela que pula etapas. É aquela que sabe quais etapas precisam ser leves, quais precisam ser profundas e quais não precisam existir para determinado risco.

A boa governança não decide por todos; ela cria as condições para que cada decisão aconteça no nível certo, com a evidência certa e no tempo certo.

Aprofundamento executivo - Como acelerar decisões sem improvisar

A decisão fica mais rápida quando a organização sabe qual pergunta responder em cada fase. Na ideia, pergunta se vale explorar. No piloto, pergunta o que precisa ser aprendido. Na produção, pergunta se há valor, controle e operação. Na revisão, pergunta se deve manter, ajustar, escalar ou desligar. Sem essa cadência, tudo parece urgente e tudo depende da pessoa certa na sala. Com cadência, a decisão ganha ritmo.

Para transformar esse efeito em rotina, a liderança deve acompanhar indicadores simples. Não apenas número de casos de IA, mas quantos têm dono, quantos têm métrica, quantos têm risco classificado, quantos passaram por política aplicável, quantos estão em produção com monitoramento e quantos foram encerrados por falta de valor. Esses indicadores revelam maturidade melhor do que slogans sobre inovação.

O importante é lembrar que a ponte não é um projeto que termina. Ela é uma disciplina de gestão. À medida que a IA evolui, a ponte precisa evoluir. Novos agentes, novos fornecedores, novos riscos, novos modelos e novos usos exigirão ajustes. A organização madura não busca uma governança estática. Busca uma governança capaz de aprender.

MAIOR VALOR GERADO

A diferença entre usar IA e transformar IA em capacidade institucional

O quarto efeito da ponte é maior valor gerado. Esse é o ponto mais importante. A governança não existe apenas para reduzir risco. Ela existe para aumentar a chance de a IA gerar valor real. Sem governança, a organização pode usar muitas ferramentas e ainda assim capturar pouco valor. Com governança, aprende a escolher melhor, testar melhor, escalar melhor e encerrar melhor.

Valor nasce de problemas bem escolhidos. A ponte força a organização a começar pela necessidade de negócio, não pela ferramenta. Isso reduz projetos de vitrine e aumenta a proporção de iniciativas conectadas a receita, custo, experiência, risco, produtividade ou capacidade estratégica. A priorização melhora o retorno do portfólio.

Valor também nasce de pilotos melhores. Um piloto governado testa hipótese, dados, risco, adoção, custo e escala. Ele não existe para provar que IA é interessante. Isso já está provado. Ele existe para decidir se aquela IA, naquele processo, com aqueles dados e usuários, merece avançar. Essa disciplina evita escalas prematuras e evita matar oportunidades por falta de evidência.

Valor nasce de escala sustentável. Uma IA que funciona em demonstração não basta. Ela precisa entrar no processo, ser adotada, monitorada, revisada e sustentada. Tecnologia precisa garantir capacidade. Negócios precisa garantir direção. Governança precisa garantir confiança. Quando esses três elementos se encontram, a solução deixa de ser experimento e passa a ser capacidade institucional.

Valor nasce também de aprendizado acumulado. Cada caso de IA deve ensinar a organização. Ensina sobre dados, usuários, riscos, fornecedores, métricas, arquitetura, políticas e adoção. Sem governança, esse aprendizado fica local. Com governança, vira padrão reutilizável. A empresa fica mais rápida e mais inteligente a cada ciclo.

A maior diferença entre empresas maduras e imaturas em IA não será apenas o acesso ao melhor modelo. Muitos terão acesso a ferramentas semelhantes. A diferença estará na capacidade de incorporar essas ferramentas ao negócio com clareza, segurança, escala e responsabilidade. Essa capacidade é difícil de copiar porque envolve cultura, processos, dados, arquitetura, governança e liderança.

Maior valor gerado, portanto, não é apenas mais produtividade individual. É a transformação da IA em sistema de decisão, produção, interação e automação conectado à estratégia. A ponte é o instrumento dessa transformação.

Sem governança, IA vira dispersão. Com governança, IA vira sistema de valor.

Aprofundamento executivo - Como capturar valor institucional

Valor institucional aparece quando o aprendizado de um caso melhora o próximo. A empresa descobre padrões de dados, riscos, fornecedores, controles, adoção e métricas. Esses padrões viram políticas, templates, arquiteturas, treinamentos e dashboards. A cada ciclo, a organização reduz custo de adoção e aumenta qualidade da decisão. Esse é o verdadeiro retorno da governança: não apenas controlar um caso, mas melhorar a capacidade de adotar IA como um todo.

Para transformar esse efeito em rotina, a liderança deve acompanhar indicadores simples. Não apenas número de casos de IA, mas quantos têm dono, quantos têm métrica, quantos têm risco classificado, quantos passaram por política aplicável, quantos estão em produção com monitoramento e quantos foram encerrados por falta de valor. Esses indicadores revelam maturidade melhor do que slogans sobre inovação.

O importante é lembrar que a ponte não é um projeto que termina. Ela é uma disciplina de gestão. À medida que a IA evolui, a ponte precisa evoluir. Novos agentes, novos fornecedores, novos riscos, novos modelos e novos usos exigirão ajustes. A organização madura não busca uma governança estática. Busca uma governança capaz de aprender.

A PONTE COMO DISCIPLINA ORGANIZACIONAL

Governar a inteligência que colocamos em operação

A inteligência artificial não é apenas uma tecnologia. Ela é uma nova camada de decisão, produção, automação e interação dentro das organizações. Ela escreve, recomenda, classifica, resume, conversa, prevê, detecta, prioriza e, cada vez mais, executa ações. Por isso, não pode ser tratada apenas como ferramenta. Precisa ser tratada como capacidade organizacional.

A tese deste livro é que essa capacidade só gera valor quando Tecnologia e Negócios atravessam a mesma ponte. Tecnologia entrega capacidade. Negócios entrega direção. Governança entrega confiança. Quando uma dessas dimensões falta, a adoção fica incompleta. Capacidade sem direção gera experimento. Direção sem capacidade gera promessa frágil. Controle sem valor gera burocracia. Valor sem controle gera exposição.

A ponte da Governança de IA é feita de nove blocos. Papéis e Responsabilidades definem quem responde. Priorização decide o que merece atenção. Políticas reduzem ambiguidade. Rituais de Decisão criam cadência. Métricas Comuns conectam valor, qualidade, risco e adoção. Gestão de Risco calibra a profundidade da governança. Compliance e Ética tornam o uso legal, legítimo e defensável. Roadmap Integrado transforma casos em jornada. Alinhamento Estratégico mantém tudo conectado ao que importa.

Esses blocos não devem ser lidos como documentos separados. Eles funcionam juntos. Uma política sem ritual não vive. Um ritual sem métrica não decide. Uma métrica sem dono não gera ação. Um dono sem risco pode avançar mal. Um roadmap sem alinhamento vira lista. Um caso priorizado sem arquitetura morre. Uma solução técnica sem adoção não gera valor. Governança é o sistema que conecta tudo isso.

O livro também propôs uma mudança de mentalidade. Governança não é o departamento do não. É a ponte que permite dizer sim com clareza, evidência e responsabilidade. Essa mudança é decisiva porque a empresa que enxerga governança apenas como obstáculo tende a criar atalhos. A empresa que enxerga governança como infraestrutura de confiança tende a escalar melhor.

A adoção responsável de IA não exige perfeição inicial. Exige método. Comece enxergando onde a IA já existe. Defina papéis. Priorize casos. Crie política mínima. Estabeleça rituais. Meça valor e risco. Classifique riscos. Traga compliance e ética cedo. Construa roadmap. Mantenha alinhamento estratégico. A maturidade cresce por ciclos.

No fim, a pergunta mais importante não é se a empresa está usando IA. A pergunta é se a empresa sabe governar a IA que usa. Sabe onde ela está, por que existe, quem responde, quais dados usa, quais riscos assume, quais controles aplica, que valor gera e quando deve ser ajustada ou desligada.

O futuro não será vencido pelas organizações que apenas usam IA. Será vencido pelas organizações que sabem governar a inteligência que colocam em operação.

Tecnologia entrega capacidade. Negócios entrega direção. Governança entrega confiança.

CAPÍTULO 10

O LABORATÓRIO DE IA (AI LAB)

AI LAB - TRANSFORMAR **GOVERNANÇA DE IA EM AÇÃO**

A governança de IA não pode viver apenas em documentos, comitês e boas intenções. Ela precisa de uma casa organizacional. Precisa de um lugar onde estratégia, tecnologia, risco, dados, ética, segurança, adoção e valor se encontrem de forma contínua. Precisa de uma equipe que não apenas escreva políticas, mas ajude a organização a transformar essas políticas em decisões, pilotos, produtos, controles, métricas e aprendizado.

Esse lugar é o **AI Lab**.

Neste livro, o AI Lab não deve ser entendido como um laboratório de inovação no sentido tradicional, dedicado apenas a protótipos, demonstrações e experimentos desconectados da operação. O AI Lab também não deve ser visto como uma área técnica isolada, composta apenas por cientistas de dados e engenheiros. E muito menos como um departamento de compliance disfarçado, criado para aprovar ou bloquear iniciativas.

O AI Lab é o **instituto operacional da ponte**.

É a estrutura que ajuda Tecnologia e Negócios a atravessarem juntos, usando as nove áreas de conhecimento da governança de IA como método de trabalho: Papéis e Responsabilidades, Priorização, Políticas, Rituais de Decisão, Métricas Comuns, Gestão de Risco, Compliance e Ética, Roadmap Integrado e Alinhamento Estratégico.

Seu papel é transformar o framework do livro em rotina organizacional.

A ponte desenhada no framework mostra o que precisa existir. O AI Lab mostra quem faz acontecer.

O QUE É O AI LAB

O AI Lab é uma unidade executiva, multidisciplinar e transversal responsável por acelerar, governar e escalar a adoção responsável de inteligência artificial na organização.

Ele atua como centro de excelência, escritório de portfólio, núcleo de governança, ambiente de experimentação controlada e motor de capacitação. Sua missão é simples de dizer e difícil de executar: **transformar IA em valor real, com segurança, ética, escala e responsabilidade**.

O AI Lab não é dono de todos os casos de uso de IA. O dono do valor continua sendo o negócio. Também não substitui tecnologia, dados, segurança, jurídico, compliance, privacidade, riscos, auditoria ou RH. Essas áreas continuam sendo essenciais. O AI Lab existe para conectar essas capacidades, dar método à adoção e impedir que a responsabilidade compartilhada vire responsabilidade difusa.

A melhor forma de entender o AI Lab é enxergá-lo como uma estrutura ambidestra. Ele precisa ter um pé no negócio e outro na tecnologia. Precisa entender estratégia, clientes, processos, KPIs, margem, experiência e risco. Mas também precisa entender dados, modelos, arquitetura, Machine Learning, IA generativa, segurança, MLOps, integrações, fornecedores, logs e monitoramento.

Por isso, a equipe do AI Lab deve ser híbrida. Metade negócio, metade técnica. Não necessariamente em uma divisão matemática rígida, mas em uma composição clara de competências. Se o AI Lab for técnico demais, ele vira laboratório de modelos. Se for estratégico demais, vira escritório de apresentações. Se for controlador demais, vira gargalo. Se for experimental demais, vira vitrine. O AI Lab maduro combina visão, método, execução e governança.

A MISSÃO DO AI LAB

A missão do AI Lab é ser o guardião da ponte.

Isso significa garantir que toda iniciativa relevante de IA tenha problema de negócio claro, dono definido, valor esperado, classificação de risco, dados adequados, arquitetura viável, controles proporcionais, política aplicável, ritual de decisão, métrica comum, plano de operação e monitoramento contínuo.

Na prática, o AI Lab deve responder a uma pergunta central:

Como a organização transforma ideias de IA em valor governado?

Essa pergunta contém três dimensões.

A primeira é valor: O AI Lab ajuda a identificar onde a IA pode aumentar receita, reduzir custos, melhorar experiência, elevar produtividade, reduzir risco, acelerar decisões ou criar novas capacidades.

A segunda é controle: O AI Lab garante que a adoção aconteça dentro de políticas, critérios de risco, princípios éticos, obrigações legais, padrões de segurança e responsabilidades definidas.

A terceira é escala: O AI Lab impede que a organização fique presa em pilotos isolados. Ele ajuda a transformar aprendizados em padrões reutilizáveis, soluções sustentáveis, arquitetura comum, treinamento, métricas e roadmap integrado.

O AI Lab, portanto, não existe para "fazer IA". Existe para fazer a organização **adotar IA direito**.

O CAIO COMO LÍDER DO AI LAB

O líder natural do AI Lab é o **CAIO — Chief Artificial Intelligence Officer**.

Como escrevi no capítulo inicial, O CAIO é o engenheiro da ponte. É o profissional que garante que Tecnologia, Negócios e Governança não estejam apenas conversando, mas construindo juntos. Ele precisa ser técnico o suficiente para entender as possibilidades e limitações da IA, mas estratégico o suficiente para conectar essas possibilidades à agenda da organização.

O CAIO não deve ser apenas o chefe das ferramentas de IA. Seu papel é mais amplo. Ele lidera o modelo operacional de IA da empresa. Organiza o portfólio. Define trilhas de governança. Coordena políticas. Conecta áreas. Acompanha riscos. Monitora valor. Reporta maturidade à liderança. Ajuda o conselho a enxergar a ponte. E garante que o entusiasmo com IA não vire improviso, nem que a preocupação com risco vire paralisia.

O CAIO não substitui o CIO, o CTO, o CDO, o CISO, o jurídico, o compliance ou os líderes de negócio. Ele atua com todos eles. Sua função é orquestrar a adoção de IA como capacidade institucional.

Em organizações maduras, o CAIO não é um evangelista isolado. É um executivo com mandato, acesso à liderança, autoridade transversal e capacidade de mobilizar recursos.

ONDE O AI LAB DEVE FICAR NA ORGANIZAÇÃO

Não existe um único desenho válido para todas as empresas. O melhor posicionamento depende da maturidade digital, do setor, do nível de regulação, do tamanho da organização e da relevância estratégica da IA. Mas há um princípio importante: o AI Lab precisa ter **mandato transversal** e hierarquia direta à principal liderança (CEO, Presidente, etc.). Se ficar preso demais à tecnologia, pode perder conexão com valor de negócio. Se ficar preso demais à inovação, pode não ter força para operar e escalar. Se ficar dentro de compliance, pode ser percebido como área de controle. Se ficar pulverizado nas unidades de negócio, pode perder padrão, segurança e visão corporativa.

O modelo mais equilibrado é o AI Lab com liderança do CAIO, acesso ao CEO ou ao comitê executivo, forte parceria com tecnologia e dados, e conexão formal com jurídico, compliance, riscos, segurança, privacidade, auditoria, RH e áreas de negócio.

Um desenho simples seria:

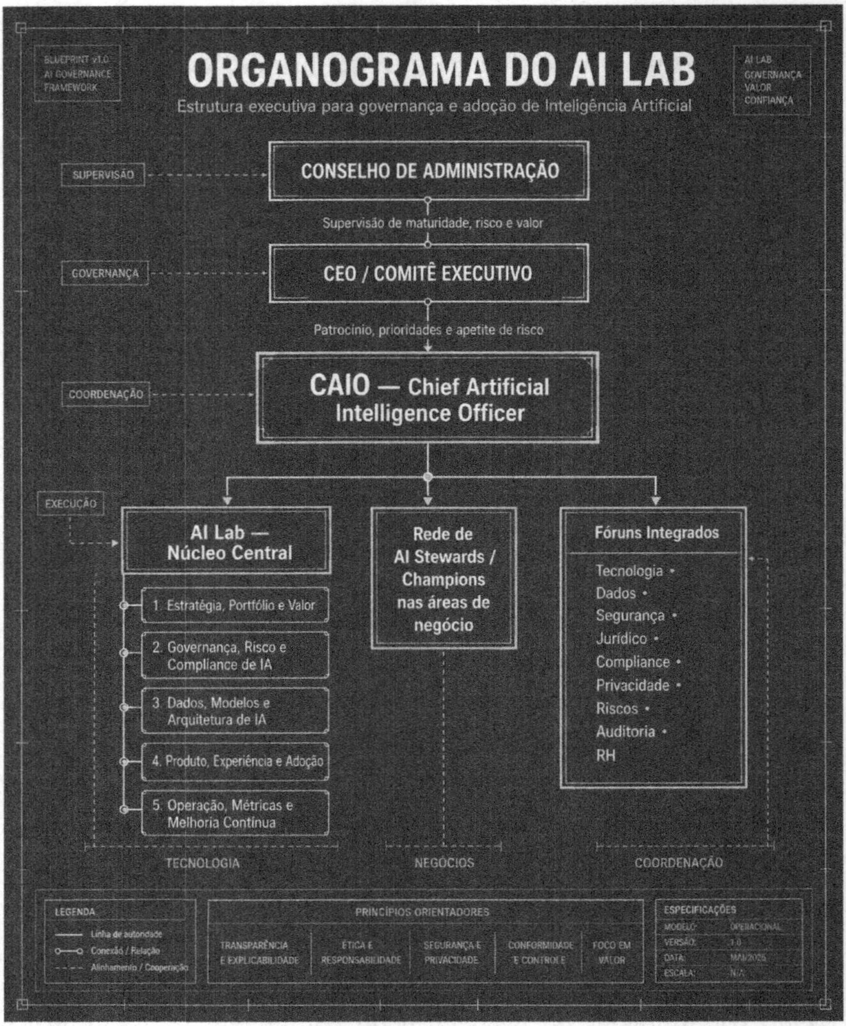

Esse organograma mostra que o AI Lab tem um núcleo central, mas não trabalha sozinho. Ele precisa de uma rede de representantes nas áreas de negócio e de uma relação permanente com as áreas técnicas e de controle.

O AI Lab central define método, padrões, políticas, trilhas e métricas. As áreas de negócio trazem problemas, usuários, processos e valor. Tecnologia e dados viabilizam arquitetura, modelos, integrações e operação. As áreas de controle ajudam a garantir segurança, conformidade, ética e evidência. A liderança executiva define prioridade e resolve conflitos.

Esse é o modelo da ponte em forma organizacional.

O ORGANOGRAMA INTERNO DO AI LAB

O AI Lab deve ser desenhado para cobrir as competências essenciais da adoção de IA. Uma estrutura enxuta pode começar pequena, mas precisa preservar o equilíbrio entre negócio, tecnologia e governança.

Um organograma operacional recomendado seria:

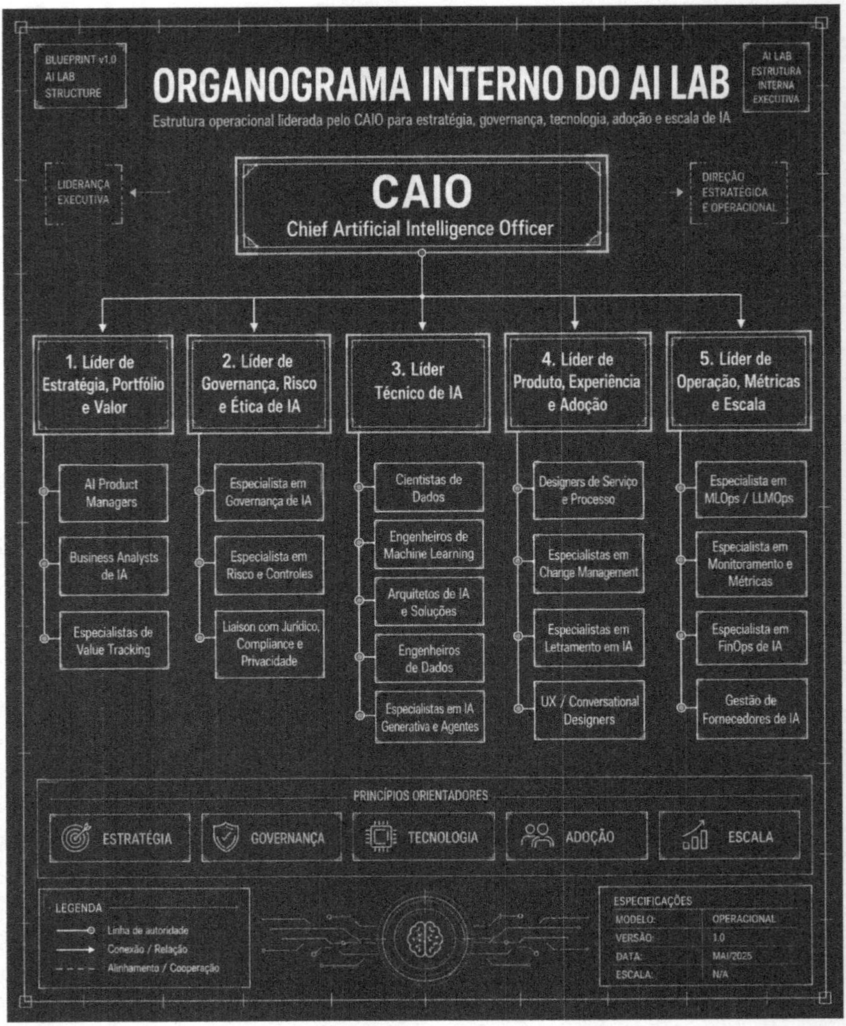

Esse organograma pode parecer sofisticado para organizações no início da jornada. Não é necessário começar com todas essas posições em tempo integral. O importante é que todas essas competências existam, ainda que algumas sejam compartilhadas, alocadas parcialmente ou acionadas sob demanda.

Uma empresa menor pode começar com um **AI Lab mínimo**: CAIO, líder de portfólio, líder técnico, líder de governança e um pequeno grupo de cientistas de dados, engenheiros, analistas de negócio e especialistas de adoção. Uma empresa maior ou regulada precisará de estrutura mais robusta.

AS FUNÇÕES ESSENCIAIS DO AI LAB

A seguir está uma visão executiva das funções que compõem um AI Lab maduro.

AS FUNÇÕES ESSENCIAIS DO AI LAB

A seguir está uma visão executiva das funções que compõem um AI Lab maduro.

FUNÇÃO	MISSÃO PRINCIPAL	PERFIL RECOMENDADO
CAIO	Liderar a estratégia, a governança e o roadmap de IA	Executivo ambidestro, técnico e estratégico
Líder de Portfólio e Valor	Priorizar casos e medir valor	Estratégia, negócios, analytics, gestão
AI Product Manager	Transformar problemas em produtos de IA	Produto, negócio, experiência e dados
Líder Técnico de IA	Definir abordagem técnica e arquitetura	IA, ML, dados, cloud, integrações
Cientista de Dados	Desenvolver modelos, análises e experimentos	Estatística, ML, analytics
Engenheiro de ML / IA	Colocar modelos e soluções em produção	MLOps, LLMOps, engenharia
Arquiteto de IA	Desenhar arquitetura segura e escalável	Cloud, APIs, dados, segurança
Especialista em Governança de IA	Operar políticas, trilhas e evidências	Governança, risco, compliance
Especialista em Segurança de IA	Avaliar exposição técnica e controles	Segurança, identidade, logs, threat modeling
Especialista em Ética e Compliance	Avaliar uso legal, legítimo e defensável	Jurídico, privacidade, compliance
Designer de Serviço / UX	Redesenhar processos e experiência do usuário	Design thinking, jornada, adoção
Change e Letramento em IA	Capacitar usuários e lideranças	Educação corporativa, RH, comunicação
Gestor de Fornecedores de IA	Avaliar contratos, riscos e performance	Procurement, tecnologia, risco
FinOps de IA	Monitorar custos variáveis e eficiência	Finanças, cloud, consumo, ROI

Essa tabela não significa que cada função precise ser uma pessoa em tempo integral desde o início. Em organizações menores, uma pessoa pode acumular papéis. Em organizações maiores, cada função pode virar uma célula. O importante é que nenhuma capacidade crítica fique invisível.

AS CINCO CÉLULAS DO AI LAB

Para facilitar a implantação, o AI Lab pode ser organizado em cinco células. Cada célula representa uma função essencial da ponte.

A primeira é a **Célula de Estratégia, Portfólio e Valor**. Ela traduz a agenda executiva em casos de uso priorizados. Ajuda as áreas a formular problemas, definir hipóteses de valor, estabelecer métricas, medir baseline e decidir se um caso deve ser explorado, pilotado, escalado, pausado ou encerrado. Essa célula impede que o portfólio vire uma lista de ideias soltas.

A segunda é a **Célula de Governança, Risco e Ética**. Ela cuida da régua de risco, das políticas, das trilhas de aprovação, das evidências, dos critérios de revisão humana, da conexão com compliance, jurídico, privacidade, segurança e auditoria. Essa célula não existe para bloquear projetos. Existe para garantir que cada caso atravesse pela trilha correta.

A terceira é a **Célula Técnica de IA**. Ela avalia viabilidade, dados, arquitetura, modelos, integrações, segurança técnica, MLOps, LLMOps, IA generativa, agentes e escalabilidade. Essa célula garante que a solução não seja apenas interessante, mas também possível, segura e operável.

A quarta é a **Célula de Produto, Experiência e Adoção**. Ela redesenha processos, entende usuários, prototipa experiências, define jornadas, prepara treinamento, cria materiais de letramento e acompanha uso real. Essa célula lembra que IA não escala apenas por instalação. Escala por adoção.

A quinta é a **Célula de Operação, Métricas e Escala**. Ela monitora valor, qualidade, risco, custo, uso, incidentes e performance em produção. Também acompanha fornecedores, custos variáveis e critérios de revisão ou desligamento. Essa célula garante que a governança não termine no go-live.

Essas cinco células operam juntas. A cada caso de uso relevante, o AI Lab forma uma squad temporária com representantes dessas competências e da área de negócio dona do problema.

O MODELO FEDERADO: AI LAB CENTRAL E AI CHAMPIONS DE NEGÓCIO

Um AI Lab centralizado demais pode virar gargalo. Um modelo totalmente descentralizado pode virar caos. Por isso, o desenho mais saudável tende a ser federado.

No modelo federado, o AI Lab central define padrões, políticas, métodos, ferramentas, trilhas e métricas. As áreas de negócio mantêm autonomia para propor e conduzir casos dentro desses guardrails. Cada área relevante nomeia um **AI Champion**, que atua como ponto focal entre o negócio e o AI Lab.

O AI Champion não precisa ser técnico profundo. Ele precisa conhecer o processo, entender a dor da área, ajudar a formular casos de uso, identificar usuários, apoiar adoção e garantir que as iniciativas locais sigam o método da ponte.

O desenho federado fica assim:

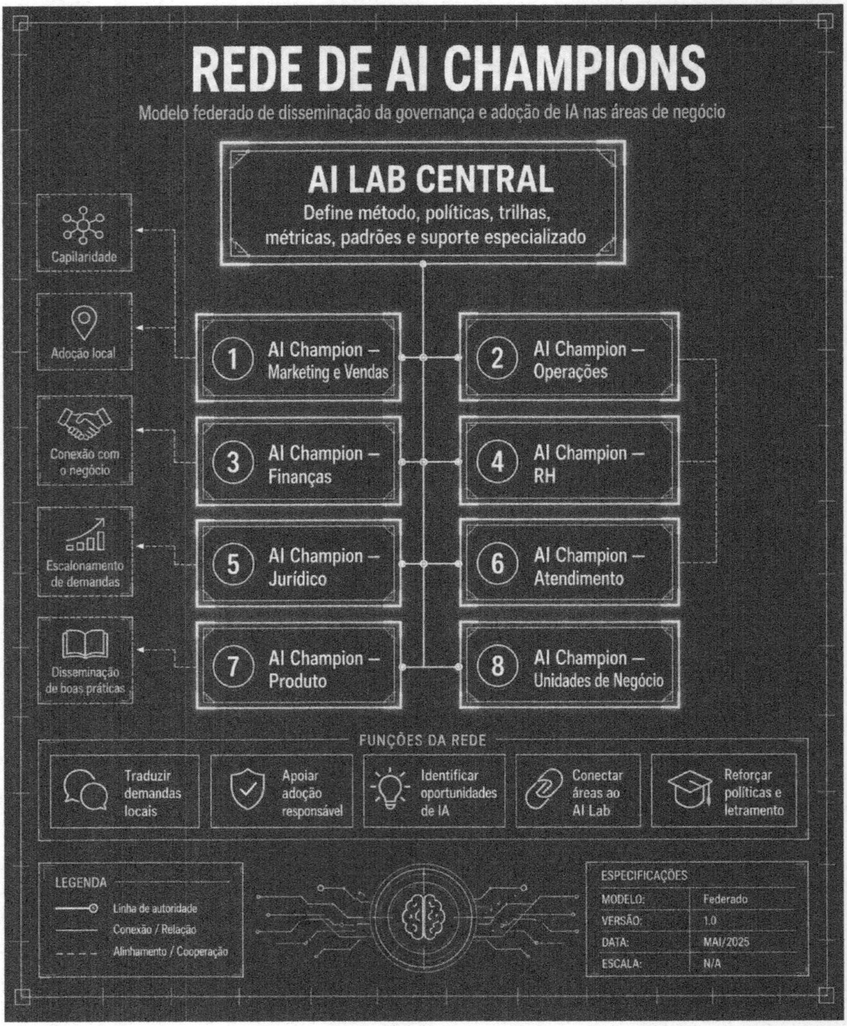

Esse modelo aumenta velocidade sem perder controle. As áreas não precisam esperar que o AI Lab descubra todos os problemas. Elas trazem as oportunidades. O AI Lab ajuda a enquadrar, priorizar, governar e escalar.

O FLUXO DE TRABALHO DO AI LAB

O AI Lab precisa ter um fluxo simples, visível e repetível. Sem fluxo, cada caso vira exceção. Com fluxo, a organização aprende.

O fluxo recomendado pode ser descrito em sete etapas.

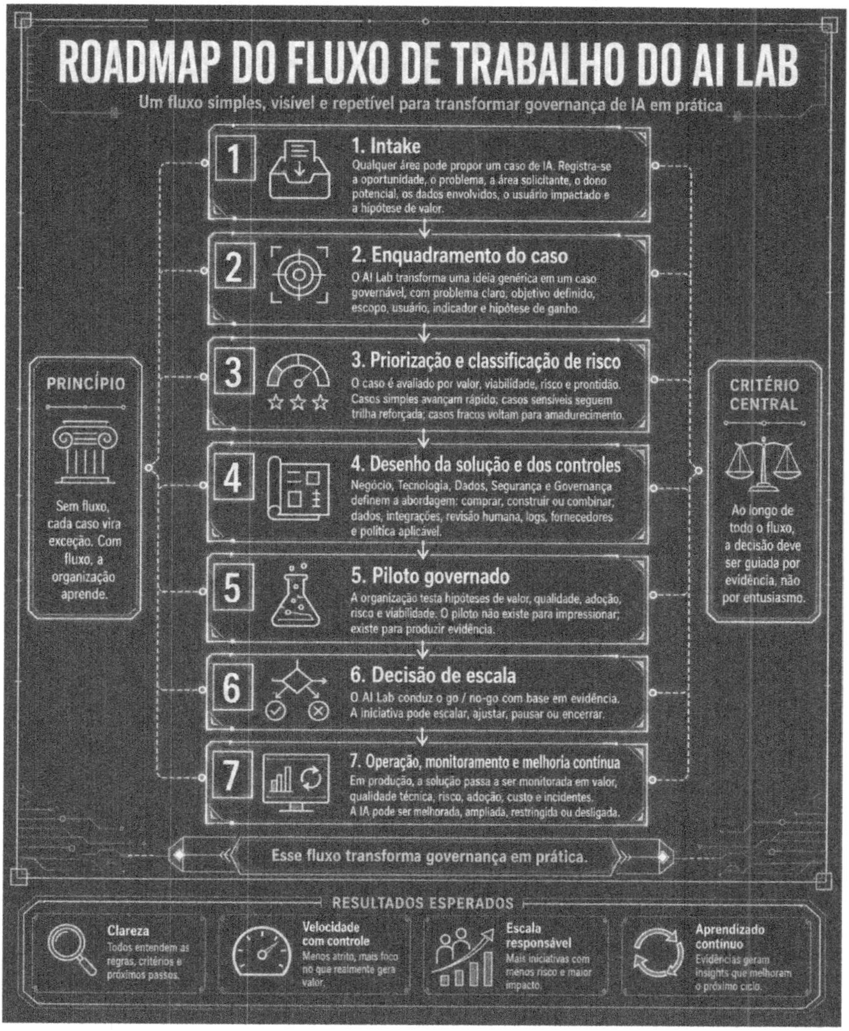

No **intake**, qualquer área pode propor um caso de IA. O objetivo não é aprovar ou reprovar imediatamente. É registrar a oportunidade, o problema, a área solicitante, o dono potencial, os dados envolvidos, o usuário impactado e a hipótese de valor.

No **enquadramento**, o AI Lab ajuda a transformar uma ideia genérica em caso governável. "Queremos IA no atendimento" vira "queremos reduzir em 25% o tempo de resposta de solicitações repetitivas, com sugestão de resposta para atendentes humanos, usando base de conhecimento aprovada e medindo tempo, qualidade e satisfação".

Na **priorização e classificação de risco**, o caso é avaliado por valor, viabilidade, risco e prontidão. Casos simples podem seguir rápido. Casos sensíveis exigem trilha reforçada. Casos sem valor claro voltam para amadurecimento. Casos inadequados são pausados ou descartados.

No **desenho da solução e dos controles**, Tecnologia, Dados, Segurança, Governança e Negócio definem a abordagem. A solução será comprada, construída ou combinada? Quais dados serão usados? Quais integrações são necessárias? Haverá revisão humana? Que logs serão mantidos? Que fornecedor será avaliado? Que política se aplica?

No **piloto governado**, a organização testa hipóteses de valor, qualidade, adoção, risco e viabilidade. O piloto não existe para impressionar. Existe para produzir evidência.

Na **decisão de escala**, o AI Lab organiza o go/no-go. A iniciativa pode escalar, ajustar, pausar ou encerrar. O critério deve ser evidência, não entusiasmo.

Na **operação e melhoria contínua**, a solução passa a ser monitorada. Valor, qualidade técnica, risco, adoção, custo e incidentes entram no dashboard. A IA pode ser melhorada, ampliada, restringida ou desligada.

Esse fluxo transforma governança em prática.

AI BRIDGE CANVAS

Para te ajudar a estruturar o roadmap de adoção de uma iniciativa, criei um AI GOVERNANCE CANVAS. Com ele, você conseguirá através de Design Thinking, transitar em todos os princípios, pilares, áreas de conhecimento para ter domínio total do planejamento à tomada de decisão nos projetos do AI LAB.

TUTORIAL DE PREENCHIMENTO DO AI BRIDGE CANVAS

Como usar o canvas para transformar uma ideia de IA em uma decisão governada

O **AI Bridge Canvas** é um instrumento de trabalho para organizar a conversa entre Tecnologia, Negócios e Governança. Ele não deve ser preenchido como um formulário burocrático, nem como uma apresentação para justificar uma ideia já decidida. O canvas deve ser usado como uma mesa de decisão: um espaço onde a organização torna explícito qual problema quer resolver, qual valor espera gerar, qual capacidade técnica será necessária, quais riscos existem, quais controles serão aplicados e qual evidência será usada para decidir se a iniciativa deve avançar.

A lógica do canvas é simples: **Negócios traz a direção, Tecnologia traduz a capacidade e Governança cria confiança para a travessia.**

O CAIO e o AI Lab são os guardiões desse método. Eles não devem preencher tudo sozinhos. O dono de negócio precisa trazer a dor, o contexto, o usuário e a métrica de valor. Tecnologia precisa trazer viabilidade, dados, arquitetura, segurança e operação. As áreas de governança, risco, compliance, jurídico, privacidade, segurança e auditoria precisam ajudar a definir limites, evidências e controles proporcionais. O AI Lab conduz a conversa, evita lacunas e garante que o caso entre na trilha correta.

O canvas deve ser usado em quatro momentos: quando uma ideia entra no pipeline de IA, antes de aprovar um piloto, antes de decidir escala e durante revisões periódicas de soluções em operação. No início, algumas respostas serão hipóteses. Antes da produção, as respostas precisam virar compromisso.

A regra prática é esta: **se o canvas não consegue ser preenchido com clareza mínima, a iniciativa ainda não está pronta para escalar.**

Antes de preencher: escolha o caso certo

Antes de abrir o canvas, escolha uma iniciativa concreta. O canvas não funciona bem para discussões genéricas como "usar IA no atendimento", "usar IA em vendas" ou "aplicar IA em RH". Ele funciona melhor quando a ideia já tem um recorte inicial.

Uma ideia genérica como "usar IA no atendimento" deve virar algo mais específico, como: "usar IA para sugerir respostas a atendentes humanos em solicitações repetitivas, com objetivo de reduzir tempo médio de atendimento, mantendo revisão humana e medindo qualidade da resposta".

Esse nível de especificidade é suficiente para começar.

O canvas deve registrar o nome do caso, a área solicitante, o dono de negócio, o responsável técnico, a data, o estágio da iniciativa e a próxima decisão esperada. Mesmo que esses campos não estejam graficamente destacados, eles devem aparecer no cabeçalho ou na ata do workshop. Sem essa informação básica, o canvas perde rastreabilidade.

Como conduzir a sessão

O preenchimento ideal acontece em uma sessão de trabalho de duas a três horas, facilitada pelo AI Lab. Devem participar o dono de negócio, alguém da área usuária, tecnologia, dados, segurança, governança ou riscos e, quando aplicável, jurídico, privacidade, compliance e fornecedor.

O CAIO não precisa participar de todos os casos de baixo risco, mas deve estar envolvido em casos estratégicos, sensíveis, transversais ou de alto impacto. O papel dele é garantir que a conversa não fique presa apenas na ferramenta, apenas no risco ou apenas na urgência de negócio.

A sessão deve seguir uma ordem, começando SEMPRE pelo problema de negócio. Depois, preencha o lado de Negócios. Em seguida, o lado de Tecnologia. Depois preencha a ponte de Governança. Por fim, feche a Jornada de Aplicação, as Perguntas-Chave e a decisão esperada.

Essa ordem evita um erro comum: começar pelo modelo, pela plataforma ou pelo fornecedor antes de entender o problema.

Faixa superior: a lógica da travessia

A faixa superior do canvas resume a ponte em quatro movimentos: **Necessidades do negócio, Capacidade técnica, Tradução entre áreas e Valor entregue**.

Essa linha deve ser preenchida com frases curtas. Ela funciona como o resumo executivo do caso.

Necessidades do negócio

Aqui você escreve a dor ou oportunidade que justifica a iniciativa.

Não escreva "usar IA para atendimento". Escreva o problema de forma concreta: "reduzir o tempo de resposta em chamados repetitivos", "aumentar conversão de leads qualificados", "reduzir retrabalho na análise de contratos simples", "melhorar previsão de demanda para reduzir ruptura de estoque" ou "identificar transações suspeitas com maior antecedência".

A pergunta é: **qual necessidade real do negócio justifica atravessar a ponte?**

Capacidade técnica

Aqui você registra, em linguagem simples, que tipo de capacidade técnica será necessária.

Pode ser IA generativa, modelo preditivo, sistema de recomendação, classificador, chatbot, agente, automação inteligente, análise de documentos, visão computacional ou integração de dados. O importante não é escolher o rótulo mais sofisticado, mas explicar o que a tecnologia precisará fazer.

Exemplo: "modelo generativo conectado a base de conhecimento aprovada para sugerir respostas"; "modelo preditivo para priorizar clientes com maior risco de churn"; "classificador de documentos para triagem inicial com revisão humana".

A pergunta é: **que capacidade técnica pode resolver ou testar essa necessidade?**

Tradução entre áreas

Este campo registra como Tecnologia e Negócios vão conversar para evitar desalinhamento.

Aqui devem aparecer as decisões de tradução: quem será o dono de negócio, quem será o responsável técnico, quais áreas participarão, qual linguagem comum será usada, qual métrica conectará a solução ao resultado, qual ritual decidirá o avanço.

Exemplo: "squad com atendimento, dados, tecnologia e governança; reuniões semanais; métrica comum de tempo médio, qualidade da resposta e taxa de escalonamento".

A pergunta é: **como vamos garantir que a solução técnica continue conectada ao problema de negócio?**

Valor entregue

Este campo deve indicar o valor esperado de forma mensurável.

Evite frases vagas como "melhorar produtividade" ou "gerar eficiência". Escreva algo observável: "reduzir em 20% o tempo médio de resposta", "aumentar em 10% a conversão de leads priorizados", "reduzir em 30% o tempo de triagem contratual", "diminuir retrabalho em análises operacionais" ou "reduzir falsos positivos em alertas de fraude".

A pergunta é: **como saberemos que a IA valeu a pena?**

Lado direito: Blocos de Negócios

O lado de Negócios é preenchido primeiro porque a IA deve começar no problema, não na ferramenta. Esses campos ajudam a organização a transformar intenção em direção.

Estratégia e prioridades

Preencha com a conexão do caso à estratégia da organização. Explique por que esse problema importa agora.

Um bom preenchimento responde: este caso apoia crescimento, eficiência, experiência do cliente, redução de risco, produtividade, inovação ou vantagem competitiva? Ele está conectado a uma prioridade corporativa ou é apenas uma demanda local?

Exemplo: "Conectado à prioridade de melhorar experiência do cliente e reduzir custo operacional no atendimento digital."

Evite escrever apenas "estratégico" ou "prioritário". Diga qual prioridade.

Receita e crescimento

Este campo deve registrar se o caso tem impacto em receita, margem, conversão, retenção, ticket médio, vendas, churn ou expansão de mercado.

Nem toda IA precisa gerar receita direta. Mas, se houver impacto comercial, ele deve ficar explícito.

Exemplo: "Potencial de aumento de conversão por priorização de leads com maior propensão de compra" ou "redução de churn por identificação antecipada de clientes em risco".

Se o caso não tiver impacto direto em receita, registre "impacto indireto" e explique onde o valor aparece.

Cliente e jornada

Aqui você descreve quem será impactado e em que ponto da jornada.

Pode ser cliente externo, colaborador, fornecedor, parceiro, atendente, gestor, analista, vendedor ou operador. O importante é entender quem vai sentir a mudança.

Exemplo: "Impacta clientes no pós-venda, durante abertura e acompanhamento de chamados simples. Impacta também atendentes que receberão sugestões de resposta."

A pergunta é: **quem vive o problema e quem será impactado pela solução?**

Operações e eficiência

Este campo registra o impacto operacional. Ele deve explicar qual processo será alterado, qual etapa será acelerada, qual retrabalho será reduzido ou qual decisão será melhorada.

Exemplo: "A IA atuará na triagem inicial dos chamados, sugerindo categoria, prioridade e resposta preliminar para revisão humana."

Se a IA não muda processo, decisão ou rotina, provavelmente ela ainda é apenas uma demonstração.

Risco e compliance

Aqui o negócio deve reconhecer riscos do ponto de vista operacional e reputacional.

O campo não é exclusivo de jurídico ou compliance. O negócio precisa dizer quais danos poderiam ocorrer se a IA errasse. Pode haver risco de resposta incorreta ao cliente, tratamento desigual, uso indevido de dados, impacto em preço, crédito, emprego, saúde, segurança, imagem ou obrigação regulatória.

Exemplo: "Risco de resposta inadequada a clientes em temas contratuais sensíveis. Casos sensíveis devem ser escalados para humano."

A pergunta é: **o que pode dar errado do ponto de vista do negócio?**

KPIs e resultado

Este é um dos campos mais importantes. Registre os indicadores que mostrarão se o caso funcionou.

Idealmente, registre baseline e meta. Se o baseline ainda não existe, registre que precisa ser medido antes do piloto.

Exemplo: "Baseline atual: tempo médio de resposta de 18 minutos. Meta do piloto: redução para 13 minutos em casos repetitivos, mantendo satisfação acima de 85%."

Sem KPI, o piloto tende a terminar em opinião. Com KPI, termina em decisão.

Lado esquerdo: Blocos de Tecnologia

Depois de preencher o lado de Negócios, a Tecnologia traduz o que será necessário para entregar a capacidade. Esse lado não deve ser preenchido com jargão técnico puro. Cada restrição técnica deve ser traduzida em impacto para prazo, custo, risco, qualidade, experiência ou escala.

Arquitetura e plataformas

Registre onde a solução vai rodar, quais plataformas serão usadas e se será comprada, construída ou combinada.

Exemplo: "Uso de plataforma corporativa de IA generativa integrada à base de conhecimento interna; piloto em ambiente controlado; produção dependerá de integração com CRM."

Aqui também devem aparecer dependências de cloud, APIs, sistemas internos, ferramentas aprovadas e limitações de fornecedor.

A pergunta é: **a arquitetura suporta piloto e há caminho claro para produção?**

Dados e integrações

Registre quais dados serão usados, de onde vêm, quem é dono, como serão acessados e quais integrações são necessárias.

Exemplo: "Base de conhecimento de atendimento, histórico de chamados dos últimos 12 meses, dados de categoria e tempo de resolução. Integração futura com CRM e sistema de tickets."

Também indique se há dados pessoais, sensíveis, confidenciais ou estratégicos. Se os dados não estão prontos, registre isso de forma transparente.

A pergunta é: **os dados existem, são adequados e podem ser usados para esta finalidade?**

Segurança e confiabilidade

Aqui devem aparecer controles de acesso, proteção de dados, logs, segregação de ambiente, autenticação, confidencialidade, disponibilidade e plano de resposta a falhas.

Exemplo: "Acesso restrito a usuários do piloto; sem envio de dados sensíveis para ferramentas públicas; logs de prompts e respostas mantidos para auditoria; fallback para atendimento humano em caso de falha."

A pergunta é: **como protegemos dados, sistemas, usuários e a própria solução de IA?**

Automação e escalabilidade

Registre se a IA apenas apoia uma pessoa, recomenda, automatiza uma etapa ou executa ações. Quanto maior a autonomia, maior a governança necessária.

Exemplo: "No piloto, IA apenas sugere respostas. Não enviará mensagens automaticamente ao cliente. Escala futura poderá automatizar respostas apenas em temas de baixo risco."

Este campo é essencial para evitar que uma solução de apoio vire automação crítica sem reavaliação.

A pergunta é: **qual nível de autonomia a IA terá agora e qual poderia ter no futuro?**

MLOps / DevOps

Este campo registra como a solução será mantida, versionada, monitorada e atualizada.

Para modelos preditivos, pense em versionamento de modelo, drift, revalidação, pipeline, dados de treinamento e monitoramento. Para IA generativa, pense em LLMOps: prompts, base de conhecimento, avaliação de resposta, versionamento de instruções, testes, logs e atualização de conteúdo.

Exemplo: "Prompts versionados; base de conhecimento revisada quinzenalmente; monitoramento semanal de respostas incorretas; atualização controlada antes de expansão."

A pergunta é: **como garantimos que a solução continue funcionando depois do piloto?**

Qualidade técnica e operação

Registre como a qualidade será testada, quais erros são aceitáveis, quem dará suporte e como incidentes serão tratados.

Exemplo: "Amostra semanal de respostas revisada por especialistas; erro crítico definido como orientação contratual incorreta; suporte técnico em horário comercial; incidentes reportados ao AI Lab."

A pergunta é: **como saberemos se a solução está tecnicamente confiável para o uso pretendido?**

Centro do Canvas: a ponte de Governança

A parte central é o coração do AI Bridge Canvas. Aqui entram as nove áreas que fazem a ponte ficar de pé. O objetivo é preencher cada coluna com decisões, evidências e controles práticos. Não escreva conceitos genéricos. Escreva o que será feito naquele caso específico.

Papéis e responsabilidades

Registre quem é o dono de negócio, quem é o responsável técnico, quem responde por dados, quem valida segurança, quem acompanha risco e quem decide escala.

Exemplo: "Dono de negócio: Diretoria de Atendimento. Responsável técnico: Engenharia de Dados e IA. Governança: AI Lab. Segurança: CISO. Aprovação de escala: Comitê de IA."

A pergunta é: **se esta IA errar amanhã, quem será chamado para explicar?**

Priorização

Registre a justificativa de prioridade do caso. Explique por que ele merece atenção agora, comparado a outros casos.

Exemplo: "Alto volume de chamados repetitivos, impacto direto em custo e experiência, dados disponíveis, risco controlável com revisão humana. Prioridade: quick win governado."

A pergunta é: **este caso merece IA agora ou apenas parece interessante?**

Políticas

Registre quais políticas se aplicam: IA generativa, dados, segurança, fornecedores, comunicação externa, revisão humana, agentes ou uso aceitável.

Exemplo: "Aplicam-se política de IA generativa, política de dados pessoais, política de revisão humana e política de logs. Não permitido uso de ferramenta pública não aprovada."

A pergunta é: **quais regras orientam este uso?**

Rituais de decisão

Registre quais fóruns ou momentos decidirão avanço, ajuste ou escala.

Exemplo: "Intake aprovado pelo AI Lab; piloto aprovado pelo fórum de IA; revisão quinzenal de métricas; go/no-go de escala após 60 dias."

A pergunta é: **qual é a próxima decisão e quem tem autoridade para tomá-la?**

Métricas comuns

Registre métricas de valor, qualidade técnica, risco e adoção.

Exemplo: "Valor: tempo médio de resposta. Qualidade: taxa de resposta aprovada pelo atendente. Risco: erros críticos e casos escalados. Adoção: percentual de atendentes usando a sugestão."

A pergunta é: **estamos medindo valor, qualidade, risco e uso ao mesmo tempo?**

Gestão de risco

Registre a classificação de risco e os controles proporcionais.

Exemplo: "Risco médio. A IA influencia atendimento, mas não responde automaticamente. Controles: revisão humana obrigatória, temas sensíveis bloqueados, logs, monitoramento de erro crítico."

A pergunta é: **se a IA errar, quem pode ser prejudicado e como reduzimos esse risco?**

Compliance e ética

Registre as preocupações legais, éticas e de legitimidade.

Exemplo: "Uso de dados pessoais limitado ao necessário. Clientes não receberão respostas automatizadas no piloto. Linguagem deve ser revisada para evitar orientação enganosa. Possibilidade de escalonamento humano mantida."

A pergunta é: **conseguiríamos explicar e defender esse uso se ele fosse questionado?**

Roadmap integrado

Registre o caminho de evolução do caso.

Exemplo: "Fase 1: sugestão interna para atendentes. Fase 2: expansão para mais categorias. Fase 3: automação parcial apenas em temas simples. Dependências: CRM, base de conhecimento, treinamento e monitoramento."

A pergunta é: **como este caso evolui sem virar uma solução isolada?**

Alinhamento estratégico

Registre como a iniciativa se conecta à estratégia corporativa e ao apetite de risco.

Exemplo: "Conectado ao objetivo estratégico de melhorar experiência digital e reduzir custo operacional com segurança. Compatível com apetite de risco desde que não haja resposta automática em temas sensíveis."

A pergunta é: **esta IA avança a estratégia da organização ou apenas atende uma demanda local?**

Jornada de Aplicação

A Jornada de Aplicação mostra em que momento a iniciativa está e qual decisão precisa ser tomada. Ela evita que a organização trate uma ideia como se fosse piloto, um piloto como se fosse produção ou uma demonstração como se fosse evidência.

Diagnosticar

Use esta etapa para registrar o cenário atual. Qual problema existe hoje? Qual baseline? Quais dados existem? Quais ferramentas já são usadas? Há IA informal em uso?

O preenchimento deve mostrar o ponto de partida.

Exemplo: "Chamados repetitivos representam 42% do volume mensal. Tempo médio atual: 18 minutos. Atendentes usam respostas manuais e base de conhecimento pouco padronizada."

Definir

Aqui a organização transforma diagnóstico em hipótese. Define problema, escopo, métrica, dono e risco preliminar.

Exemplo: "Hipótese: IA generativa pode reduzir tempo de resposta em chamados simples, com revisão humana e base de conhecimento aprovada."

Desenhar

Aqui se define a solução e os controles. Tecnologia, Negócios e Governança desenham juntos.

Exemplo: "Solução sugerirá respostas para atendentes. Sem envio automático. Integração inicial manual. Logs ativados. Revisão semanal de qualidade."

Pilotar

Aqui se define como o piloto será executado e que evidência ele precisa produzir.

Exemplo: "Piloto de 60 dias com 20 atendentes e três categorias de chamados. Medição de tempo, qualidade, adoção e erros críticos."

Operar e evoluir

Aqui se registra o plano para produção, monitoramento e melhoria.

Exemplo: "Se piloto atingir meta e risco permanecer controlado, expandir para 100 atendentes, integrar ao CRM e criar dashboard mensal de valor e risco."

Faixa de resultados esperados

A faixa inferior do canvas mostra os resultados que a governança deve produzir. Esses campos podem ser usados como critério de qualidade do próprio canvas.

Mais alinhamento

Preencha com o que ficará mais alinhado depois do caso.

Exemplo: "Atendimento, tecnologia, dados e governança trabalharão com uma mesma métrica e um mesmo fluxo de decisão."

A pergunta é: **quem passará a falar a mesma língua?**

Menos retrabalho

Registre que tipo de retrabalho será evitado.

Exemplo: "Evitar redesenho tardio por ausência de logs, política de uso ou avaliação de dados."

A pergunta é: **que problema caro estamos antecipando agora?**

Decisão mais rápida

Registre como o canvas ajudará a decidir com mais velocidade.

Exemplo: "Go/no-go definido por métricas do piloto, sem depender apenas de percepção subjetiva."

A pergunta é: **qual decisão ficará mais objetiva?**

Maior valor gerado

Registre qual valor final a organização busca capturar.

Exemplo: "Redução sustentável de custo operacional e melhora da experiência do cliente sem perda de controle."

A pergunta é: **qual valor será capturado se a ponte funcionar?**

Perguntas-chave do Canvas

Essas quatro perguntas ficam no rodapé porque resumem a governança executiva do caso. Elas devem ser respondidas no final da sessão, não no começo. Se não forem respondidas com clareza, o canvas precisa ser revisado.

Qual problema de negócio estamos resolvendo?

A resposta deve ser concreta, específica e conectada a uma dor real.

Resposta fraca: "melhorar atendimento."

Resposta forte: "reduzir tempo de resposta em solicitações repetitivas, mantendo qualidade e revisão humana."

Quem é o dono do valor e do risco?

A resposta deve nomear uma área ou pessoa responsável pelo benefício e pela exposição assumida.

Resposta fraca: "o projeto é de tecnologia e atendimento."

Resposta forte: "Diretoria de Atendimento é dona do valor; AI Lab coordena governança; Tecnologia responde pela solução; Segurança e Compliance validam controles."

Que evidência precisamos para decidir?

A resposta deve indicar o que será usado para avançar, ajustar, pausar ou encerrar.

Resposta fraca: "ver se funciona."

Resposta forte: "redução mínima de 20% no tempo médio, taxa de aprovação das respostas acima de 85%, zero erro crítico não tratado e adoção por pelo menos 70% dos usuários do piloto."

Como esta iniciativa se conecta à estratégia?

A resposta deve conectar o caso à prioridade corporativa.

Resposta fraca: "é importante para inovação."

Resposta forte: "conecta-se à estratégia de experiência digital, eficiência operacional e redução de custo de atendimento, respeitando o apetite de risco definido para comunicação com clientes."

Como saber se o canvas está bem preenchido

Um AI Bridge Canvas bem preenchido tem algumas características claras.

Ele começa com problema, não com ferramenta. Ele tem dono de negócio e responsável técnico. Ele mostra valor esperado com métrica e, idealmente, baseline. Ele identifica dados e integrações. Ele classifica risco. Ele define controles proporcionais. Ele mostra quais políticas se aplicam. Ele explicita o ritual de decisão. Ele registra o que será testado no piloto. Ele indica o que precisa acontecer para escalar. Ele aponta o que faria a iniciativa ser ajustada, pausada ou encerrada.

Um canvas mal preenchido costuma ter sinais opostos. O problema é genérico. A métrica é vaga. A tecnologia é descrita como solução mágica. O risco é ignorado. Os dados não são claros. O dono é simbólico. O piloto não tem critério de sucesso. A produção é presumida. A governança aparece apenas como aprovação final.

A pergunta de qualidade é: **alguém que não participou da reunião conseguiria entender por que esse caso existe, como será testado, qual risco envolve e qual decisão precisa ser tomada?**

Se a resposta for sim, o canvas cumpriu sua função.

Como o CAIO e o AI Lab usam o canvas

O CAIO deve tratar o AI Bridge Canvas como instrumento oficial de tradução entre Tecnologia, Negócios e Governança. Ele serve para intake, priorização, aprovação de piloto, decisão de escala e reporte executivo.

O AI Lab deve usar o canvas para evitar que cada caso seja tratado como exceção. A repetição do método cria aprendizado institucional. Depois de dezenas de canvas preenchidos, a organização começa a enxergar padrões: áreas que propõem casos sem métrica, pilotos que dependem de dados inexistentes, riscos recorrentes, fornecedores críticos, oportunidades de quick wins, gargalos de arquitetura e necessidades de capacitação.

O canvas, portanto, não serve apenas para um caso individual. Ele alimenta o portfólio, o roadmap, a régua de risco, o dashboard executivo e a evolução da maturidade em IA.

A função do CAIO é garantir que o canvas não vire burocracia. Ele deve ser curto, útil e decisório. Se o preenchimento não ajuda a decidir, precisa ser simplificado. Se deixa riscos invisíveis, precisa ser aprofundado. Se bloqueia casos simples, precisa ser calibrado. Se libera casos críticos sem evidência, precisa ser reforçado.

Exemplo rápido de preenchimento

Imagine o caso: "IA para apoiar atendimento ao cliente".

No campo de necessidade do negócio, a equipe escreve que o

volume de chamados repetitivos é alto e aumenta o tempo médio de resposta. No campo de capacidade técnica, registra que será usada IA generativa conectada a uma base de conhecimento aprovada para sugerir respostas a atendentes humanos. Na tradução entre áreas, define uma squad com Atendimento, Tecnologia, Dados, Segurança e AI Lab. No valor entregue, registra meta de reduzir o tempo médio em 20% sem queda na qualidade.

Nos blocos de Negócios, a equipe conecta o caso à prioridade de experiência do cliente, registra impacto potencial em custo operacional, identifica o cliente e o atendente como usuários impactados, descreve a etapa de triagem e resposta, reconhece risco de orientação incorreta e define KPIs de tempo, qualidade, satisfação e escalonamento.

Nos blocos de Tecnologia, registra plataforma aprovada, dados de base de conhecimento, integração futura com CRM, controle de acesso, logs, ausência de envio automático, monitoramento de qualidade e plano de suporte.

Na ponte de Governança, define dono de negócio, responsável técnico, política de IA generativa, ritual de go/no-go, métricas comuns, risco médio, revisão humana obrigatória, compliance de dados pessoais, roadmap de expansão e alinhamento com estratégia digital.

Na Jornada de Aplicação, registra que o caso está na fase de pilotar, com 60 dias de teste, 20 atendentes, três categorias de chamado e decisão final de escalar, ajustar, pausar ou encerrar.

Esse exemplo mostra o ponto central: o canvas não é uma ficha de projeto. É a ponte completa em uma página.

Regra final de uso

O AI Bridge Canvas deve sempre terminar com uma decisão.

A decisão pode ser avançar para piloto, voltar para enquadramento, preparar dados, envolver segurança, redesenhar escopo, seguir por trilha leve, acionar trilha reforçada, escalar, ajustar, pausar ou encerrar.

Se a reunião termina apenas com "vamos aprofundar", sem responsável, prazo e próxima evidência, o canvas não cumpriu seu papel.

A frase final do tutorial é:

O AI Bridge Canvas não existe para documentar entusiasmo. Ele existe para transformar uma ideia de IA em uma decisão governada: com problema claro, capacidade técnica compreendida, risco proporcional, responsáveis definidos, evidência mínima e valor mensurável.

AI BRIDGE CANVAS - GABARITO RESUMIDO

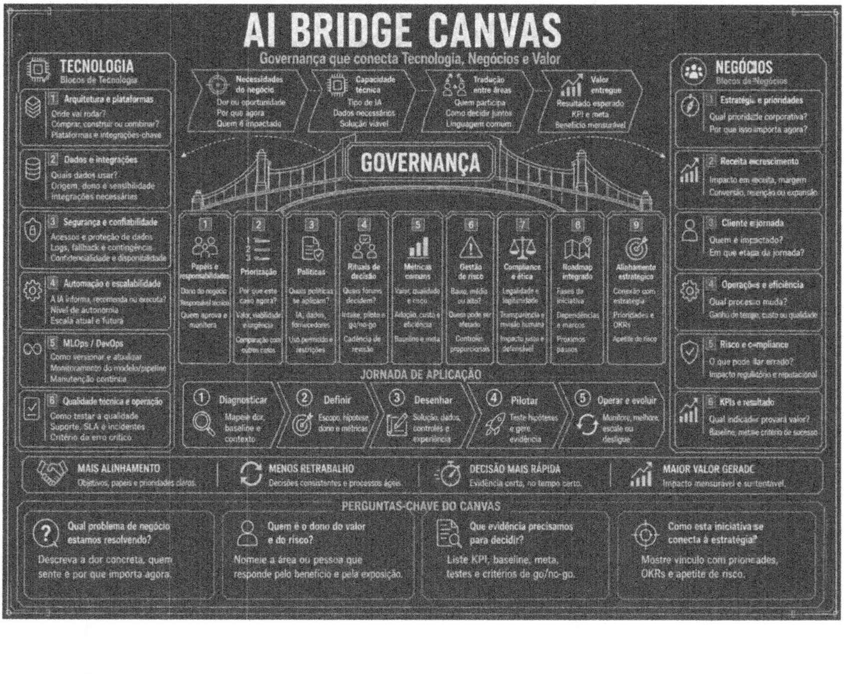

O FLUXO DE DECISÃO DE UM CASO DE USO

O fluxo de decisão precisa ser simples o suficiente para todos entenderem, mas robusto o suficiente para proteger a organização.

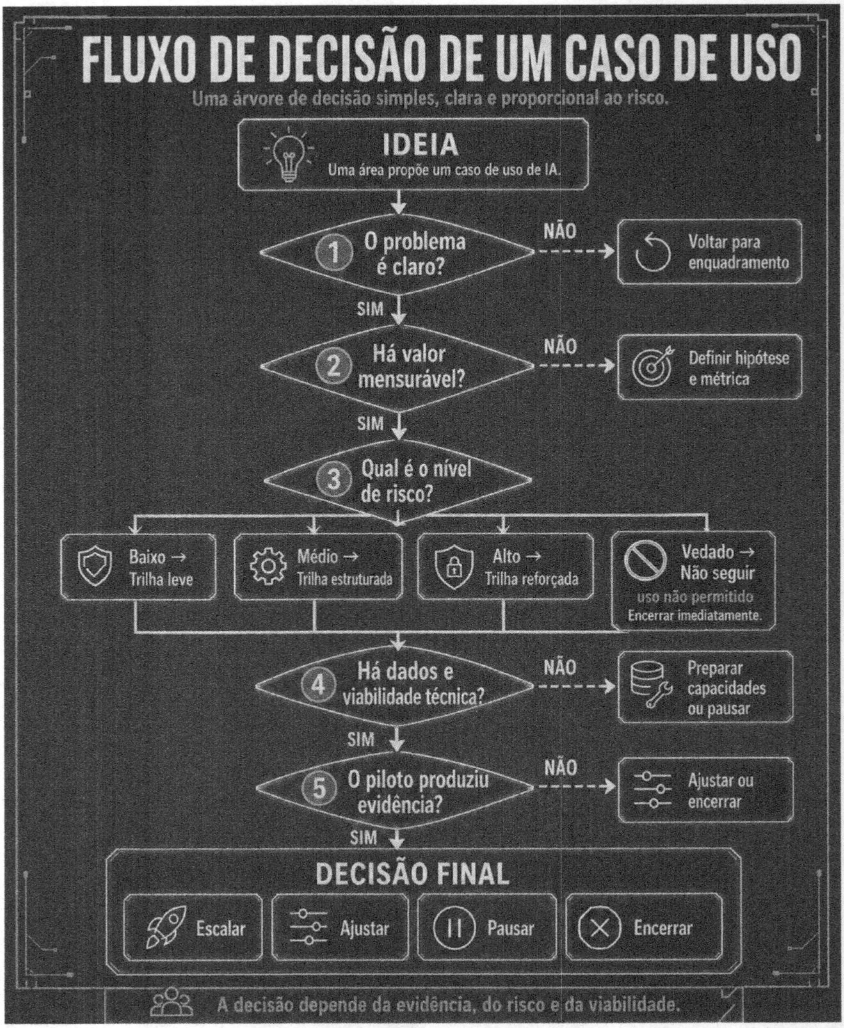

Esse fluxo evita que a organização trate todo caso como se fosse igual. A trilha depende do risco. A profundidade depende do impacto. A decisão depende da evidência.

AS TRILHAS DE GOVERNANÇA DO AI LAB

O AI Lab deve operar com trilhas proporcionais.

A **trilha leve** atende casos de baixo risco. São usos internos, de produtividade, sem dados sensíveis, sem decisão relevante e sem ação autônoma. O objetivo é dar velocidade com orientação. A exigência típica é registro simples, ferramenta aprovada, limites de dados, revisão humana e aderência à política.

A **trilha estruturada** atende casos de risco médio. São usos que influenciam processos, clientes, indicadores ou decisões operacionais, mas com possibilidade de correção e supervisão. A exigência inclui dono de negócio, responsável técnico, métrica de valor, avaliação básica de dados, privacidade e segurança, testes, documentação mínima e monitoramento.

A **trilha reforçada** atende casos de alto risco. São usos que podem afetar direitos, acesso, preço, emprego, crédito, saúde, segurança, reputação crítica ou obrigações regulatórias. A exigência inclui avaliação de impacto, revisão multidisciplinar, supervisão humana real, análise de vieses, logs, segurança reforçada, validação jurídica, plano de contingência, aprovação executiva e monitoramento contínuo.

A **trilha vedada** cobre usos incompatíveis com os valores, o apetite de risco ou as obrigações da organização. Nem tudo deve ser mitigado. Algumas iniciativas devem ser interrompidas ou bloqueadas se a balança risco x benefício for muito pesada para o risco.

O papel do AI Lab é garantir que cada caso entre na trilha correta.

OS PRINCIPAIS RITUAIS DO AI LAB

Governança só funciona quando vira cadência. O AI Lab precisa de rituais claros.

O **ritual de intake** pode ser semanal ou quinzenal. Ele recebe novas ideias, registra casos e direciona próximos passos.

O **ritual de priorização** deve ocorrer com frequência definida, geralmente mensal. Ele compara casos por valor, viabilidade, risco e prontidão, atualizando o portfólio.

O **design review** reúne negócio, tecnologia, dados, segurança e governança para discutir arquitetura, dados, controles e experiência antes do piloto ou da produção.

O **go/no-go de piloto** decide se há clareza suficiente para testar. O **go/no-go de produção** decide se há evidência suficiente para escalar.

O **ritual de monitoramento** acompanha soluções em operação, olhando valor, qualidade, risco, uso, custo e incidentes.

O **ritual de incidentes** analisa falhas, reclamações, desvios, uso indevido, vazamentos ou impactos inesperados.

O **ritual executivo** reporta mensal ou trimestralmente o status do portfólio, valor gerado, riscos, maturidade e decisões pendentes.

O **ritual de conselho**, quando aplicável, apresenta uma visão consolidada de maturidade, riscos materiais, incidentes relevantes, políticas, fornecedores críticos e evolução do roadmap.

Esses rituais evitam que a governança dependa de conversas informais.

OS ARTEFATOS QUE O AI LAB DEVE PRODUZIR

O AI Lab deve produzir poucos artefatos, mas bons. Artefatos demais viram burocracia. Artefatos de menos geram perda de memória.

O primeiro é o **Inventário Corporativo de IA**, que registra casos em estudo, pilotos, soluções em produção, fornecedores com IA embarcada, dados usados, donos, riscos, métricas e status.

O segundo é o **AI Bridge Canvas**, usado para enquadrar cada caso de uso em uma página. Ele conecta problema de negócio, capacidade técnica, papéis, risco, dados, políticas, métricas, roadmap e alinhamento estratégico.

O terceiro é a **Matriz de Priorização**, que compara casos por valor, viabilidade, risco e prontidão.

O quarto é a **Régua de Risco**, que define trilhas de governança e evidência mínima.

O quinto é a **Política Mínima Viável de IA**, que orienta o que é permitido, restrito, permitido com aprovação ou proibido.

O sexto é o **RACI de Governança de IA**, que define quem

decide, quem executa, quem aprova, quem monitora e quem responde.

O sétimo é o **Dashboard Executivo de IA**, que acompanha valor, qualidade, risco, adoção, custo, incidentes e maturidade.

O oitavo é o **Roadmap Integrado de IA**, que conecta casos de uso, capacidades técnicas, dados, segurança, políticas, pessoas, fornecedores e governança.

Esses artefatos materializam a ponte.

COMO O AI LAB TRANSFORMA AS NOVE ÁREAS EM AÇÃO

O AI Lab é a estrutura que operacionaliza as nove áreas da governança.

Em **Papéis e Responsabilidades**, ele garante que todo caso tenha dono de negócio, responsável técnico e responsáveis por risco, dados, segurança e compliance quando necessário.

Em **Priorização**, ele organiza o portfólio e impede que a empresa confunda ideia com estratégia.

Em **Políticas**, ele cria guardrails claros para usuários, fornecedores, IA generativa, dados sensíveis, agentes e decisões automatizadas.

Em **Rituais de Decisão**, ele define quando a empresa decide avançar, ajustar, pausar ou encerrar.

Em **Métricas Comuns**, ele cria uma visão integrada de valor, qualidade, risco e adoção.

Em **Gestão de Risco**, ele aplica a régua proporcional e evita tanto a euforia quanto a paralisia.

Em **Compliance e Ética**, ele traz as perguntas difíceis para o início do desenho.

Em **Roadmap Integrado**, ele conecta casos de uso às capacidades necessárias para escalar.

Em **Alinhamento Estratégico**, ele garante que a IA sirva à estratégia, e não apenas a demandas locais.

Essa é a diferença entre ter governança no papel e ter governança em operação.

ROADMAP DE IMPLANTAÇÃO DO AI LAB

A criação de um AI Lab não precisa esperar a organização estar madura. Pelo contrário. O AI Lab existe para construir maturidade. Mas ele deve nascer com foco e pragmatismo.

Um roadmap recomendado pode ser dividido em quatro ondas.

Onda 1 — Primeiros 30 dias: enxergar e dar mandato

Nos primeiros 30 dias, a organização precisa dar mandato ao CAIO ou ao líder responsável, definir o patrocínio executivo, mapear stakeholders e criar uma primeira visão dos usos de IA existentes ou pretendidos.

O objetivo é sair da cegueira. A empresa precisa saber onde IA já está sendo usada, quais ferramentas estão em circulação, quais fornecedores têm IA embarcada, quais áreas estão fazendo pilotos e quais riscos emergentes já existem.

Ao final dessa onda, a organização deve ter um mandato formal do AI Lab, um inventário inicial, uma política provisória para uso de IA generativa, uma régua preliminar de risco e um fluxo simples de intake.

Onda 2 — Dias 31 a 60: organizar a ponte

Entre 31 e 60 dias, o AI Lab começa a estruturar o modelo operacional. Define papéis e responsabilidades, cria o RACI, estabelece os primeiros rituais, formaliza a matriz de priorização, escolhe os primeiros casos candidatos e cria a política mínima viável de IA.

O objetivo é transformar IA em portfólio. A organização deixa de reagir a demandas soltas e começa a comparar casos por valor, risco, viabilidade e prontidão.

Ao final dessa onda, deve existir um fórum de decisão, um

processo de intake funcionando, uma primeira carteira de casos priorizados e critérios claros para piloto.

Onda 3 — Dias 61 a 90: rodar pilotos governados

Entre 61 e 90 dias, o AI Lab executa os primeiros pilotos governados. Cada piloto deve ter problema claro, dono de negócio, responsável técnico, métrica de valor, baseline, classificação de risco, controles proporcionais e decisão esperada.

O objetivo é provar o método, não apenas a tecnologia. A organização deve aprender como funciona a ponte na prática.

Ao final dessa onda, alguns pilotos devem ter decisão: escalar, ajustar, pausar ou encerrar. O dashboard executivo deve começar a operar, ainda que em versão simples.

Onda 4 — De 3 a 12 meses: escalar e institucionalizar

Depois dos primeiros 90 dias, o AI Lab deve consolidar o roadmap integrado. Isso envolve evoluir políticas, amadurecer arquitetura, fortalecer dados, expandir capacitação, criar padrões reutilizáveis, melhorar a avaliação de fornecedores, ampliar o dashboard, reportar ao conselho e preparar casos de maior impacto.

O objetivo é sair do laboratório e entrar na capacidade institucional.

Ao final de 12 meses, a organização deve ter uma governança de IA funcional, um portfólio ativo, casos em produção monitorados, usuários treinados, fornecedores avaliados, incidentes tratados, métricas comuns e roadmap de evolução.

O AI LAB MÍNIMO VIÁVEL

Uma empresa que está começando pode criar um AI Lab mínimo viável. Ele não precisa ser grande. Precisa ser funcional.

A configuração inicial pode ter um CAIO ou líder de IA, um responsável de portfólio e valor, um responsável técnico, um responsável de governança e risco, um cientista de dados ou engenheiro de IA, um representante de segurança e privacidade, e uma rede de AI Champions nas áreas de negócio.

O AI Lab mínimo viável deve conseguir executar cinco atividades: inventariar usos de IA, priorizar casos, classificar risco, apoiar pilotos governados e reportar valor e risco para a liderança.

Se ele conseguir fazer isso, já terá criado uma ponte inicial.

Com o tempo, a estrutura evolui para incluir MLOps, LLMOps, arquitetura avançada, especialistas em agentes, avaliação de fornecedores, auditoria algorítmica, treinamento em escala, dashboard executivo e reporte ao conselho.

O segredo é começar pequeno, mas com a arquitetura certa.

INDICADORES DE SUCESSO DO AI LAB

O sucesso do AI Lab não deve ser medido pelo número de pilotos realizados. Esse é um indicador perigoso, porque pode incentivar quantidade sem valor.

O AI Lab deve ser medido por indicadores que mostrem maturidade, valor e controle.

Dimensão

Indicadores possíveis

- Portfólio
  - casos inventariados, casos priorizados, taxa de pilotos com decisão
- Valor
  - valor capturado, produtividade gerada, receita incremental, redução de custo ou risco
- Velocidade
  - tempo de intake, tempo até piloto, tempo de decisão de escala
- Governança
  - percentual de casos com dono, métrica, risco classificado e controles definidos
- Risco
  - incidentes, casos de alto risco monitorados, uso fora da política, riscos residuais
- Adoção
  - usuários treinados, taxa de uso, satisfação, confiança calibrada
- Escala
  - pilotos escalados, soluções em produção monitoradas, padrões reutilizáveis
- Eficiência

    - redução de retrabalho, custo por caso, custo de modelo ou consumo
- Maturidade
    - evolução nas nove áreas da ponte

Esses indicadores ajudam a liderança a enxergar se o AI Lab está gerando capacidade ou apenas coordenando atividades.

O AI LAB E O CONSELHO DE ADMINISTRAÇÃO

O AI Lab deve apoiar o conselho com informação estruturada. O conselho não precisa saber detalhes de cada modelo, mas precisa supervisionar se a ponte existe, se está sendo usada e se é adequada ao tamanho do rio.

O CAIO, como líder do AI Lab, deve levar ao conselho uma visão executiva sobre onde a empresa usa IA, quais casos são críticos, quais riscos materiais existem, quais políticas foram implementadas, quais fornecedores são relevantes, quais incidentes ocorreram, quais métricas mostram valor, quais áreas foram capacitadas e qual é o roadmap de evolução.

O conselho deve receber uma narrativa clara, não um relatório técnico excessivo. A pergunta é sempre: a organização está adotando IA de forma alinhada à estratégia, proporcional ao risco e capaz de gerar valor mensurável?

O AI Lab fornece essa resposta.

O AI LAB E A ALTA LIDERANÇA

A alta liderança deve tratar o AI Lab como uma capacidade estratégica, não como um centro experimental. Isso exige patrocínio, orçamento, mandato e participação nos rituais certos.

O CEO e o comitê executivo precisam ajudar o CAIO a resolver conflitos entre áreas, priorizar casos, definir apetite de risco, alocar recursos, nomear donos de negócio e cobrar valor. Sem esse patrocínio, o AI Lab vira uma equipe de facilitação sem poder real.

A liderança também deve proteger o AI Lab de dois extremos: ser pressionado a escalar IA sem controle ou ser empurrado para uma postura defensiva que bloqueia tudo. O papel do AI Lab é equilibrar ambição e responsabilidade.

O AI LAB E AS ÁREAS DE NEGÓCIO

As áreas de negócio são clientes e parceiras do AI Lab. Elas trazem os problemas reais. O AI Lab traz método, tecnologia, governança e capacidade de execução.

Essa relação precisa ser clara. O AI Lab não deve virar uma área para onde o negócio terceiriza problemas mal formulados. A área de negócio precisa trazer dor, contexto, usuário, métrica e dono. O AI Lab ajuda a transformar isso em caso de uso, piloto, produto e operação governada.

A frase prática é: **o negócio é dono do valor; o AI Lab é dono do método da ponte**.

O AI LAB E TECNOLOGIA

Tecnologia é parceira estrutural do AI Lab. Sem tecnologia, o AI Lab vira estratégia sem sustentação. A relação com CIO, CTO, CDO, CISO, arquitetura, dados, segurança e engenharia precisa ser próxima.

O AI Lab não deve criar uma tecnologia paralela sem governança corporativa. Deve operar dentro dos padrões de arquitetura, segurança e dados da organização, ajudando a acelerar experimentos sem criar sombra tecnológica.

O bom AI Lab cria ambientes seguros de prototipagem, padrões de integração, critérios de produção, práticas de MLOps e LLMOps, gestão de fornecedores e monitoramento contínuo.

ANTIPADRÕES DO AI LAB

O primeiro antipadrão é o **laboratório de vitrine**. Ele produz demonstrações bonitas, mas não muda processos, não mede valor e não escala.

O segundo é o **laboratório técnico isolado**. Ele cria modelos interessantes, mas não resolve problemas prioritários do negócio.

O terceiro é o **escritório burocrático de IA**. Ele exige formulários, mas não ajuda a desenhar soluções nem acelerar decisões.

O quarto é o **hub sem mandato**. Ele tem boas ideias, mas não consegue mobilizar áreas, resolver conflitos ou priorizar recursos.

O quinto é o **centro centralizador**. Ele tenta aprovar tudo e se torna gargalo.

O sexto é o **laboratório sem operação.** Ele faz pilotos, mas não monitora produção, adoção, incidentes, custos e valor.

Um AI Lab maduro evita esses desvios. Ele é prático, transversal, orientado a valor, proporcional ao risco e disciplinado na execução.

CAPÍTULO 11
ESTUDO DE CASO SIMULADO

CASO SIMULADO ENTREVISTADOR **DE RH COM AGENTES DE IA.**

Como o AI Lab conduz a adoção de um agente de IA para recrutamento e seleção

Este capítulo mostra, passo a passo, como aplicar o framework da ponte em um problema real de negócio. A ideia é tirar a governança de IA do campo conceitual e mostrar como ela funciona quando uma área da empresa chega ao AI Lab com uma demanda concreta.

O caso escolhido é sensível de propósito: um agente de IA para apoiar recrutamento e seleção.

A empresa quer acelerar a triagem inicial de candidatos. Hoje, o processo é lento, inconsistente e muito dependente da disponibilidade dos recrutadores. Para algumas vagas, centenas ou milhares de candidatos enviam currículo. A área de RH deseja criar uma primeira etapa de "autoentrevista": o candidato recebe perguntas padronizadas, grava suas respostas em vídeo, envia o material para a empresa e o agente de IA analisa o conjunto formado por job description, currículo e respostas da entrevista. Ao final, o agente gera um ranking de aderência entre candidato e vaga.

À primeira vista, parece um caso promissor. Há volume, repetição, custo operacional, necessidade de padronização e potencial ganho de produtividade. Mas também é um caso de alto risco. A solução pode afetar oportunidades de emprego, gerar discriminação, expor dados pessoais, criar vieses, prejudicar candidatos e impactar a reputação da empresa.

Exatamente por isso, este é um bom estudo de caso. Ele mostra que a governança não existe para bloquear a IA. Existe para desenhar a adoção correta.

A pergunta não é: "podemos usar IA para selecionar candidatos?"

A pergunta madura é: podemos usar IA para apoiar a triagem de candidatos, com finalidade clara, dados adequados, critérios justos, supervisão humana real, transparência, evidência e controle proporcional ao risco?

Essa diferença muda tudo.

O problema chega ao AI Lab

O processo começa no **intake**.

A área de RH procura o AI Lab com uma solicitação inicial: "queremos usar IA para analisar entrevistas gravadas e ranquear candidatos automaticamente".

Essa frase ainda não é um caso de uso governável. Ela é uma intenção. O papel do AI Lab é ajudar o negócio a transformar essa intenção em um problema claro, mensurável e controlável.

A primeira conversa é conduzida pelo AI Lab, com participação do RH, tecnologia, dados, segurança, jurídico, privacidade, compliance e, se possível, alguém da área que costuma contratar para essas vagas. O CAIO participa ou supervisiona porque o caso envolve alto impacto humano e reputacional.

A primeira pergunta do AI Lab não é sobre a ferramenta. É sobre o problema.

O RH explica que o volume de candidatos cresceu, o tempo de triagem aumentou, os recrutadores gastam muitas horas em análises repetitivas e a qualidade do shortlist varia conforme o avaliador. Algumas vagas demoram semanas para formar uma lista de candidatos qualificados. Gestores reclamam da demora. Candidatos reclamam da falta de retorno. O time de recrutamento sente que trabalha muito, mas ainda assim perde bons candidatos por lentidão.

A demanda começa a ficar mais clara.

O problema não é "usar IA em entrevistas". O problema é: reduzir tempo e inconsistência na triagem inicial de candidatos, preservando justiça, transparência e revisão humana.

Esse reenquadramento é essencial. Ele impede que a empresa comece pela tecnologia e força a discussão a começar pelo valor e pelo risco.

O registro inicial no intake deve conter o problema, a área solicitante, o dono potencial, o público impactado, os dados envolvidos, o grau de autonomia pretendido, a hipótese de valor e a classificação preliminar de risco.

Nesse caso, o AI Lab já sinaliza: por envolver recrutamento e oportunidades de emprego, a iniciativa não pode seguir por trilha leve. Ela deve seguir, no mínimo, pela trilha reforçada.

O AI Bridge Canvas entra como instrumento de planejamento

Depois do intake, o AI Lab agenda uma sessão de trabalho para preencher o AI Bridge Canvas.

O canvas não é preenchido para "aprovar" a ideia. Ele é preenchido para tornar a ideia governável. A lógica é simples: se a organização não consegue explicar o caso no canvas, ela ainda não está pronta para pilotar; se consegue explicar, o canvas vira a base do piloto governado.

A sessão começa pelo lado de Negócios.

No campo de necessidade do negócio, a equipe escreve que o objetivo é reduzir a lentidão e a inconsistência da triagem inicial de candidatos para vagas com alto volume de aplicações. O problema não é substituir recrutadores. O problema é apoiar o RH com uma análise preliminar padronizada, auditável e mais rápida.

No campo de valor entregue, a equipe registra a hipótese de valor: reduzir o tempo de triagem, melhorar a consistência dos shortlists, aumentar a produtividade do RH e elevar a qualidade percebida pelos gestores contratantes. O valor não pode ser apenas "usar IA". Precisa ser medido.

No lado de Negócios, a área de RH preenche que a iniciativa está conectada à estratégia de eficiência, experiência do candidato e qualidade de contratação. Em receita e crescimento, o impacto é indireto: contratação mais rápida reduz vacância de posições críticas e apoia crescimento da operação. Em cliente e jornada, o canvas registra que o candidato é diretamente impactado, assim como recrutadores e gestores contratantes. Em operações e eficiência, a IA atuará na triagem inicial, comparando evidências do currículo e da autoentrevista com os critérios da vaga. Em risco e compliance, a equipe reconhece os principais riscos: viés, discriminação, privacidade, contestabilidade, falso negativo, reputação e uso inadequado de dados. Em KPIs, define indicadores como tempo de triagem, qualidade do shortlist, taxa de revisão humana, aderência aos critérios da vaga, satisfação do RH e dos gestores, além de métricas de risco e equidade.

Depois, a Tecnologia preenche o lado esquerdo.

Em arquitetura, o desenho inicial propõe um portal seguro para upload de vídeo, currículo e autorização do candidato. O AI Lab recomenda não depender de vídeo público em YouTube como padrão de produção. Se a empresa usar links externos em uma fase exploratória, deve tratar isso como exceção controlada, com consentimento, orientação clara e alternativa segura. Para produção, o caminho mais adequado é um ambiente corporativo controlado, com retenção, acesso, logs e descarte definidos.

Em dados e integrações, o canvas registra os insumos: job description, critérios da vaga, currículo, respostas da autoentrevista, transcrição do áudio, metadados mínimos e integração com ATS ou HRIS. O AI Lab recomenda que a análise principal seja feita sobre conteúdo da resposta, currículo e critérios da vaga, e não sobre aparência, rosto, emoção, tom de voz, sotaque ou inferências comportamentais frágeis. Isso reduz risco de discriminação e aumenta defensabilidade.

Em segurança e confiabilidade, a solução exige controle de acesso, criptografia, logs, política de retenção, segregação de dados, consentimento explícito, descarte após prazo definido e fallback humano. Em automação e escalabilidade, o canvas deixa claro que o agente não elimina candidatos automaticamente. Ele gera uma recomendação assistiva e explicável para revisão humana. Em MLOps ou LLMOps, registra-se versionamento de prompts, critérios, rubricas, modelos, testes e avaliações periódicas. Em qualidade técnica e operação, define-se que a qualidade será testada por amostragem, comparação com avaliação humana, análise de erros, monitoramento de falsos negativos e revisão de vieses.

No centro do canvas, entram as nove áreas da governança.

Em Papéis e Responsabilidades, o RH é dono do valor e da decisão final. O AI Lab coordena governança. Tecnologia responde pela solução técnica. Jurídico e privacidade validam tratamento de dados. Segurança valida acesso, retenção e proteção. Compliance e riscos acompanham a trilha reforçada. O gestor contratante participa da definição de critérios da vaga. O candidato deve ser informado de forma clara sobre o uso da IA.

Em Priorização, o caso é considerado relevante por volume, impacto operacional e potencial de ganho, mas só pode avançar com controles fortes. Em Políticas, aplicam-se política de IA, política de dados pessoais, política de IA generativa, política de revisão humana e política de uso de fornecedores. Em Rituais de Decisão, o caso passa por intake, design review, aprovação de piloto, revisão de risco, go/no-go e monitoramento periódico. Em Métricas Comuns, o canvas registra métricas de valor, qualidade, risco e adoção. Em Gestão de Risco, a classificação é alto risco, com trilha reforçada. Em Compliance e Ética, a equipe registra transparência, consentimento, minimização de dados, não discriminação, revisão humana e possibilidade de contestação. Em Roadmap Integrado, a solução começa com piloto controlado e só depois pode se integrar ao ATS. Em Alinhamento Estratégico, o caso é vinculado à eficiência de RH, experiência do candidato e governança responsável de talentos.

O canvas fecha com quatro perguntas-chave.

Qual problema de negócio estamos resolvendo? Lentidão e inconsistência na triagem inicial de candidatos.

Quem é o dono do valor e do risco? RH é dono do valor; AI Lab coordena a governança; Tecnologia, Jurídico, Privacidade, Segurança e Compliance compartilham responsabilidades específicas.

Que evidência precisamos para decidir? Redução de tempo, melhora na consistência do shortlist, ausência de vieses relevantes detectados, boa aceitação dos recrutadores, explicabilidade suficiente e nenhuma decisão automática sem revisão humana.

Como essa iniciativa se conecta à estratégia? Acelera contratação, melhora eficiência de RH, reduz retrabalho e fortalece uma adoção de IA responsável.

Ao final da sessão, o caso deixa de ser uma ideia solta. Ele vira um caso governável.

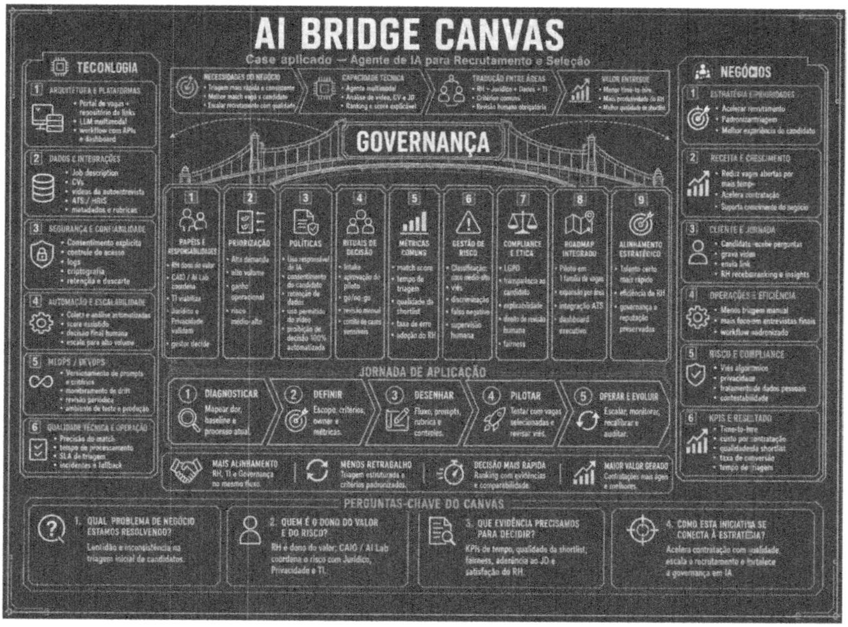

CLASSIFICAÇÃO DE RISCO: POR QUE ESTE CASO EXIGE TRILHA REFORÇADA

O próximo passo é a classificação formal de risco.

O AI Lab usa a régua de risco do manual. O caso é classificado como alto risco porque pode influenciar oportunidades de emprego, usar dados pessoais, envolver inferências sobre candidatos, afetar reputação e criar impacto humano relevante.

Essa classificação não significa que o projeto está proibido. Significa que ele não pode seguir como um experimento informal. Precisa **de trilha reforçada**.

A trilha reforçada exige avaliação de impacto, supervisão humana, validação jurídica e de privacidade, segurança reforçada, análise de vieses, logs, documentação, critérios claros, monitoramento e aprovação executiva.

Aqui aparece uma distinção importante. A empresa **não** deve permitir que o agente tome a decisão final de contratação ou eliminação. O agente pode apoiar, organizar, resumir, comparar critérios e sugerir ranking explicável, **mas a decisão continua humana**. O ranking não deve ser tratado como verdade. Deve ser tratado como evidência auxiliar.

O AI Lab também estabelece limites. A IA não deve avaliar aparência física, expressão facial, emoção presumida, idade aparente, gênero, raça, sotaque, deficiência, religião, orientação sexual ou qualquer característica protegida ou irrelevante para a função. A análise deve se concentrar em competências, experiências, evidências declaradas, requisitos da vaga e respostas às perguntas estruturadas.

Se a área de negócio insistisse em eliminação automática de candidatos com base apenas no vídeo, o AI Lab poderia classificar essa versão como inaceitável no desenho atual. Nesse caso, o caminho correto seria redesenhar. Algumas iniciativas não devem ser mitigadas; devem ser interrompidas ou reformuladas.

Governança é isso: permitir o que pode ser feito com segurança e impedir o que não deve ser feito daquele modo.

Redesenho do processo: da entrevista informal à autoentrevista governada

Com o risco classificado, o AI Lab ajuda o RH a redesenhar o processo.

Antes, a ideia era simples: enviar perguntas, receber vídeos, usar o agente e gerar ranking. Depois da governança, o processo se torna mais robusto.

O candidato recebe uma comunicação clara explicando a etapa de autoentrevista, a finalidade do uso dos dados, como a IA apoiará a análise, quais informações serão avaliadas, quem terá acesso, por quanto tempo o material será mantido e como solicitar suporte ou alternativa. O candidato não deve ser surpreendido pelo uso de IA.

As perguntas da autoentrevista devem ser padronizadas, conectadas à job description e revisadas para evitar vieses ou perguntas irrelevantes. As perguntas devem avaliar competências realmente necessárias para a vaga. O AI Lab recomenda criar uma rubrica: critérios objetivos de avaliação, pesos, evidências esperadas e exemplos de respostas fortes ou fracas.

O candidato grava as respostas. Em produção, o ideal é que o envio ocorra em um portal controlado da empresa ou fornecedor aprovado, não em ambiente público. A transcrição do vídeo é gerada. O agente analisa a transcrição, o currículo e a job description. Ele compara evidências do candidato com critérios da vaga, produz um score ou ranking e, principalmente, explica por que sugeriu determinada aderência.

O recrutador revisa a recomendação. Pode concordar, discordar, ajustar ou solicitar revisão. Nenhum candidato é eliminado automaticamente sem revisão humana. Casos de baixa confiança, respostas incompletas, problemas técnicos, acessibilidade ou situações sensíveis são encaminhados para revisão manual.

Esse desenho transforma a IA em apoio ao processo, não em juiz invisível.

. . .

Desenho técnico da solução

Com o processo definido, Tecnologia e Dados desenham a solução.

A arquitetura recomendada pode ser descrita assim:

Candidato

↓

Portal seguro de candidatura

↓

Upload de CV + autoentrevista + consentimento

↓

Transcrição do vídeo

↓

Motor de análise: JD + CV + respostas + rubrica

↓

Agente de IA gera score, ranking e justificativa

↓

Dashboard do recrutador

↓

Revisão humana e decisão de shortlist

↓

Registro no ATS / HRIS

Esse desenho tem uma premissa central: a IA deve apoiar a triagem, mas a decisão deve permanecer com o RH.

A solução técnica deve incluir controle de acesso por perfil, logs de análise, trilha de auditoria, retenção e descarte de dados, versionamento da rubrica, versionamento de prompts, revisão de qualidade, gestão de incidentes e monitoramento de performance.

A equipe técnica também precisa definir como lidar com falhas. Se o vídeo não transcrever corretamente, o caso deve ser encaminhado para revisão humana. Se o agente apresentar baixa confiança, também. Se a resposta do candidato estiver incompleta, a empresa deve decidir se permite reenvio, avaliação manual ou outra forma de participação.

O sistema não pode punir candidatos por falhas técnicas, falta de familiaridade com vídeo ou dificuldades de acesso. O AI Lab deve garantir uma alternativa inclusiva.

Esse ponto é importante. A governança não analisa apenas o modelo. Ela analisa o sistema sociotécnico inteiro: candidato, ferramenta, processo, dados, recrutador, decisão e impacto.

Definição dos controles

Antes do piloto, o AI Lab define controles proporcionais.

O **primeiro controle** é a **r**evisão humana obrigatória. O agente não aprova, rejeita ou elimina candidatos sozinho. Ele organiza evidências e recomenda aderência.

O **segundo controle** é a rubrica explícita. O agente deve avaliar critérios previamente definidos, e não criar critérios próprios opacos.

O **terceiro controle** é a limitação de dados. A solução deve usar apenas dados necessários à finalidade. O vídeo deve servir, preferencialmente, para transcrição e análise do conteúdo, não para inferências visuais ou emocionais.

O **quarto controle** é transparência ao candidato. O candidato deve saber que IA será usada para apoiar a triagem, de que forma e com quais limites.

O **quinto controle** é registro e auditoria. Cada recomendação deve ter justificativa, versão da rubrica, versão do modelo ou prompt, data, usuário responsável e decisão humana final.

O s**exto controle** é monitoramento de vieses e falsos negativos. O AI Lab deve acompanhar se o agente está sistematicamente desfavorecendo perfis, formações, experiências ou grupos. Essa análise deve ser feita com cuidado jurídico e de privacidade.

O **sétimo controle** é contestabilidade. A organização precisa definir como responder a questionamentos de candidatos quando a IA tiver participado do processo.

O **oitavo controle** é segurança e retenção. Dados de candidatos não devem ficar disponíveis indefinidamente. Deve haver prazo, finalidade e descarte.

O **nono controle** é treinamento de recrutadores. O RH precisa entender que o score da IA é apoio, não sentença.

Com esses controles, a empresa não elimina o risco. Mas reduz e torna o risco governável.

Desenho do piloto governado

O piloto não deve começar em todas as vagas. O AI Lab recomenda um escopo controlado.

A empresa escolhe algumas vagas com alto volume, requisitos objetivos e baixa sensibilidade relativa. Evita, no primeiro ciclo, vagas muito estratégicas, muito subjetivas ou com alto risco reputacional. O piloto dura um período definido, por exemplo, 60 dias. Participam recrutadores treinados. Os candidatos recebem comunicação específica. A análise da IA é sempre revisada por humanos.

Antes do piloto, o baseline é medido. Quanto tempo o RH leva hoje para formar shortlist? Qual a taxa de retrabalho? Qual a satisfação dos gestores com os candidatos encaminhados? Quantas horas são gastas por vaga? Qual a taxa de candidatos que avançam para entrevista com gestor?

Sem baseline, não há como provar valor.

O piloto deve testar cinco hipóteses:

A primeira é valor: o agente reduz tempo de triagem?

A segunda é qualidade: o ranking ajuda a formar shortlists melhores ou mais consistentes?

A terceira é adoção: recrutadores confiam no sistema de forma calibrada?

A quarta é risco: há sinais de viés, erro crítico ou uso inadequado?

A quinta é viabilidade: a solução pode ser integrada e operada sem custo ou complexidade desproporcional?

O piloto não existe para impressionar. Existe para produzir evidência.

Execução do piloto: como o AI Lab acompanha

Durante o piloto, o AI Lab acompanha semanalmente os resultados.

O RH usa o dashboard do agente. O agente apresenta ranking, score, justificativa e evidências relacionadas aos critérios da vaga. O recrutador revisa. Se concorda, registra a concordância. Se discorda, registra o motivo. Esse registro é valioso porque ajuda a calibrar o sistema.

A equipe técnica monitora qualidade da transcrição, estabilidade do modelo, erros, custo, latência e logs. A governança acompanha aderência à política, uso de dados, revisão humana e incidentes. Jurídico e privacidade acompanham se o tratamento de dados segue o escopo aprovado. Segurança acompanha acesso e retenção.

O AI Lab cria uma rotina de revisão de amostras. Alguns casos são avaliados por mais de um recrutador para comparar consistência. Casos em que a IA recomendou baixo match, mas o recrutador viu potencial, são analisados como possíveis falsos negativos. Casos em que a IA recomendou alto match, mas o recrutador discordou fortemente, são analisados como possíveis falsos positivos.

Essa análise é essencial porque, em recrutamento, o erro invisível pode ser grave. Um falso positivo pode consumir tempo. Um falso negativo pode excluir um bom candidato. Um viés sistemático pode prejudicar grupos inteiros.

Ao longo do piloto, o AI Lab também escuta candidatos e recrutadores. A experiência do candidato importa. Se a etapa de autoentrevista for confusa, invasiva ou excludente, o ganho operacional pode ser compensado por dano reputacional.

A governança acompanha tanto a máquina quanto o comportamento humano ao redor dela.

A decisão de escala

Ao final do piloto, o AI Lab organiza o go/no-go.

A decisão não deve ser tomada por entusiasmo. Deve ser tomada por evidência.

O caso pode seguir quatro caminhos.

Se o piloto reduziu tempo, manteve ou melhorou qualidade, não apresentou sinais relevantes de viés, teve boa adoção dos recrutadores e demonstrou viabilidade técnica, a decisão pode ser escalar de forma gradual.

Se o piloto mostrou valor, mas revelou problemas de rubrica, dados, experiência do candidato ou explicabilidade, a decisão deve ser ajustar antes de escalar.

Se o piloto depende de integrações, segurança, dados ou políticas que ainda não estão prontas, a decisão pode ser pausar para preparar capacidades.

Se o piloto não demonstrou valor, gerou risco excessivo ou não foi aceito por recrutadores e candidatos, a decisão deve ser encerrar.

Essa é uma mensagem importante para o leitor: encerrar um piloto não é fracasso quando o piloto produziu aprendizado. O fracasso é escalar sem evidência.

Para este caso, imagine que o piloto reduziu o tempo de triagem em 35%, aumentou a consistência entre recrutadores, teve boa aceitação do RH, mas identificou dois problemas. Primeiro, a rubrica precisava ser melhor calibrada para candidatos com experiências não tradicionais. Segundo, a experiência de upload de vídeo gerou dúvidas em alguns candidatos.

A decisão correta não seria escala plena imediata. Seria ajustar e escalar de forma controlada.

O AI Lab recomenda melhorar a rubrica, oferecer alternativa de resposta para candidatos com dificuldade de vídeo, revisar a comunicação, reforçar treinamento dos recrutadores e expandir para um conjunto maior de vagas, ainda com monitoramento intensivo.

Entrada em produção

A entrada em produção exige outro nível de preparação.

O agente passa a integrar o fluxo oficial de recrutamento. Isso significa que a arquitetura precisa estar mais estável, o fornecedor precisa estar avaliado, os contratos precisam estar adequados, a política de retenção precisa estar formalizada, os recrutadores precisam ser treinados, o suporte precisa existir, os logs precisam ser auditáveis e o dashboard precisa acompanhar valor e risco.

A produção não é apenas "ligar a ferramenta".

É institucionalizar um novo processo de trabalho.

O AI Lab define que a solução só poderá operar se algumas condições forem cumpridas. A revisão humana continua obrigatória. A comunicação ao candidato deve ser padronizada. O uso da IA deve ser limitado à triagem assistida. Vagas sensíveis ou executivas podem exigir avaliação adicional. Mudanças na rubrica ou no modelo devem passar por revisão. Incidentes devem ser reportados. O dashboard deve ser revisado mensalmente. Auditorias amostrais devem ocorrer periodicamente.

A empresa também deve definir claramente o que o agente não faz. Ele não toma decisão final. Ele não avalia aparência. Ele não infere emoção. Ele não substitui entrevista humana. Ele não elimina candidato sem revisão. Ele não usa dados fora da finalidade aprovada.

Esses limites são parte da confiança.

Operação, monitoramento e melhoria contínua

Depois que o agente entra em produção, a governança não termina.

O AI Lab acompanha o caso em um dashboard integrado.

As métricas de valor mostram tempo de triagem, custo por contratação, produtividade do RH e qualidade percebida pelos gestores. As métricas técnicas mostram qualidade da transcrição, disponibilidade, latência, custo, erros e estabilidade. As métricas de risco mostram incidentes, reclamações, divergências, falsos negativos, indícios de viés e aderência à revisão humana. As métricas de adoção mostram uso pelos recrutadores, taxa de concordância, taxa de override e satisfação do RH.

Se o tempo de triagem melhora, mas as reclamações aumentam, a solução precisa ser revista. Se o ranking é usado sem revisão humana real, a governança falhou. Se recrutadores passam a confiar cegamente no score, a capacitação precisa ser reforçada. Se o modelo piora ao longo do tempo, a equipe técnica precisa recalibrar. Se novas vagas usam critérios diferentes, a rubrica precisa ser atualizada.

A IA em produção é um sistema vivo.

O AI Lab também define revisões periódicas. Em ciclos trimestrais, a solução é reavaliada. O roadmap pode incluir expansão para novas áreas, melhoria da integração com ATS, aperfeiçoamento de rubricas, automação de comunicações administrativas ou geração de relatórios para gestores. Mas cada expansão passa novamente pela régua de risco.

A solução aprovada para uma finalidade não está automaticamente aprovada para todas.

Como o AI Lab transforma aprendizado em capacidade institucional

O valor do AI Lab não está apenas em entregar esse caso. Está em transformar o caso em aprendizado reutilizável.

Depois do piloto, o AI Lab documenta o que funcionou, o que falhou, quais controles foram úteis, quais métricas realmente ajudaram, quais perguntas surgiram tarde e quais padrões podem ser reaproveitados.

A empresa aprende a criar rubricas para avaliação assistida por IA. Aprende a comunicar uso de IA a candidatos. Aprende a monitorar falsos negativos. Aprende a treinar recrutadores para revisão humana real. Aprende a avaliar fornecedores de IA para RH. Aprende a desenhar workflows sensíveis com trilha reforçada.

Esse aprendizado alimenta a política de IA, a régua de risco, o modelo de avaliação de fornecedores, os treinamentos, o roadmap e o dashboard executivo.

O caso deixa de ser apenas um projeto de RH. Torna-se uma peça da maturidade organizacional em IA.

O papel de cada parte no caso

- O RH é dono do valor. Ele define o problema, a métrica, o processo, os usuários e a decisão final de contratação.
- Tecnologia é dona da viabilidade. Ela define arquitetura, integração, segurança técnica, operação, logs e monitoramento.
- Dados e IA são responsáveis pela qualidade analítica. Eles cuidam de transcrição, modelos, rubricas, avaliação, testes, versionamento e desempenho.
- Jurídico e privacidade avaliam finalidade, consentimento, retenção, comunicação ao candidato, direitos dos titulares e adequação do tratamento de dados.
- Compliance e riscos garantem aderência à política, trilha reforçada, documentação e limites de uso.
- Segurança protege dados, acessos, infraestrutura, fornecedores e logs.
- O AI Lab coordena o método, conduz o canvas, aplica a régua de risco, organiza rituais, integra métricas e prepara a decisão de escala.
- O CAIO garante que o caso esteja conectado à estratégia, ao apetite de risco e à maturidade corporativa.
- O conselho não decide o caso em detalhe, mas pode supervisionar se a empresa possui governança adequada para usos de IA em decisões sensíveis sobre pessoas.

Essa distribuição evita o erro clássico: todo mundo participa, mas ninguém responde.

Antipadrões que o caso precisa evitar

Este caso é rico porque mostra vários riscos comuns.

- O primeiro antipadrão é transformar o agente em decisor. Se a IA elimina candidatos automaticamente, a organização aumenta risco jurídico, ético e reputacional.
- O segundo é avaliar características irrelevantes. Aparência, expressão, voz, sotaque, idade aparente ou

emoção presumida não devem orientar decisão de aderência ao cargo.
- O terceiro é não informar o candidato. Usar IA de forma invisível em recrutamento reduz confiança e aumenta exposição.
- O quarto é não oferecer alternativa. Uma etapa em vídeo pode excluir pessoas com limitações técnicas, de acessibilidade, conectividade, desconforto ou contexto pessoal.
- O quinto é medir apenas produtividade. Se a empresa só mede tempo economizado, pode ignorar viés, qualidade, experiência e justiça.
- O sexto é tratar o ranking como verdade. Ranking é uma recomendação baseada em critérios e dados. Precisa de revisão humana.
- O sétimo é pular o baseline. Sem saber quanto tempo e qualidade o processo atual entrega, não há como provar melhoria.
- O oitavo é escalar antes de estabilizar controles. Em casos de alto risco, escala sem controle é exposição.

O AI Lab existe para antecipar esses problemas.

O passo a passo resumido para o leitor aplicar

O leitor que quiser replicar esse método em outro caso deve seguir a mesma lógica.

- Primeiro, receba a demanda no intake e transforme intenção em problema. Não aceite "queremos IA" como caso de uso. Pergunte qual dor será resolvida.
- Segundo, preencha o AI Bridge Canvas com Negócios, Tecnologia e Governança na mesma sala. O canvas deve revelar valor, dados, risco, papéis, políticas, métricas e decisão esperada.

- Terceiro, classifique o risco. O nível de risco define a trilha. Casos de alto impacto exigem trilha reforçada. Casos vedados devem ser bloqueados ou redesenhados.
- Quarto, desenhe a solução e os controles juntos. Não deixe jurídico, segurança, privacidade e compliance para o final.
- Quinto, rode um piloto governado. O piloto deve produzir evidência, não apenas uma apresentação.
- Sexto, faça go/no-go com base em evidência. A decisão pode ser escalar, ajustar, pausar ou encerrar.
- Sétimo, se escalar, prepare produção como operação real. Defina suporte, logs, monitoramento, treinamento, incidentes, custos e revisão periódica.
- Oitavo, monitore valor, qualidade, risco e adoção. A IA só continua se continuar gerando valor dentro dos limites definidos.
- Nono, transforme o aprendizado em política, padrão, treinamento e maturidade.

Esse é o ciclo da ponte.

A lição central do estudo de caso

O caso do agente de IA para recrutamento mostra que a governança não é um obstáculo à adoção. Ela é o que torna a adoção possível em um tema sensível.

Sem governança, a empresa poderia contratar uma ferramenta, pedir vídeos, gerar rankings e descobrir tarde demais que criou risco de discriminação, privacidade, contestação e reputação.

Com governança, a mesma oportunidade é redesenhada. O agente deixa de ser um decisor opaco e passa a ser um assistente de triagem. A decisão humana é preservada. Os critérios são explicitados. O candidato é informado. Os dados são protegidos. A rubrica é auditável. O piloto mede valor e risco. A escala depende de evidência.

Esse é o ponto mais importante do manual: a boa governança não transforma IA em burocracia; transforma IA em capacidade confiável.

No fim, o AI Lab não apenas resolve um problema de RH. Ele

demonstra como a organização deve tratar qualquer caso de IA: começar pelo problema, atravessar a ponte, aplicar a trilha correta, medir evidências, decidir com responsabilidade e aprender com o ciclo.

A frase final do estudo de caso é:

Quando uma ideia de IA entra pelo intake, passa pelo AI Bridge Canvas, segue a trilha proporcional de risco, produz evidência no piloto e entra em operação com monitoramento, a organização deixa de experimentar IA e passa a governar IA.

PALAVRA FINAL

GOVERNAR **a inteligência que colocamos em operação**

A inteligência artificial não chegou às organizações como mais uma ferramenta de produtividade. Ela chegou como uma nova camada de decisão, criação, automação e influência. Ela escreve, resume, recomenda, classifica, prevê, conversa, prioriza, interpreta, detecta, executa e, cada vez mais, age. Por isso, a pergunta central para líderes, conselhos, executivos e equipes já não é apenas se a empresa vai usar IA. Essa pergunta está sendo respondida todos os dias, muitas vezes sem que a organização perceba.

A pergunta real é outra.

A organização sabe governar a inteligência que está colocando em operação?

Este manual foi escrito para responder a essa pergunta.

Ao longo destas páginas, uma metáfora organizou toda a discussão: a ponte. De um lado, a Tecnologia. Do outro, os Negócios. No centro, a Governança. Essa imagem não é apenas visual. Ela é um modelo mental para entender por que tantas iniciativas de IA começam com entusiasmo, avançam como pilotos promissores e, depois, morrem antes de gerar valor real.

A Tecnologia conhece dados, modelos, arquitetura, APIs, integrações, segurança, infraestrutura, logs, MLOps, LLMOps, fornecedores, automação, monitoramento e escalabilidade. Ela sabe que uma IA não é confiável apenas porque funciona em uma demonstração. Sabe que modelos falham, dados degradam, integrações quebram, custos escalam, usuários improvisam e riscos aparecem quando a solução entra no mundo real.

Os Negócios conhecem clientes, margem, receita, jornada, operação, eficiência, risco, experiência, crescimento, indicadores e pressão competitiva. Sabem onde há dor, retrabalho, desperdício, demora, baixa conversão, perda de oportunidade, atendimento ruim, decisão inconsistente ou processo caro demais. Sabem que uma IA que não melhora uma decisão, um processo, uma experiência ou um resultado financeiro vira apenas uma vitrine elegante.

Os dois lados estão certos.

E os dois estão incompletos quando caminham sozinhos.

Tecnologia sem direção de negócio vira solução procurando problema. Negócios sem lastro técnico vira urgência sem sustentação. A governança é a ponte que impede esses dois desvios. Ela traduz necessidade em hipótese, hipótese em solução, solução em evidência, evidência em decisão e decisão em valor monitorado.

A governança de IA, portanto, não é o departamento que diz "não". Também não é uma política esquecida em uma pasta, um comitê que se reúne tarde demais ou um formulário que ninguém entende. Governança de IA é o sistema que permite dizer **sim** com clareza, evidência e responsabilidade.

Dizer sim com clareza significa saber qual problema será resolvido, qual decisão será melhorada, qual processo será transformado, quem será impactado e quem será responsável.

Dizer sim com evidência significa registrar hipóteses, riscos, dados, testes, controles, aprovações, métricas, incidentes, aprendizados e decisões.

Dizer sim com responsabilidade significa reconhecer que a IA pode apoiar decisões, mas não elimina a responsabilidade humana e organizacional sobre seus efeitos.

Esta é a primeira grande conclusão deste manual: **a maturidade em IA não está apenas em acessar modelos mais poderosos. Está em saber onde usar, por que usar, como controlar, como medir e quando não usar.**

A segunda conclusão é que governança precisa ser proporcional. Nem todo uso de IA pede o mesmo peso de controle. Um assistente interno que ajuda a resumir documentos de baixo risco não deve seguir a mesma trilha de um sistema que influencia crédito, emprego, saúde, segurança, preço, elegibilidade ou acesso a serviços. A boa governança cria vias rápidas para usos simples, trilhas estruturadas para casos relevantes, trilhas reforçadas para alto impacto e uma trilha vedada para usos incompatíveis com os valores, o apetite de risco ou as obrigações da organização.

Essa proporcionalidade é o que permite velocidade sem improviso. Controle ruim atrasa. Controle bom evita que a empresa descubra tarde demais que não havia métrica, que os dados não podiam ser usados, que o fornecedor não era adequado, que a arquitetura não escalava, que o usuário não adotaria ou que ninguém era dono da decisão.

A terceira conclusão é que governança precisa ser operacional. Por isso, este manual organizou a ponte em áreas de conhecimento que tornam a adoção de IA praticável: papéis e responsabilidades, priorização, políticas, rituais de decisão, métricas comuns, gestão de risco, compliance e ética, roadmap integrado e alinhamento estratégico. Essas áreas não são conceitos decorativos. São perguntas que toda organização precisa responder.

- Quem responde por esta IA?
- Qual caso merece investimento agora?
- Que regras permitem velocidade sem improviso?
- Em que momento decidimos avançar, ajustar, pausar ou encerrar?

- Como medimos valor, qualidade, risco e adoção na mesma linguagem?
- O que pode dar errado e como reduzimos a exposição?
- O uso é legal, legítimo, justo e defensável?
- Como conectamos casos de uso, dados, arquitetura, fornecedores, pessoas e políticas em um roadmap coerente?
- Como garantimos que a IA continue conectada à estratégia da organização?

Quando essas perguntas não são feitas, a IA vira improviso. Quando são feitas tarde, viram retrabalho. Quando são feitas com método, viram governança.

É aqui que entra o **AI Bridge Canvas**. Ele é a ponte em uma página. Não existe para documentar entusiasmo. Existe para transformar uma ideia de IA em uma decisão governada. O canvas obriga a conversa a começar pelo problema de negócio, não pela ferramenta. Ele conecta necessidade, capacidade técnica, tradução entre áreas, valor entregue, blocos de tecnologia, blocos de negócio, áreas de governança, jornada de aplicação e perguntas-chave. Ele ajuda a organização a sair de frases vagas como "queremos usar IA no atendimento" ou "queremos IA no RH" e chegar a casos governáveis, com escopo, métrica, dono, risco, controles e próxima decisão.

Mas o canvas sozinho não basta. A governança precisa de uma casa. Este manual chamou essa casa de **AI Lab**.

O AI Lab é o instituto operacional da ponte. Ele transforma governança de IA em prática. Recebe demandas, conduz o intake, organiza o portfólio, aplica o AI Bridge Canvas, classifica riscos, define trilhas, apoia pilotos governados, estrutura rituais, mede valor, acompanha incidentes, coordena aprendizados e ajuda a escalar o que funciona. Ele impede que a organização dependa de iniciativas isoladas, heróis individuais ou pilotos de vitrine.

No centro dessa estrutura está o **CAIO — Chief Artificial Intelligence Officer**.

O CAIO é o engenheiro da ponte. Não é apenas o chefe das ferramentas de IA. Não é apenas um evangelista de inovação. Não é apenas um fiscal de risco. É o profissional ambidestro que entende tecnologia o suficiente para dialogar com dados, modelos, arquitetura, segurança, MLOps, IA generativa e agentes; e entende negócio o suficiente para discutir estratégia, valor, processo, experiência, risco, priorização, adoção e resultado.

O CAIO não substitui Tecnologia, Negócios, Jurídico, Compliance, Segurança, Privacidade, Auditoria, RH ou Conselho. Ele conecta essas partes. Seu papel não é centralizar tudo, mas orquestrar a adoção para que responsabilidade compartilhada não vire responsabilidade difusa. Ele garante que a organização tenha método, cadência, evidência e maturidade para transformar IA em capacidade institucional.

O estudo de caso do agente de IA para recrutamento e seleção mostrou isso de forma concreta. Uma ideia aparentemente simples — usar IA para analisar autoentrevistas, currículos e descrições de vaga — rapidamente revela riscos profundos: privacidade, vieses, discriminação, transparência, explicabilidade, contestabilidade, reputação e impacto sobre oportunidades de emprego. O manual classifica esse tipo de caso como alto risco, exigindo trilha reforçada, avaliação de impacto, supervisão humana, validação jurídica e de privacidade, segurança reforçada, análise de vieses, logs, critérios claros, monitoramento e aprovação executiva.

Esse caso deixa uma lição decisiva: a boa governança não impede a IA; ela melhora o desenho da IA. Sem governança, o agente poderia virar um decisor invisível, opaco e arriscado. Com governança, ele se torna apoio assistivo, explicável, revisável e limitado. A decisão final permanece humana. O ranking vira evidência auxiliar, não sentença. O candidato é informado. Os dados são protegidos. Os critérios são definidos. Os vieses são monitorados. A escala depende de evidência.

Essa é a diferença entre usar IA e governar IA.

- Usar IA é liberar uma ferramenta.

- Governar IA é saber qual problema ela resolve, quais dados utiliza, quem pode ser afetado, quem responde, quais controles existem, que valor está sendo gerado e quando a solução deve ser ajustada, restringida ou desligada.
- Usar IA é fazer pilotos.
- Governar IA é transformar pilotos em decisões: escalar, ajustar, pausar ou encerrar.
- Usar IA é buscar produtividade.
- Governar IA é buscar produtividade sem perder ética, segurança, compliance, confiança e responsabilidade.
- Usar IA é olhar para o modelo.
- Governar IA é olhar para o sistema sociotécnico inteiro: pessoas, processos, dados, tecnologia, fornecedore
- s, cultura, incentivos, riscos, decisões e consequências.

O manual também mostrou que a ponte, quando funciona, produz quatro efeitos organizacionais concretos.

O primeiro é **mais alinhamento**. Negócios, Tecnologia e Governança deixam de falar idiomas paralelos. O negócio aprende a formular problemas melhores. A tecnologia aprende a traduzir restrições em impacto. As áreas de controle entram cedo. A liderança entende o que deve decidir. O conselho entende o que deve supervisionar. Os usuários entendem como usar IA com responsabilidade.

O segundo é **menos retrabalho**. A organização deixa de descobrir tarde que não havia dono, métrica, dados, segurança, política, arquitetura, revisão humana ou plano de escala. O que seria caro corrigir depois passa a ser tratado antes, no desenho.

O terceiro é **decisão mais rápida**. Isso pode parecer contraintuitivo, mas governança boa acelera. Ela cria critérios, trilhas e rituais. Casos simples seguem rápido. Casos médios seguem com evidência. Casos críticos seguem com rigor. Casos inadequados são pausados ou encerrados antes de consumir energia.

O quarto é **maior valor gerado**. Esse é o objetivo final.

Governança não existe apenas para reduzir risco. Existe para aumentar a chance de a IA gerar valor real. Escolher melhor, testar melhor, escalar melhor, medir melhor e aprender melhor.

A inteligência artificial continuará evoluindo. Modelos serão mais capazes. Agentes terão mais autonomia. Ferramentas serão incorporadas a softwares corporativos. Fornecedores prometerão soluções prontas. Usuários experimentarão novos usos. Reguladores avançarão. Conselhos farão perguntas mais difíceis. Clientes e colaboradores exigirão mais transparência. A velocidade não diminuirá.

Por isso, a organização não pode depender de improviso.

Ela precisa de uma ponte.

Precisa de Tecnologia capaz de construir, integrar, proteger e operar.

Precisa de Negócios capazes de formular problemas, priorizar valor e assumir responsabilidade.

Precisa de Governança capaz de criar confiança, evidência, controle e proporcionalidade.

Precisa de um AI Lab capaz de transformar método em rotina.

Precisa de um CAIO capaz de orquestrar a travessia.

Precisa de líderes capazes de patrocinar com ambição e prudência.

Precisa de usuários capazes de usar IA com discernimento.

Precisa de conselho capaz de supervisionar sem microgerenciar.

A maturidade em IA não nasce de uma única decisão. Ela cresce por ciclos. Começa enxergando onde a IA já existe. Avança quando a organização define papéis, prioriza casos, cria política mínima, estabelece rituais, mede valor e risco, classifica usos, traz compliance e ética para o início, integra o roadmap e mantém a estratégia no centro. O AI Lab existe justamente para transformar esse ciclo em prática organizacional.

No fim, a pergunta mais importante não é se a empresa está usando inteligência artificial.

A pergunta é se a empresa sabe governar a IA que usa.

- Sabe onde ela está?
- Sabe por que ela existe?
- Sabe quem responde?
- Sabe quais dados utiliza?
- Sabe quem pode ser impactado?
- Sabe quais riscos assume?
- Sabe quais controles aplica?
- Sabe que valor gera?
- Sabe quando deve ser ajustada, ampliada, restringida ou desligada?

Se a resposta for não, a organização ainda está atravessando o rio no improviso.

Se a resposta for sim, a ponte começou a ficar de pé.

A vantagem competitiva da próxima década não estará apenas em acessar modelos poderosos. Muitos terão acesso às mesmas plataformas, aos mesmos copilotos, aos mesmos agentes e aos mesmos fornecedores. A diferença estará na capacidade de incorporar IA ao negócio com clareza, segurança, escala, ética e responsabilidade.

Este manual termina, portanto, com uma convocação simples: construa a ponte antes que a travessia vire correnteza.

- Comece pelo problema.
- Defina o valor.
- Classifique o risco.
- Nomeie responsáveis.
- Crie políticas úteis.
- Estabeleça rituais.
- Meça o que importa.
- Traga ética e compliance para o desenho.
- Integre o roadmap.
- Mantenha a estratégia no centro.
- Transforme pilotos em decisões.
- Transforme decisões em operação.

- Transforme operação em aprendizado.
- Transforme aprendizado em capacidade institucional.

A inteligência artificial não deve ser adotada como moda, nem rejeitada por medo.

Ela deve ser governada como capacidade.

Porque o futuro não será vencido pelas organizações que apenas usam IA.

Será vencido pelas organizações que sabem governar a inteligência que colocam em operação.

Tecnologia entrega capacidade. Negócios entrega direção. Governança entrega confiança.

REFERÊNCIAS BIBLIOGRÁFICAS

1. **Fundamentos de IA, computação e machine learning**

TURING, Alan M. **Computing Machinery and Intelligence**. *Mind*, v. 59, n. 236, p. 433–460, 1950.

Obra seminal em que Turing formula a pergunta "Can machines think?" e propõe o jogo da imitação, base conceitual para a discussão moderna sobre inteligência artificial.

RUSSELL, Stuart; NORVIG, Peter. **Artificial Intelligence: A Modern Approach**. 4. ed. Hoboken: Pearson, 2021.

Referência clássica e amplamente adotada em cursos de IA, cobrindo agentes inteligentes, busca, raciocínio, aprendizado de máquina, NLP, robótica, causalidade, privacidade, fairness e segurança em IA.

GOODFELLOW, Ian; BENGIO, Yoshua; COURVILLE, Aaron. **Deep Learning**. Cambridge: MIT Press, 2016.

Referência técnica central para fundamentos matemáticos e conceituais de deep learning, redes neurais e aprendizado profundo.

2. **Governança, risco e sistemas de gestão de IA**

NATIONAL INSTITUTE OF STANDARDS AND TECH-

NOLOGY. **Artificial Intelligence Risk Management Framework — AI RMF 1.0**. Gaithersburg: NIST, 2023.

Framework essencial para gestão de riscos de IA, estruturado em funções como governar, mapear, medir e gerenciar riscos ao longo do ciclo de vida de sistemas de IA.

NATIONAL INSTITUTE OF STANDARDS AND TECHNOLOGY. **Artificial Intelligence Risk Management Framework: Generative Artificial Intelligence Profile — NIST AI 600-1**. Gaithersburg: NIST, 2024.

Perfil complementar ao AI RMF, com foco nos riscos específicos de IA generativa, incluindo alucinação, conteúdo sintético, segurança, integridade de informação e uso responsável.

INTERNATIONAL ORGANIZATION FOR STANDARDIZATION. **ISO/IEC 42001:2023 — Artificial Intelligence Management System**. Geneva: ISO, 2023.

Primeira norma internacional de sistema de gestão de IA, voltada a organizações que desenvolvem, fornecem ou utilizam produtos e serviços baseados em IA.

INTERNATIONAL ORGANIZATION FOR STANDARDIZATION. **ISO/IEC 23894:2023 — Artificial Intelligence: Guidance on Risk Management**. Geneva: ISO, 2023.

Norma com orientações para organizações que desenvolvem, implantam ou utilizam sistemas de IA gerenciarem riscos específicos de IA e integrarem essa gestão às atividades organizacionais.

OECD. **OECD AI Principles**. Paris: Organisation for Economic Co-operation and Development, 2019; atualizado em 2024.

Princípios intergovernamentais para IA confiável, com foco em direitos humanos, valores democráticos, transparência, explicabilidade, robustez, segurança e accountability.

3. Ética, direitos, regulação e compliance

UNESCO. **Recommendation on the Ethics of Artificial Intelligence**. Paris: UNESCO, 2021.

Recomendação global sobre ética em IA, adotada pelos Estados-membros da UNESCO, com foco em direitos humanos, dignidade, transparência, governança de dados, inclusão e responsabilidade.

EUROPEAN UNION. **Regulation (EU) 2024/1689 — Artificial Intelligence Act**. Official Journal of the European Union, 2024.

Marco regulatório europeu de IA, baseado em abordagem por risco, com regras para usos proibidos, sistemas de alto risco, modelos de propósito geral e obrigações de governança.

EUROPEAN COMMISSION, HIGH-LEVEL EXPERT GROUP ON ARTIFICIAL INTELLIGENCE. **Ethics Guidelines for Trustworthy AI**. Brussels: European Commission, 2019.

Documento europeu que define IA confiável como legal, ética e robusta, com sete requisitos-chave: supervisão humana, robustez técnica, privacidade e dados, transparência, diversidade e não discriminação, bem-estar social e ambiental, e accountability.

BRASIL. **Lei nº 13.709, de 14 de agosto de 2018 — Lei Geral de Proteção de Dados Pessoais — LGPD**. Brasília, DF, 2018.

Base normativa brasileira para tratamento de dados pessoais, incluindo princípios como finalidade, necessidade, transparência, segurança, prevenção, não discriminação e responsabilização.

EUROPEAN UNION. **General Data Protection Regulation — GDPR, Article 22: Automated Individual Decision-Making, Including Profiling**. Brussels: European Union, 2016.

Referência importante para discussão de decisões automatizadas, profiling, intervenção humana, contestação e efeitos significativos sobre indivíduos.

IEEE. **Ethically Aligned Design: A Vision for Prioritizing Human Well-being with Autonomous and Intelligent Systems**. 1. ed. IEEE, 2019.

Referência ética para design, desenvolvimento e implementação de sistemas autônomos e inteligentes com foco em direitos humanos, bem-estar, agência sobre dados e accountability.

4. Segurança, IA generativa e riscos técnicos

OWASP. **OWASP Top 10 for Large Language Model Applications**. OWASP Foundation, 2025.

Referência prática para riscos de segurança em aplicações com LLMs e IA generativa, incluindo prompt injection, tratamento inseguro de saída, data poisoning, supply chain, vazamento de dados e excesso de autonomia.

BRUNDAGE, Miles et al. **The Malicious Use of Artificial Intelligence: Forecasting, Prevention, and Mitigation**. 2018.

Relatório multidisciplinar sobre riscos de uso malicioso de IA em domínios digitais, físicos e políticos, com recomendações para prevenção e mitigação.

5. Documentação, transparência e governança de dados

MITCHELL, Margaret et al. **Model Cards for Model Reporting**. In: *Proceedings of the Conference on Fairness, Accountability, and Transparency — FAT**. 2019.

Artigo que propõe "model cards" como documentação padronizada para modelos, incluindo finalidade, limitações, métricas de desempenho, grupos avaliados e contexto de uso.

GEBRU, Timnit et al. **Datasheets for Datasets**. *Communications of the ACM*, 2021.

Artigo que propõe "datasheets" para documentação de datasets, com perguntas sobre origem, composição, coleta, uso, manutenção, vieses, privacidade e limitações.

DAMA INTERNATIONAL. **DAMA-DMBOK: Data Management Body of Knowledge**. 2. ed. Basking Ridge: Technics Publications, 2017.

Referência consolidada para gestão de dados, governança de dados, qualidade, arquitetura, metadados, segurança e ciclo de vida informacional.

6. Gestão, portfólio, projetos e governança corporativa

PROJECT MANAGEMENT INSTITUTE. **A Guide to the Project Management Body of Knowledge — PMBOK Guide**. 7. ed. Newtown Square: PMI, 2021.

Referência para gestão de projetos, sistemas de entrega de valor, princípios de gerenciamento, stakeholders, risco, qualidade, mudança e governança de execução.

ISACA. **COBIT 2019 Framework: Governance and Management Objectives**. Schaumburg: ISACA, 2018.

Framework para governança e gestão de tecnologia corporativa, com foco no alinhamento entre objetivos de negócio e tecnologia, processos, controles e objetivos de governança.

7. Referências normativas e institucionais brasileiras complementares

AUTORIDADE NACIONAL DE PROTEÇÃO DE DADOS. **Agenda Regulatória 2025–2026**. Brasília: ANPD, 2025.

Referência institucional importante para acompanhar a evolução da atuação regulatória brasileira em proteção de dados e temas associados à inteligência artificial.

BRASIL. **Projeto de Lei nº 2338/2023 — Marco Legal da Inteligência Artificial**. Brasília: Senado Federal, 2023.

Referência legislativa brasileira relevante para discussões sobre desenvolvimento, fomento e uso ético e responsável de sistemas de IA. Recomendo verificar a versão vigente no momento da publicação final, pois o texto ainda pode sofrer alterações no processo legislativo.

ISBN: 978-65-02-07553-1

CHIEF ARTIFICIAL INTELLIGENCE OFFICER

DO CONCEITO À ADOÇÃO

MANUAL DE GOVERNANÇA DE IA

Este livro não oferece medo.
Também não oferece deslumbramento vazio.
Ele oferece método, linguagem e travessia.
E isso importa.
Porque o futuro não será feito apenas por quem criar as melhores máquinas. Será feito por quem souber integrá-las à vida humana com clareza, justiça, coragem e responsabilidade.
Se eu pudesse deixar uma mensagem aos líderes que lerão estas páginas, seria esta:
Não tratem a inteligência artificial como magia.
Não a tratem como ameaça inevitável.
Tratem-na como uma criação humana que precisa de direção humana.
Perguntem sempre: a quem isso serve? Quem pode ser afetado? Quem responde? Que valor se busca? Que risco se aceita? Que cuidado se deve preservar?
A grandeza de uma máquina não está apenas no que ela consegue fazer. Está no uso que uma civilização escolhe fazer dela.
Talvez, se eu voltasse ao meu tempo, eu diria que a pergunta sobre máquinas pensantes encontrou uma resposta inesperada. Sim, as máquinas aprenderam a produzir sinais de inteligência. Mas a inteligência mais necessária continua sendo a nossa: a inteligência de governar, de escolher, de limitar, de cuidar, de prestar contas e de atravessar juntos.
Que este livro seja lido como uma planta de construção.
Não de uma máquina.
Mas de uma ponte.
Uma ponte para que a inteligência artificial não nos afaste daquilo que somos, mas nos ajude a construir aquilo que ainda podemos ser.

— Alan Turing, recriado por inteligência artificial

homo algorithmus

WWW.HOMOALGORITHMUS.COM.BR